壹嘉个人史系列·一

革命时期的芭蕾

史钟麒

壹嘉出版
旧金山，2019

革命时期的芭蕾　史钟麒 ©2019

史钟麒授权壹嘉出版公司在美国独家出版发行本书简体中文版

所有权利保留

未经书面许可，不得进行任何形式的复制、传播

ISBN：978-1-949736-06-9

出版人：刘雁
装帧设计：壹嘉出版
出版：壹嘉出版/1 Plus Publishing & Consulting
定价：US$ 23.99
美国·旧金山·2019
电话：1（510）998-7456
email: info@1plusbooks.com
http://www.1plusbooks.com

史钟麒演艺年表

舞蹈部分

1968年 上海芭蕾舞团 芭蕾舞剧《白毛女》主角大春之一,断续九年

1973年 上海芭蕾舞团 芭蕾舞剧《苗岭风雷》,主角雷排长之一

1978年 上海芭蕾舞团 双人舞《青松赞》(获上海青年汇演奖)

1979年 上海芭蕾舞团 芭蕾舞剧《天鹅湖》,主角王子之一

1989年 美国伊利诺州Rockford市,芭蕾舞剧《胡桃夹子》,主角魔术师

1990年 美国纽约,《梁山伯与祝英台》的主角梁山伯

2001年 美国加州硅谷,舞剧《丝路花雨》,主角神笔张

2013年 美国硅谷,独舞《抹去吧,眼角的泪!》,并任艺术总监

2016年 美国加州新世纪舞蹈学校,《胡桃夹子在中国》,孙悟空

2017-2018 ,美国加州大型音乐剧《华夏魂》,任艺术总监,参与舞蹈、戏剧的创作

2017 成立自己的舞蹈团"东湾史老师芭蕾"

影视、话剧部分

1979年 西安电影制片厂,音乐故事片《生活的颤音》,主角郑长河

1980年 长春电影制片厂故事片《丹凤朝阳》，主角周莲

1981年 西安电影制片厂故事片《苦果》，肖湘

1982年 珠江电影制片厂《逆光》，姜维

1983年 潇湘电影制片厂《远方的星》 农场技术员

1984年 珠江电视台电视剧《一代风流》，主角陈文雄

1985年 江苏电视台电视剧《教练和他的妻子》主角乒乓球教练

1986年 上影电视部《夕阳无限好》，小提琴手

1993年 央视中国电视剧制作中心《新大陆》，沈潭

2003年 旧金山艺术学院电影系电影《五个灯笼》主角同性恋儿子的爸爸

2007年 硅谷华艺剧社《暗恋桃花源》主角袁老板

2017年 美国艺术学院话剧《海外剩女》失恋的上海男人

目 录

从"大春"到"洋插队"
——序史钟麒先生《革命时期的芭蕾》王晓渔 1

自序 5

第一章 童年的记忆 7

第二章 被"舞蹈"选中 42

第三章 上海舞校的芳华 54

第四章 "样板戏"《白毛女》降生记 80

第五章 带时代印记的初恋 113

第六章 我演"大春" 121

第七章 从《苗岭风雷》到《天鹅湖》 134

第八章 外交使节《白毛女》 152

第九章 体验生活 182

第十章 从舞台走向银幕 199

第十一章 难分伯仲的双胞胎 225

第十二章 舞进美利坚 235

第十三章 车衣厂生涯 250

第十四章 一日舞蹈，终生相随 264

结 语 289

附录一：图片记忆

兄弟俩 292

舞校 298

出访 303

演出 307

舞在美国 311

附录二：读后感三章

《革命时期的芭蕾》读后 杨晓敏 315

为老同学喝彩 沈芷华 318

舞蹈人生 顾蓓蓓 320

从"大春"到"洋插队"

——序史钟麒先生《革命时期的芭蕾》

王晓渔

样板戏的出现在二十世纪六十年代的中国大陆是一个重要事件，不只是文化事件，也是政治事件。八部戏（京剧、芭蕾舞剧、交响音乐）掀动着一个有着七八亿人口的国度，这或许是戏剧史上的"奇迹"，关于这个"奇迹"有着太多至今未解的秘密。

半个世纪过去了，样板戏先是作为文革的关键部分被批评，随后逐渐淡出公众的视野，近年再有复苏迹象。但关于样板戏，著作依然有限，这或许与样板戏和密箱政治过于紧密有关，只要密箱没有打开，对样板戏的讨论就会有摸象的盲目。

对样板戏的讨论（批评或赞美），常建立在八部样板戏被视为既定事实的基础上。八部京剧、芭蕾舞剧、交响音乐，如何从众多的京剧、芭蕾舞剧、交响音乐中被遴选、被改造为样板戏，过程中存在哪些分歧，这些问题常被略过。史钟麒先生的回忆录《革命时期的芭蕾》，部分地弥补了这个缺憾。作者是芭蕾舞剧《白毛女》中"大春"的三位扮演者之一，他（与孪生兄弟史钟麟先生）就读的上海舞蹈学校是《白毛女》的创作基地，经历了这部样板戏的整个生产过程。

《白毛女》根正苗红，在二十世纪四十年代作为延安文艺座谈会讲话的示范由鲁迅艺术学院集体创作而成，首演系为中共七大献礼演出。按照常理推测，《白毛女》入选样板戏，应为水到渠成。这部回忆录告诉读者，芭蕾舞剧《白毛女》并非最初就被赋予一个绝对不可动摇的位置。围绕这部舞剧，有"香花派"和"毒草派"之分，有对"手位"的分歧，甚至有是否演出的博弈。

上海舞蹈学校围绕《白毛女》出现"香花派"和"毒草派"的对立："香花派"的观点读者较为熟悉，认为这部戏表现了"旧社会把人变成鬼，新社会把鬼变成人"的中心思想；"毒草派"则对这部戏有着严厉批判，理由是第七场和第八场各出现了一次太阳，分明是分别象征毛泽东和刘少奇，影射中央有两个对立的司令部。在"毒草派"的攻击下，副校长被勒令停职检查，编导之一被踢出剧组，芭蕾舞基本功里的一些手位被称为"封资修"，甚至有人在南京路贴出巨幅标语："《白毛女》是反毛泽东思想，反革命修正主义的大毒草！"剧中黄世仁家的道具和布景，因为涉嫌"封建"也有被"破四旧"的危险，每次演出间隙都要用篷布严密遮盖起来。《白毛女》剧组称为"舞剧团"，不称"芭蕾舞团"，与芭蕾涉嫌资产阶级腐朽文化有关。冲突不仅表现在群众之中，江青和周恩来也一度从支持转而持保留意见，直至1967年4月毛泽东看完演出后才结束两派之争。此后江青还曾表示喜儿不应该一个人上山，要让更多的人上山；喜儿的补丁应该打在右肩和左下摆上，杨白劳的布丁应该打在左右两肩上，这与各自的日常劳动方式有关。作者没有因人废言（或立言），从专业的角度批评了修改上山人数有些随意，同时表示关于补丁位置的意见是准确的。

从这些细节可以看出，样板戏在生产过程中有着种种可能，在历史的必然性中有着众多的偶然性。

作者写出了芭蕾舞剧《白毛女》的生产过程，也写出了其传播过程，不仅涉及国内的巡回演出，也涉及出访各国的经历，尤其对剧组访日的描述有许多精彩细节。剧团出行之前，组织统一订做两套高级服装，这并不意外，但是访日归来之后，上海对外友协却要求上交一套,再之后街上出现了身穿上交服装的友协人员。当演员在东京的舞台上打出"打倒日本帝国主义"的横幅,日本观众先是有些迟疑,随即是热烈的掌声。这次"芭蕾外交"推动了中日两国建交,但访日归来,剧团认为演员们受到了资产阶级思想的毒害,专门安排他们到上海郊县的乡村去"排毒"。在关于国内巡回演出的回忆中,印象最深的是剧团在河北保定受到军方盛情招待,"整鸡炖蘑菇"只要稍微动筷,就会换成另一份新的"整鸡炖蘑菇",整场晚饭不管动过多少次筷,最后桌上总是有一份完整的"整鸡炖蘑菇"。如非亲历,独自向壁很难想出这么生动的细节。当然,任何人的回忆都会有偏差,只有更多的回忆才能校正这种偏差,而非因此拒绝回忆。

回忆录讲述了"革命时期的芭蕾",也讲述了"后革命时期的芭蕾舞者",后半部分可读性未减。样板戏的演员们,在文革结束之后何去何从?作者本人有过各种尝试,主演过现代舞、电影和电视剧,已过不惑之年赴美学习"反芭蕾"的现代舞又因现实条件而放弃,在制衣厂打工然后创业开办制衣厂却被工人告上劳工局,陷入熟人圈套在中国投资失败,在华人歌舞团从事舞蹈教学……从"大春"到"洋插队",有着并不亚于"样板戏"的情节起伏。由春风得意的名演员变成冷暖自知的打拼者,作者对这种境遇没有太多埋怨,更没有因此美化过去,他明白"荆棘丛生才是人生的常态",这点常识似乎今日许多远渡重洋者并未明白。

样板戏本身是一个畸形时代的畸形产物,但那些演员们堪称一个时代的精英。作者的记忆和书写能力时时让我惊叹,他和弟弟在上海舞蹈学校复试时的场景,具体到墙上的咖啡色柚木护板和地上的V字排列的水曲柳细条木地板,许多细节一一展开,如昨日重来。跳舞之外,作者在摄影、服装以及现代舞等方面,都有着触类旁通的能力。这让人感慨,在一个封闭时代,作者能够进入上海舞蹈学校,作为《白毛女》的演员周游于国内外,可谓时代的幸运儿。作者访日归来,他的一位朋友表示,如果能有机会出去看看,一年之后回来被枪毙都值得。如果那个时代稍微正常一点,这些演员所能够释放的能力将呈现出完全不同的景象。文革之后,《白毛女》的部分演员创作了舞剧《阿里巴巴与四十大盗》，虽然演出很受欢迎，却未能持续。作者以及他的很多同学后来都做了"洋插队"，各自寻找到适合自己的生活方式，却错过了舞蹈的黄金年龄。直到1989年，作者才在美国第一次看到著名的《胡桃夹子》，他这样写道："那可是我学习芭蕾二十九年以后的事了，仅仅用遗憾来形容，完全不足以描述心中的失落。"纽约小小的"新苗艺术中心"，聚集了原上海民族乐团、上海歌剧院、上海歌舞团、中央芭蕾舞团、中央歌舞团、上海京剧院、上海芭蕾舞团以及南京军区、北京舞校的诸多专业演员，并不让人意外。

史钟麒先生对自己的青春是有怀旧的，但这种怀旧有所节制，没有沉浸在自我中心的叙述里，对那个时代有一定的疏离意识，也没有讳言那个时代对具体个人的伤害，这相当难得。书中讲到上海交响乐团指挥陆洪恩被公审并被处以死刑时，他的太太上海舞蹈学校老师胡国美，被勒令跪在电视机前观看实况，其后不再担任钢琴伴奏老师，改为打扫学校的厕所和其他场所，16岁的儿子被送往新疆。

关于样板戏本身，可能巴金先生的提醒是必要的："当然对'样板戏'各人有各人的看法。似乎并没有人禁止过这些戏的上演。不论是演员或者是听众，你喜欢唱几句，你有你的自由。但是我也要提高警惕，也许是我的过虑，我真害怕一九六六年的惨剧重上舞台。"（《"样板戏"》，《无题集：〈随想录〉第五集》，人民文学出版社，1986年。）"样板戏"重新上演，这本身并不可怕。如果对"样板戏"有着热烈的争论，惨剧重来的可能性就不会太大；如果"样板戏"成为无法讨论的样板，那就很不乐观了。在"样板戏"再度复苏的时代，当年亲历者的回忆多多益善。

2019年8至9月写于上海

自 序

我成长的年代，我的祖国刚从激烈的内战平复下来，物资匮乏，生活艰苦，社会每天都在激烈的变化中。但人们并不沉沦，而是处处积极向上，努力奋斗，建设美好家园。我和弟弟史钟麟就是在那个特殊的年代里，有幸成为上海开埠以来第一对双胞胎芭蕾舞演员。

如今我已七十有余，时常会回忆往事，回忆我的父母、我的外婆、伯母、家人、兄弟姐妹，我的老师、同学、同事、朋友，以及那个年代许多和我的人生有过交集的艺术家们，如吴天明、腾文骥、盛中国、陆洪恩、赵青等等，政治人物如江青、潘国平、唐家璇、徐景贤，等等。他们的面孔常常会在不同的时间、地点，以不同的方式出现在我的脑海里。于是，我想把这些回忆写下来，作为珍藏和感谢。是所有这些人们，给了我丰富多彩的人生。

从一个连钢琴也没见过的白丁，成长为一名能胜任大型舞剧主要角色的芭蕾舞演员，我无论是身体、心理、心灵、人格还是技术、知识和艺术素养，都有长足的积累和变化，其间有先天条件、个人努力，也有时代环境、机缘巧合，当然还有国家、人民投入的大量资金和关怀。我们这一代人随着时代的变迁，有着较大跨度的人生体验，也是很多历史重要事件的亲历者。我想，从我们双胞胎兄弟俩和那个特殊年代的我们的群体记忆中，或许可以触摸到那个年代社会的脉搏和律动——这也许是触动我写这篇回忆录的真正要因。

此书最需要感谢的人是我的妻子张意，如果生命中没有遇见她，我恐怕此刻还在喟叹日短心长而未能下笔。其实我们这一代中，许多朋友都在那个风云时代亲历过种种重大历史瞬间，许多也都曾想过要以个人史为时代留下证言，但往往因年岁已高或出版不便赍志而没。是张意，一再督促鼓励我写，才使我能在年届七十后写完这部个人史并在海外付梓出版。白天，她帮着运作我创办的史老师舞蹈学校，晚上，她又总是我每一页的第一个读者。

在本书写作过程中，还得到刘荒田、叶千荣、吕红、徐振亚、史钟麟、史友石、吕中中、王国俊、朱国良、沈芷华、顾蓓蓓、杨晓敏、陆洪元等老师、同学、同事、亲人、朋友的帮助和指点，并提供不少资料，特此向以上诸位表示我诚挚的感谢。

第一章 童年的记忆

孪生兄弟

出生对每个人都非常重要，因不可选择，不可更改。出生的时间地点、家庭经济条件、父母文化程度和社会地位等等，都会成为一个人与生俱来的标签，伴随终生，影响人的思维和行为模式。

我和弟弟生于1947年7月24号下午，星期四，阴历六月初七，丁亥年，属猪，狮子座。这天很普通，算不上黄道吉日，没有电闪雷鸣，也百度不出什么大人物诞辰，却是我们全家的大喜之日，在我落地15分钟后，又完全意外地带来了一个小弟弟，突如其来的双胞胎，给我们全家带来了不小的惊喜和欢乐。妈妈产前一个星期去医院检查，一切情况正常。那个医院创建于1933年，前身是日商内外棉株式会社建造的水月医院。1945年抗日战争胜利后，中国纺织建设股份有限公司接收了水月医院，将之更名为中国纺织建设有限公司第一医院。医院算不上顶级甲级医院，但无论是硬件设施和医生素质都非常正规、可信。

分娩那天，外婆在产房外等候，准备随时接应。产房里，羊水破，产门开，我顺利地来到这个世界。医生正要做分娩后的常规处理,才发现肚子里还有一个,顿时手忙脚乱。一刻钟后,弟弟出世。因时间拖得太长,弟弟没有发出哭声,精疲力竭的妈妈疼痛难忍,见弟弟的情况不好,加上担忧抚养两个孩子的负担太重,说:"那就算了吧。"护士说双胞胎这么可爱,哪能放弃,赶紧弄来温水盆,把弟弟放入,再使劲拍打屁股,终于把哭声拍出来。随后,弟弟留在医院里的保温箱,一个星期后才回家。因为这一意外,弟弟学步比我晚了半年。

我和弟弟同年同月同日生,只因前后十五分钟之差,命运让我做了哥哥,既享受了哥哥的待遇,也承担着兄长的职责,几十年过后我才逐渐体会到,只大十五分钟的特殊哥哥,和相差十个月以上的普通哥哥有相当大的区别,个中滋味无法用好坏来表述,这是我人生中极为宝贵且特殊的体验,我为之庆幸。其实,哥哥之说,只是按社会习俗的传统观念,在我心中,在我真实感受中,甚至在事实真相里,我们的的确确是同时来到人间,在同一个母体吸允同样的营养,就连长相也难分彼此,互为镜像,他是我的另一半,而我则是他的另一半。因此,在我的一生中,"我"的内涵也略有特殊,除了心理学家荣格所谓的"大我"和"小我",还有一个难以定义的特殊"我",这使得我的一生其味繁杂,感受颇多,回味无穷。

我和弟弟的同时到来,着实把我们全家给惊着了,尤其是承担全家各种职责的一家之主——爸爸当时内心波涛翻滚的汹涌程度,他人恐怕无法想象。这,从爸爸给我们弟兄俩起的名字中可以看出些端倪:我为钟麒,弟弟叫钟麟。在爸爸心目中,我们弟兄俩是一对难以名状的麒麟,其中的寓意可以大开脑洞去探索,而爸爸身上的担子并不会因这饱含寓意的名字有所减轻。

1947年,我们兄弟俩贴着"四零后"这个并没太多内涵的标签,以仅有千分之五概率的双胞胎身份开始了有点与众不同的人生之旅。

书香之家

我爷爷史绂卿是如皋乡下的一个开明财主。爷爷的地主头衔是祖上传下来的，他并没有花太多时间去打拼创业，有很多时间读书学习。他毕业于南通师范，并养成良好的读书习惯。土改后爷爷就从老家如皋移居上海，正赶上我们出生。我们从小就和爷爷一起生活，在我的记忆中，爷爷除了吃喝拉撒等必要的生活起居，主动做的最多的事情就是读书。只要闲来无事，他就成天翻着那几本直行线装书，口中念念有词，不知道咕哝一些什么。爷爷究竟读过哪些书，是否有学问，我们根本闹不清楚，但是在他的房间里确有不少线装书，持续地散发着书香，爷爷不紧不慢的读书声，熏陶着我们的童年。

爷爷前后娶了四个老婆，但没有一个能活过天命，凸显生命的脆弱和无常。第一个老婆生下一女史秀贞（老大），因病过世。第二个老婆是我的奶奶，我从没有见过，她生下史以忠（老二）、史以恕（老三），不久也去世。第三个老婆刚生下一女一男就因病过世，妹妹见小孩可怜来帮着带孩子，可是孩子并没有养活，早早地夭折，她自己就成了爷爷的第四个老婆，生下史以恒（老四）、史以恭（老五）、史以德（老六），不久也因病去世。就这样一个去世再娶一个，最后也没有一个能陪伴他走完人生全部之旅。爷爷自己却很长寿，活了88岁。

爷爷除了自己爱读书，也很重视孩子的文化学习，所以他早早地就把所有的孩子都送到学校里去学习，并希望孩子们能在学业上有所发展。孩子们也都是十分优秀。我的大伯史以忠学习成绩也很优秀，但是乡间老大需要继承家业，于是初中毕业后就没有再求学，早早结婚帮着爷爷打理家业（这成了爷爷对孩子前程安排的唯一例外）。大伯与我大妈婚后诞下我堂姐史友石，堂姐三岁时，大伯就死于肺结核，大妈成了家中的顶梁柱，打理家业，侍奉公公。堂姐1948年从乡下来上海读高中，成绩优秀。1950年朝鲜战争爆发，她没有毕业就报名参军，当时对出身成份调查虽然很严格，但更加重视本人表现，姐姐学习成绩优秀，要求上进，所以姐姐得以被军事干部学校录取，先被送往南京华东军区第三野战军通讯学校学习发报，半年后转入本科，1952年秋被编入野战军第二十四军入朝参战。开始是一个见习报务员，一年后成为正式的报务员，1953年参加前线指挥部的夏季反击战，直到7月27日全面停战。复员回国后，她又主动要求去新疆工作。1955年去新疆，直到今天。

我爸爸史以恕（老三）、史以恒（四叔）和史以恭（五叔）从小就展示出学习上的天分，成绩出色，在当时的栟茶中学每年考试稳拿学校的前三名，被称为史家三杰。四叔史以恒更加突出，小学连跳几级，中学毕业后考入浙江大学气象专业，毕业时已能看懂五国文字的专业著作，后去贵州遵义工作，因水土不服染上肺结核死于遵义。我爸爸1938年毕业于南通纺织学院印染系，1949年后担任青岛印染厂的总工程师，业务能力出色，对中国纺织工业有一些微薄的贡献，无愧于家庭和社会。妈妈徐元君，江苏南通人，也是读书人家庭出身，毕业于西医护校，成了白衣天使，一直在医院工作，妈妈与爸爸相识就是在陪都重庆的官方医院。

1940年护校的同学 前中为妈妈

我姑姑史以德不仅是受过新式教育的新女性，还是史家较早一位革命的觉悟者，是我们家族里唯一的共产党员。听爷爷说，1940年抗战期间，陈毅、粟裕曾在他家住过一段不长的时间，堂姐史友石那时才四岁，至今仍记得当时的情景，说家里每天都是军人走来走去。姑姑长大后，受了进步思想熏陶，决定和封建家庭决裂，不辞而别离家出走，投奔革命参加了新四军。后来与粟裕部下的一位宣传干事结婚，1949年后在南京一家工厂任支部书记。

爷爷崇尚读书兴许是家风使然，但有个难以考证的掌故可以帮助理解爷爷的读书兴趣。爷爷名字叫史绂卿，其中的这个"绂"字，不仅有学问还有故事。"绂"的意思是古代文人吊在腰间系玉佩用的绳子，念fu（福），可爷爷一直把"绂"念成了fa（发），不知是因为方言的发音习惯，还是知道读错却习惯上改不过来，反正爷爷一辈子都没把自己的名字念正确。

我妈妈家总共有四兄妹。外公徐性默是南通西亭人，据外婆讲，外公小时候读过私塾，很有天赋，脑子灵光，深得私塾先生喜爱。成年后当了讼师、保长，举凡乡下人家里、邻里发生矛盾，都会去找他评理、调解、摆平。外婆是我外公的原配，生有一女一男徐元君和徐荣昌，我荣昌舅舅很早就死于肺结核。后来外公又娶了一个姜，生下我舅舅徐大昌和小姨徐三军，土改以后外公外婆从南通来到上海，外婆住在我们家，外公住在军工路他儿子徐大昌的家里。

我大昌舅舅也是一个读书人，写得一手好字，但那时候能发挥的地方不多。我们小时候常去军工路舅舅家，记得他常常帮同在军工路上的沪江大学刻蜡纸，印文件，我和弟弟还帮着印过文件。用滚筒在边上蓝色的墨盒里滚一下，然后在蜡纸上滚一下，一张文件就印好了，非常有趣。我们学的很快，滚的时候用力均匀，所以文件质量很好，舅舅常常表扬我们。虽然舅舅不是我妈妈的亲弟弟，但对他的大妈（我外婆）和我们都很好，每次去他们家，外婆总是会带上替他们做的鞋子，而舅舅和舅妈会准备很多好吃的东西招待我们，外公这时也会显得更加高兴。虽然外婆说外公年轻时很凶，但我们看到的都是很慈祥的老人，两个老人看上去也都很互相关心。军工路处在上海东边接近郊区的地方，附近农田很多，他们自家前后院也有几块很小的地，种了各种蔬菜、胡萝卜，边角旮旯里还种了葵花籽，甜卤素（上海话，很像甘蔗，比较细）每到夏天去的时候，我和钟麟都会自己跑到地里去掰甜卤素，大快朵颐，吃撑了肚子，还要带一大捆回家，让小学的同学好生羡慕。

好好读书是我爸爸妈妈家的家风，但不幸这家风到我们这对双胞胎身上中断了。我俩小学刚毕业就因缘际会，轻文重"舞"，去了上海舞蹈学校。舞蹈学校除了专业课以外，也配置了十分齐全的文化基础课程，但要求不高，别说中专，就算艺术类大学本科毕业生，恐怕也够不上知识分子读书人的称号。

从小到大，我们弟兄俩文化课的考试成绩看上去都很不错，学生手册的期末成绩单大都是5分（满分），偶尔有4或4+，不过我们的平时作业分数就参差不齐了，偶见不及格，甚至挂零。原因很简单，我们太贪玩，功课对我们又太简单。别说预习，认真听课也不会坚持始终，上课做小动作、交头接耳是家常便饭，常被老师从座位上叫起回答问题，即便有时答对，老师也会给你个不及格，以示惩罚，于是学生手册上就见红了。但每当考试之前，我们就会临时抱佛脚，好好复习，结果都还不错。所谓聪明，无非就是记忆力和理解力，我们俩在这两个能力上还算勉强够格。

小学时，我们家的住房条件略好于附近其他同学，所以班主任就把课后复习小组放在我们家。虽说比别人家好，但门厅也只有三平方米大小。这是日本人进门换鞋的地方，被我们当作饭厅，中间放着一个没有抽屉的旧写字台当饭桌。桌两侧有两条布满裂缝的长条板凳，摇摇晃晃的。每次温课小组同学来我们家，就在饭桌上铺开作业本。因为桌子小，不能全部坐下，要轮流"坐庄"。我算术不错，做作业速度也很快，做完就扔在桌上，让同学自己去核对或抄答案，然后等几个同学做好作业后一起出去疯玩。

无论在客观上还是主观上我们都不曾好好读过书，有违家风，也是我们兄弟俩的遗憾。但在有限的学习上我们还是表现出了一些学习上的天分，这也许就是书香之家的一点点遗传优势吧。

对我们兄弟俩的成绩从不吝惜赞语的就数我爷爷。只要有亲戚朋友来访，爷爷就会把我们的学生手册拿出来示人，一面翻开期末考试成绩的一页，一面操着苏北如皋的土话大声夸耀道：我这两个孙子调皮，但功课好得很哪！都是5分啊！这是我这位可怜的、穷得叮当作响的落魄地主爷爷在那个年代唯一还能炫耀的资本。

我们弟兄俩在文化学习上表现优异，家里的亲戚和里弄周围的邻居知道的人不少，以至于在我们被舞蹈学校录取后是否要去，在他们中都有过不同意见。

大妈的干女儿就是坚决反对我们从"舞"的一位。大妈的干女儿叫袁荣喜，大学毕业后任上海科技大学的数学讲师，很早就开始研究电子计算机。她住在我家斜对面，我们都叫她荣喜姐姐。她知道我们各门文化课优秀，特别是数学，我五年级时被学校推荐去参加杨浦区中学数学竞赛她都知道。她得悉我们兄弟俩要去学舞蹈，认为十分可惜，专程到我们家来劝阻。她对大妈说，大宝小宝应该让他们继续读书，他们以后的专长应该在数学方面，而且很可能在数学或电子计算机方面干出名堂，干嘛要去学只吃青春饭的舞蹈呢？

可是对我们兄弟俩来说，我们拿什么去做选择？家庭经济状况已跌至谷底，每人每月的生活费只有11元2角五分，如果不是从天而降、费用国家全包的学舞蹈机会，我们上海这个家就只能被迫解散，化整为零分成几拨，各自寻找经济庇护，计划中我要跟大妈去乌鲁木齐她女儿家，弟弟钟麟去军工路舅舅家。生活的无奈，让我们没有选择的机会。

人生无法重新来过，只要发生的就有其合理性，唯有顺其自然，随遇而安才是王道。所谓的书香之家、人生的标签和遗传，这一切虽对我们兄弟俩的成长都有着不同程度的影响，但适应社会还是要靠我们自己，适者生存，这是生活的基本规律。

和纺织业的不解之缘

至今我们都没法明白爸爸当年怎么会去南通纺织学院学纺织专业，当时在中国，那是一个十分冷门的专业，唯一可能的理由就是老家如皋离南通很近。

现代工业的起源与纺织业有着密切关系，在英国如此，在中国也这样。南通市号称中国近代第一城，是中国近代工业的发祥之地；南通纺织学院由清末状元、实业家张謇于1912年创立，是中国纺织工业的摇篮，早先叫"私立纺织专门学校"，中间改名南通学院，最后才改名为南通纺织学院，该院许多毕业生就是中国纺织工业的先驱。1918年上海厚生纱厂的设备由南通纺织学院的毕业生负责组装成功运转，结束了纺织工业全靠洋人的时代；这类信息还能列得很长，都有可能不经意间传到近在咫尺的如皋，传到有读书家风史家人的耳朵里，让爷爷动了心思。总之无论什么原因，自从爸爸跨入纺织行业的第一天，不仅爸爸本人，连带我们整个一家都和纺织结了缘。

1937年11月，国民政府迁都重庆，之后上海许多工厂企业开始迁往西南大后方。南通纺织学院的高士愚先生是我爸爸的学长，比爸爸早几年毕业，毕业后抱着实业救国之心去英国留学，留学期间与英国女子Marjorie Scott相识结婚，完成学业回国后去家乡重庆办厂，因天时、地利、人和皆具，工厂逐渐走向正轨，并开始谋求更大的发展。1941年，宋庆龄的"保卫中国同盟"迁往四川，高士愚夫妇很快成为同盟的会员，并给予同盟很多资金上的支持，太太Marjorie Scott Gao经常参加同盟会的筹款慈善活动。1945年日本人投降后,"保卫中国同盟"正式改名为"中国福利基金会",迁往上海。高家后来陆续有了三个女儿,一个儿子。两个女儿是芭蕾舞演员,大姐高醇英是中国第一个白天鹅,妹妹高醇莉是我上海舞蹈学校的同学,现在都旅居美国。儿子高醇华是一个成功的企业家,常年住在泰国。小妹高醇芳是中国画画家,旅居法国,在法国举行过各种画展,获得两次总统奖,这是后话。

爸爸1938年毕业后在上海一带找不到对口的工作,不久他听说学长高士愚在重庆办厂,于是写信询问,高先生收到信后立即回信邀请他去重庆。当时长江渡航因为抗日战争而中断,爸爸只能先坐船南下越南,再从越南走陆路绕道云南去重庆。几经颠簸,总算到了重庆,在高士愚的纱厂里任职,开始了爸爸一辈子的纺织生涯。

抗战期间,物资短缺,运输困难,服装所需染料难以为继,爸爸在工作之余埋头研究、试验,最后用猪苦胆加上当地一种野生植物,发明了一种黄绿色的染料,获得专利。不久他的专业知识被国民党军队的被服工厂发现,高薪揽人,在高士愚的支持下,爸爸去了被服工厂并当上了相当于中校军衔的"工务科长"。爸爸的这段在国民党被服工厂的经历,也成了他日后受难的根由。

爸爸和妈妈就相识在重庆。

有一年爸爸因为过度劳累引发哮喘,其时重庆传染病肆虐,为防止传染,爸爸住进了当地最先进的西医医院,这是官方的医院,很多民国政府的高官都在该医院就诊。妈妈学的是西式护士,当年正在该医院工作,曾两次经历蒋介石视察该医院并召集员工训话。妈妈当年不仅年轻漂亮,对爸爸照顾也十分细心。爸爸住的病房是单间,有一天,爸爸斜靠在病床上看书,妈妈进来查病房,问爸爸想吃一点什么东西,说她当天值班,可以特别安排伙食部门做几个江苏菜给他吃,爸爸自然十分高兴。爸爸自二十多岁离开江苏老家如皋,在重庆已住

爸爸妈妈哥哥,后排为舅舅

了几个年头,虽已习惯川菜的辣、麻,但还是很怀念老家的饭菜。妈妈是南通人,他们能算是老乡,本来已经有很多话题可以聊,加上妈妈那么会照顾人,吸引了爸爸的目光,一来二去,两人就在病房里结缘。出院后,爸爸继续展开攻势,约会、恋爱,于1941年结成正果,第二年哥哥史蜀骥出生。他们在那儿度过了一生中最为快乐的时光。

因为爸爸的工作原因,不久之后,我们全家搬到上海定居。

1945年12月5日,中国纺织建设公司(简称中纺公司)在重庆成立,爸爸所在的被服厂划归中纺公司。中纺公司隶属于国民政府经济部纺织事业管理委员会,负责抗日战争胜利后接收和经营日伪在各地的纺织工厂及其相关单位。1946年1月,公司迁沪办公,筹建内部机构,接收日商在沪的丰田、日华、裕丰等纺织系统的工厂企业。爸爸受中纺公司的派遣,飞往上海协助中纺公司接收日本纺织、印染等企业,那是他第一次坐飞机。爸爸对我们谈起这段经历时,语带自豪,我们听了也十分佩服,毕竟那时候能乘飞机的人非官即富。

爸爸在上海工作期间,姐姐在四川出生。于是爸爸抓紧把上海的住房安顿好,让妈妈、哥哥,带着抱在怀里的姐姐史林娜,从重庆坐船来到上海。这条航线在战争期间被迫关闭,日本人投降后重开。到上海后,妈妈很快在纺织医院找到了护士的工作,不久妈妈又怀上了我和弟弟钟麟。这段时期我的外婆、爷爷、大妈也从苏北乡下来到上海,和他们住在一起。就这样,我们一大家人汇聚到了上海,住进了日本人的日华纱厂职工宿舍(1949年改为"纺织管理局第三宿舍",简称"纺三"),我和弟弟在上海出生,由一个原本的如皋人、可能的重庆人成了地道的上海人。

上海是中国的纺织重镇,我们住的地方是上海纺织工业的中心地带,附近不少纺织厂,周围邻居中有不少纺织厂的工人、干部,有些还是中国纺织业的领军大佬级人物。我们住在66号,爸爸的南通纺织学院的高年级同学张保丰就住在68号。大概因为这个缘故,我们兄弟俩对布料布艺也十分着迷。记得爸爸去青岛前在上海留下好几箱子各种布料的小样，小时候大妈就把各种不同色系的布样拼成大幅的被面，非常漂亮，给我们留下极为深刻的印象，至今还能记起手背触及到丝绸那种柔滑的感觉。

家住上海"下只角"

常听有经验的人说，购房最最重要的前三事项就是地段，地段，和地段。可我父辈根本不在乎，随遇而安，只要生活方便，不在意住在哪儿。按说爸爸有条件可以住到更好的地段去的。但是人有一个与生俱来的标签：哪儿人。而这个自己管不了的标签对人的一生能产生很大影响。这个"哪儿人"不仅仅包含国籍、省籍等，甚至还包括家庭住址的地段。

聪明的中国人老早就有一个籍贯的概念，就是不管你在哪儿出生、生活，祖籍是哪儿就算哪儿人。我和弟弟的祖籍是江苏如皋，从小到大在籍贯一栏中，我们填的永远都是：江苏如皋。但我们是在上海出生，对如皋根本就没有什么概念，只是在很小的时候跟大妈去过一次。

爸爸1946年1月从重庆到上海是受中国纺织建设公司（简称中纺公司）的派遣，协助中纺公司接收日本在上海的纺织、印染等企业。因这个工作关系，住房就顺理成章地安排在日本公大纱厂的"公大工房"。公大纱厂就是后来的国棉十九厂。

"公大工房"是日本公大纱厂的职工宿舍，那是1926年由日本人出资聘请英国设计师设计建造的住宅小区，位于榆林区（1960年我小学毕业不久，榆林区的建制被撤销，所辖地域分别划归虹口区、杨浦区和宝山县。）

南面隔一条街与黄浦江为邻，共有二百多个住房单位，分别以阿拉伯数字排序，外观是简化的西方样式，内部是典型的传统日式。小区分前、后两部分，前后宿舍以小门分开。前宿舍是四套连体的二层楼别墅，在美国称为Town House，条件比较优越，供日本籍职工居住，红砖红瓦，落地大窗，外墙饰以小鹅卵石，每家门前有小院，周围用四寸宽、一人多高的木栅栏围起来，里面种花草。木栅栏原来是漆成绿色的，配上房子的红砖红瓦，甚是好看。可惜我们能记事时，木栅栏的油漆已脱落，整齐的木板也掉了不少，房管所随便用铁皮、杉条补上窟窿，到后来干脆把小区内所有的木栅栏拆除，用红砖围了起来。前宿舍内还设有医务室，理发铺。后宿舍供中国籍职工居住，简陋得多，与通常的中式里弄无异，许多家连成一排，两排中间形成一条不宽的弄堂，十分拥挤，整个后宿舍才有一个不大的公共空地。随着人口的增加，原来两层楼的住房的尖顶也成了住人的阁楼，实际变成三层，更加拥挤。即便如此，与小区外的大多数房子相比，后宿舍还算比较高档。

小区内的门牌号都以阿拉伯数字排列，唯有一栋小楼是例外，其建筑宏伟，高大气派，编作"特号"，据说这也是所有上海门牌号中惟一的特例。一九三七年"八一三"后日本人占领了上海，这幢房子就由日军海军陆战队占用，后改为日军许昌路宪兵司令部。

日本人投降后，小区归于中国纺织建设公司名下。1946年7月住在宿舍内的日本人集体乘船迁回日本，居民换成了中国人。到我年纪稍长才知道，附近杨浦区里很多学校的老师、教导主任、工厂车间主任、工程师、厂长、区委干部都住在里面，以后更有作家、音乐家、画家、商人、专业运动员出现在里弄里。记得小区管理甚严，陌生人进小区都需要在有专人管理的大门口的记录簿上填上姓名和拜访的对象。

爸爸当年的职衔是中国纺织品总公司下属纺织厂的工程师，所以被安排在较为宽敞的前宿舍，占一套连体二层别墅，地址是许昌路227弄66号，楼上是两间卧房，中间以日本式的纸质拉门隔开，主卧房约为十二个榻榻米大小，小卧房约为六个榻榻米大小。楼下是一个两个榻

上海的家

榻米大小的门厅和十二个榻榻米大小的起居厅和厨房。我出生后就住在这里，直到1988年离开。

1949年后，小区交由上海纺织管理局管理，其时来了不少南下作战、后来转业的军官和他们的家属。于是，管理局规定，占据全栋房子的人家需腾出一层给新来的人。这样一来，除了有几家较为特殊，其余大部分人家就变成楼上楼下各住一户，两家共用设在楼下的厨房和厕所，小区人口陡然增加了一倍。这早已不是严格意义上的"宿舍"了，但对外还称为"纺织管理局第三宿舍"（简称"纺三"）。小区建筑质量相当不错，尤其是我们住的前宿舍，花园洋房，即便是放在当年全上海包括英法等各国租界的住房在内，除了一些特殊用途的超豪宅外，也算得上是中高端水平。

但是，由于住房位于上海东北角，公共租界的东区，属于杨浦区，被上海人称为"下只角"，这里的居民尽管手里拿有上海户口本，可是因为地段的关系，被称为"下只角人"，充满了歧视。这首先是个方位概念，更是实实在在的文化概念。

中国的社会形态有个"双半"说，即半殖民地半封建社会。这究竟啥意思说起来很复杂，反正上海有一半是外国人的租界区，上海城市区域的形成和发展就是脱胎于租界。

上海是中国近代最早出现租界的城市。租界分成公共租界和法租界两部分。公共租界实际是由美租界和英租界合并而成，早先就称作英美公共租界，1898年才改成"上海国际公共租界"。上海公共租界在中国租界史上是开辟最早，存在时间最长，面积最大，经济最繁荣、法律最完善、管理机构最庞大，发展最为充分的一个租界。日本人没有自己单独的租界，但是在公共租界里享受优惠国待遇。日本侨民比较集中的虹口区，原先就是美租界。

上海在开辟租界之前并不是传说的小渔村，而是人口有二十多万的上海县。县城就是现在城隍庙一带，只是在"太平天国"时期，"小刀会"曾一度占据上海县城,并在那里自立大明国,后来法国人和清军联手把存活了十七个月的大明国给灭了,三天三夜的大火把大半个上海县城烧了,人口也降至四万左右。租界划分是以县城为中心,沿着黄浦江从西南往东北排列,黄浦江由西南往东北流,西南为上游,东北为下游,紧靠县城的是法租界,属于上游地段,中段是英租界,最后是远离县城的美租界,属下游地段。上游地段就是上海人口中的"上只角",下游地段就是"下只角"了。

1895年中日签订《马关条约》,允许日本人在租界开厂。其实早在日本人之前,英国人、美国人和德国人就已经在做,他们设厂在公共租界东区,即原先的美国租界区,英国怡和纱厂的地址就是在后来的杨浦区地段,即在"下只角"内。

黄浦江上有一支流叫苏州河,早年叫吴淞江,江上有两座水闸,一座是清代康熙十四年(1675年)建的老闸,一座是雍正十三年(1735年)建的新闸。在老闸和新闸之间来往船只众多,带来江南水乡的各种产品,于是在吴淞江两岸形成了两个市集,犹如清明上河图所描绘的场景。江南原本就比较发达,江北地区在这些集市的带动下开始发展,上海人把新闸和老闸的北面,即吴淞江北岸统称为闸北。闸北当年多农田,开发比较容易,价格相对便宜,许多民族工业在此落地,形成著名的上海华界"工业大本营",方位也在"下只角"内。工业区的居住环境通常会比商业金融区差很多,连带城市区域的主要功能也差很多。这样公共租界的东区、北区两大工业区最终合二为一形成远离上海市中心、处于黄浦江下游的"下只角"。

"上、下只角"是地理方位的不同,也表示了用途不同。"上只角"主要金融商业行政区域,"下只角"是工业科技开发区域。不同的用途聚集不同的单位和人群,结果形成了巨大的文化上的区别。这是地道的上海土特产,是上海的实情,也是了解上海的一把关键钥匙。上只角的高大上无需多说,无非就是十里洋场花花世界,洋人买办,商界精英,各界名流等等。下只角的脏乱差虽也不难想象,但没有亲身体验还是很难体会到那种艰难。

当年的上海东北角除了闸北区不断兴起壮大的民族工业区，还有租界的高科技开发区，类似现在的上海张江高科技园区。只是两者从事开发的都不是电子产品，而主要是纺织印染业。这个行业是劳动密集型产业，科技主要是体现在设备和管理上，而流水线上的操作工人没有什么技术含量，女工、童工稍加训练就可上岗，加上极低的工资，"下只角"因此聚集了越来越多的从苏北农村招来的工人。东北角工业区内厂家越开越多，工人需求量也越来越大，人口成几何级增长，亲戚带亲戚，老乡带老乡，几十年下来就形成了一个名副其实的城中城：苏北城，情形有些类似于美国的中国城（China Town）。苏北乡下人来到了上海的苏北城内，不用学上海话，生活上有老乡照应，不用担心，一切按部就班：女的可以去当纺织女工，男的如果身体不错可以去码头做装卸工，如有门手艺工作会轻松，收入也更可观些。当年上海的三把刀即菜刀、修脚刀和剃刀几乎被苏北人垄断。在这里，政府规划地居民住宅少之又少，而且住房条件很差，没有卫生设备，数户人家共用一个厨房，共用一个水龙头，几代人住在一个蜗居里是常态，人均不足0.7个平方米。而且这还算是有正式住房的幸运者，还有很多人只能自己找个地儿，捡些破砖、锈铁皮、烂木料想方设法捣鼓个能遮风避雨的窝，就算在上海落脚了。这就是上海人所说的"滚地龙"，或棚户区，房檐低矮，进出不能直立，道路狭窄，碎石头铺就的路高低不平，一到下雨，泥泞不堪。走在路上的人，可以直接与睡在二层阁楼上的人握手。上海恼人的黄梅雨季一到，很多人家屋顶漏水，雨季一过，家家户户晒棉被、床单，你路过的时候，既要低头看路防止跌倒，还要抬头看上方防止衣物碰头。那儿的人们通常谈论的是阁楼、天井，吃的是大饼、油条、泡饭、酱菜，像"咖啡"这样的舶来品我在小学时候只听人说过，从没见过。

东北工业区尽管住着不少苏北人，但上海人不愿意把这块区域叫做"苏北城"，也许是因为叫"城"（Town）太抬高它了，也缺乏本土特色，而有着浓烈的上海味道的"下只角"的名字就应时而生，不但叫着顺口，其含义大家也心知肚明。

"下只角"的居民不但不被"上只角"的看作上海人，他们自己也没有意识到自己就是上海人。我小时候的很多同班同学，出生在此地，他们的上辈已落户很多年，能说流利的上海话，但他们还是延续父母辈的习惯，见面不讲上海话，一开口就是"这块拉快"的苏北方言。他们坐公共汽车去趟南京路、淮海路，回来就会特意告诉别人，"刚刚去了一趟上海"。

"下只角"里不全是苏北人，非苏北人也会看不起比邻而居的苏北人。苏北人被上海人称为"江北人"（即长江以北的人）。上海手表厂坐落在榆林区，大门就在离我们的小学不远的直马路上。工厂出产的上海牌手表有"全钢"和"半钢"之分。"钢"和"江"在上海话里同音，于是，学生中，如果父母有一方是苏北人，便被戏称为"半钢"，父母同为苏北人被称为"全钢"。有些同学土气到家，不管你说什么话，他还是苏北话应对，那就算是"不锈钢"了。在学校里，同学之间发生冲突，带"钢"的帽子成为贬低对方的有力武器，马上叫挨骂者辩解乏力。

"上下只角"的人口来源、教育程度、文化素质、思想观念、经济收入等方面差异巨大，"上只角"聚居了比较富有的居民，"下只角"正好相反，歧视也就不可避免。

我父亲是苏北如皋人，母亲来自南通，依据上面的标准，我和弟弟本来是"全钢"，只是我们俩的功课不错，各种活动不会太差，在外面从来不讲苏北话，加上爸爸妈妈不是扛力气活的，我们又从不与人吵架，所以被人叫"全钢"的机会不多。但是"下只角"、"苏北人"、"江北人"、"全钢"等这些明显带有歧视甚至是侮辱的名称，常在我和弟弟的耳边响起。我们在这种环境中长大，看惯了人之常情，犹如练家子冬练三九，成了我们的"童子功"。这种承受社会不公的经历，有时让我们感到困惑，但没有摧毁我们，反而锻炼了我们的心智，培养着我们的精神抗体，使我们在面对困难和挫折时能有更多的坚忍与豁达，这是我们极为珍贵的财富。这儿受到了不公，那儿你获得了补偿，上帝总是公平的。

文化大革命中叱咤风云的潘国平等人，也是来自下只角的"全钢"，那是后话。

一个家变为两个

爸爸刚把家从重庆搬到上海时，家里只有爸、妈、哥、姐四口人。那时苏北已解放，如火如荼的土改运动也告一段落。为了迎接我（和弟弟）的到来，外婆、爷爷、大妈和堂姐从苏北乡下搬来上海，等我们兄弟俩出世后，一下成了祖孙三代的十口之家。生下我们后，妈妈身体虚弱，没有奶，家里雇了两个奶妈，一个来自常熟乡下，一个来自苏北如皋老家，于是一个并不太宽敞的屋子里住了十二个人，成了一个非常热闹的大家庭。

大妈是我爸爸的寡嫂，我们的伯母，我们按老家的称呼叫她大妈。她很年轻就嫁给我伯父史以忠协助大伯治家。不久，伯父因肺病去世，那一年大妈才26岁。大妈小时候在家乡念过几年私塾，文化程度有限，可旧时的三从四德却是她一辈子为人处世的准则。

在我的眼里，大妈是这方面的典范也是受害者。伯伯死后，大妈一直没有改嫁，我爷爷的生活起居几乎都由她照顾。她随公公搬来我家以后，上海家的里里外外就由她打理。冬天还没有到，大妈已开始准备爷爷和我们兄弟俩的冬衣，洗衣做饭，缝缝补补都是大妈的活儿，她是比我们自己父母还亲的亲人。大妈常说她的"命不好"，土改时因为祖上留下的不到五十亩薄田，被划为富农。我外公外婆也很冤，长年起早贪黑地干农活，苦没比贫农少吃，却因为比"上中农"的标准多出一亩山地，也被戴上了一顶富农帽子。

妈妈一下子生下了两个，元气大伤，不久后得了肺结核病，无

哥哥、姐姐和作者兄弟俩

法工作，全靠爸爸一个人的收入和不多的积蓄来维持一个十二人的大家，初时还勉强，时间长了，经济情况日见窘困。

一家团聚的日子并不太长，很快爸爸就因为工作被调往青岛，缘由就因为他是工会主席，处处为工人利益考虑，得罪了老板。

爸爸头脑聪明，性格直率，富于同情心，见到不平必挺身而出，仗义执言，很早就有"史大炮"的绰号。早年在南通纺织学院上学时就是富于号召力的学生会主席。

抗日战争胜利后，国共第三次战争爆发。战争使得国民政府军费急剧增加，引起财政赤字直线上升。国民政府入不敷出，为支付日渐庞大的内战军费支出，大量印刷法币，导致物价疯狂上涨像脱缰野马。蒋经国在当时的上海开展了打老虎运动，以行政手段强迫冻结物价，但是商人趋利而作，不会做亏本的生意，于是大量囤积物资，结果反而造成有价无市。急公好义的父亲眼见工人们每次一拿到工资，就急如星火地出去购买食品和日用品，怕迟一步又遭遇更凶猛的涨价，甚至还买不到东西，便以工会的名义，与老板谈判，向老板预支工人下半个月的工资，拿这笔未来的钱购买生活必需品，储存在仓库，到工资发放日，按买入价把实物发给工人。实行了两次，工人高兴，可是老板手头少了周转资金，非常头疼。因对手是有势力的工会，资方奈何不得，虽然不愿意，但也无计可施，只好照章行事。后来国民政府为挽救其财政经济危机，继续维持庞大的内战军费开支，决定废弃法币，改发金圆券。这是国共第三次战争后期，国民政府为支撑其崩溃局面，搜刮民间真金白银而发行的一种本位货币。金圆券从1948年8月19日开始发行，至1949年7月停止流通，整整十一个月的时间，致使多少家庭破产，民不聊生。这样，爸爸的预支工人工资储藏生活必需品的游戏就玩不下去了。

1948年中，中纺公司下属的青岛印染厂需要上海支援技术人员，老板正好就以此为借口，把爸爸调走。

爸爸像当初来上海时那样，在青岛工作的同时，安排好住房，把妈妈、哥哥、姐姐接去。我和弟弟钟麟刚刚学会在地上爬，去青岛没人照顾，于是父母把我俩留下来，和爷爷、外婆和大妈一起生活。就此，一个家变为两个。这一别，再见到妈妈，我们都已经是十七岁的大男孩了。

这一变动，对我们全家影响是巨大的，我们长时间不能与爸爸妈妈生活在一起，缺少母爱，这是何等的人生缺失！我们成了现今常见诸传媒的"留守儿童"。在我们的成长过程中基本没有父母的陪伴和教育，儿童期安全感的建立、少年时期的亲情需求等诸多人生成长过程中的重要环节，都有极大的缺失。只是因为大妈、外婆的爱护，才让我们俩的人格没有受到太大的扭曲，我们随遇而安，努力生活。

妈妈的肺结核病

妈妈在生下我们后不久就得了肺结核病，除了因为消耗太大，还可能是基因的缺陷所引起，我的两个舅舅都是年纪轻轻就死于这种可怕的传染病。还有我爸爸的几个兄弟，也死于结核病。结核病这古老的疾病肆虐人类超过五千年，十七世纪中叶欧洲人称之为「白色瘟疫」。历史上有许多名人得此病或死于此病，如"查泰来夫人的情人"的作者劳伦斯、音乐家肖邦、诗人歌德、爱·伦坡、拜伦、卡夫卡等。有人调侃说结核病之所以与大诗人、大作家、大艺术家特别有缘，可能是他们感染此症后，知道无药可救，反而激发了他们的艺术创作灵感，因之留下震古烁今的文艺作品。此说为结核病增添了不少浪漫的色彩。可我妈妈得了这个病却一点浪漫不起来，它加速了我们家走向贫穷的步伐。一旦得病，病人就无法工作，需要休养，需要药物，需要补充大量营养，所以民间称为"富贵病"。

1943年10月19日，美国新泽西州的罗格斯大学教授赛尔曼·瓦克斯曼发现了链霉素，稍后获准批量生产。妈妈生病是1948年，需要大量链霉素来治疗。可那时候，链霉素问世不久，价格昂贵。中国无法生产，所需全靠进口，价格就更贵。妈妈一天要注射二到四次。为了治好妈妈的病，爸爸把手头所剩的几两金子全部变卖，最后连稍微像样的家具也送往二手家私店。耗尽不多的积蓄后再去厂里预支工资，四处借贷。经过数月不间断的链霉素的注射和其他治疗，母亲从死神手里被抢了回来，但此时家里已债台高筑，入不敷出，全家的生活从此进入最不堪的年代。

1964年暑假，我和弟弟十七岁，第一次去青岛看望双亲，才确切地明白什么叫"家徒四壁"。去之前总以为它应该比上海的家像样一点，没想到更差。房子是日本人建造的二层洋房，坐落在台东区离市中心很近的地方，外表相当漂亮，坐南朝北，一个水泥建造的楼梯位于房子背面，屋内还有一个用洋松木建造的楼梯，楼上楼下各有一大一小两间房间。

爸爸是印染厂的总工程师，他刚去履职的时候，印染厂就把这个曾经是日本技术人员住的房子分给了爸爸。全家四口人在青岛生活的最初一段时间里，楼上楼下总共三间房间，住得非常宽敞。后来保卫科的一个干部看中了我们家这个房子，罗列各种借口，使出各种下三滥的手段，终于在二楼的小房中间建了一道粗糙的隔墙，把楼上好端端一个屋子切去了一半，二楼只剩下一个特小房间和一个略大的正房，保卫科干部占了下面一层加楼上的半个小房间。不平不公也没有办法，无处可以申诉。

我们去的时候，从外面的楼梯走入二楼，映入眼帘的是一片破败，墙上斑驳，漆差不多掉光，分不清原来是什么颜色了。爸爸的小单人床是用几块床板搭成，小床就安在那个半间小房间里，在里面转个身都很困难。妈妈的一张四尺半宽的床靠在正房间的一面墙上，姐姐睡在壁橱里。我们去了后，姐姐就和妈妈睡大床，我和钟麟睡壁橱，哥哥睡地板上走廊里。房间朝南有两扇窗，窗之间的墙边立着一个破旧的折叠式圆形饭桌，台面千孔百疮，桌腿摇摇晃晃。家里唯一的奢侈品是饭桌上方的墙上，小搁板上的一个五灯收音机，外表陈旧，音质嘶哑，打开后要调整半天才能找到电台，勉强收听新闻。这是唯一比上海家里好的地方，上海的家连这玩艺也没有。

爸爸一个总工程师，从四川到上海，又从上海到青岛，抚养了四个孩子，负担了两个老人的生活，在工厂里担负那么重要的任务，家里居然没有一个可以舒舒服服躺下的床，令人不胜唏嘘。

捉襟见肘的家计

自从爸爸妈妈带着哥哥姐姐去了青岛，我们上海的这个家就剩下爷爷，外婆、大妈、堂姐和我们弟兄俩。后来（50年）堂姐也参军离开了家。家长是爷爷，家里的日常生活主要靠大妈和外婆分工把持。

那以后是我家经济极为困难的二十年。分家后本来就增加经济开销，1953年实行工资改革，爸爸的月工资从三百多元一下子降到135元，恰如屋漏又遭连夜雨，从此，爸爸每个月只能给留在上海的我们寄很少的钱。

爸爸每月从他135元的工资里拿出45元钱寄往上海，这是我们兄弟俩、爷爷和外婆四个人每月的全部用度。通常不到月底，爷爷手里就没有钱了。每个月收汇款单的日子临近，爷爷就掰着手指头算，每天在门口等邮递员，拿到汇单后一分钟也不会耽误，立即会拄着拐棍、急匆匆地去邮局拿钱。假如邮路耽误，不能准时收到汇单，爷爷就会急得在自己的小房间里团团转，书也看不下去了，一会儿站起来到窗口张望，一会儿又脱掉布鞋躺在床上漫无目的地盯着天花板，不时地晃动着那一双永远穿着厚补丁袜子的脚。

我们的房租每月7.28元，把房租扣掉，剩下的钱刚够买米和不多的蔬菜。所以，在其他方面想尽办法节省。淘米的水，用来洗菜，洗过菜的水，拿来冲厕所。我们住房不错，设备也不错，抽水马桶、小便池、煤气灶样样齐全。但煤气贵，虽方便也尽量不用，用相对比较便宜的蜂窝煤炉，我和弟弟经常帮外婆劈柴、生炉子。有一年，小区一处水管漏水，平时每人只有一毛几分的月水费陡然需增加到每人一元多，我们一家就要增加五元多，爷爷看到账单，心急火燎，这还怎么过下去，他多次去房管所和居委会交涉，周围别的居民也一样碰到这个问题。后来居委会召开居民大会，大家一片怨声，嚷着拒付，最后自来水公司总算把数目减掉了一部分，这才让我们家度过难关。

用水如此，我们用电更是抠门，虽然每个房间都有灯，但大部分时间是摆设，大妈、外婆、爷爷都还沿袭乡下人的传统，天亮即起，天暗就准备睡觉，小时候常见他们在黑黑的房间里摸东摸西。走廊楼梯的灯，更是很少有亮的时候，非开不可时也是用后即关。逢年过节有亲戚来访，为安全计，才不得已让灯亮较长时间。我们睡觉的大房间里，中间有一个可以升降的灯，那是日本人留下的设备之一，看书时，可以把灯拉近。外婆大妈经常擦拭，白玻璃灯罩很干净，可是为节约起见，灯泡只敢用15瓦的，光线昏暗。冬天我们睡在房间里的壁橱内，常躺在被窝里看书，距离昏暗的电灯泡足足三米，要很费力才能看清书上的字，居然没有把眼睛看坏，也算是稀罕了。夏天，家里更是漆黑一片。每月供电公司的查表员来查电表，总有点不相信自己的眼睛，看他总是拍打几下电表，摇晃一下看看是否有故障。每月的读数只比上一个月前进了"1"，即一个月只用了一度电，折价为0.24元，平均一天用电还不到一分钱，查表员当然有理由不相信电表。我们虽然不曾"凿壁偷光"，但借助夏夜明亮的月光做过暑假作业却是真实的。

上小学六年，印象最深的、最盼望的就是过年。

每近春节，大妈外婆就会忙碌起来。打扫屋子，洗被单，晒棉被，我和弟弟负责擦玻璃窗。每年擦玻璃窗是一个苦差事，家里的玻璃窗很小，很多，十分难擦干净，而那时又差不多都是天寒地冻的日子，但想到一年一次的过年，这点事情总是要去做的。年三十晚上的年夜饭早在十多天前，大妈外婆就开始准备了。虽然穷，但比平时总要好得多，猪肉炖笋干、栗子烧鸡、红烧带鱼、河豚鱼干炖猪肉、素什锦是我们最爱吃、最想念的美食，如果家里来了客人，菜肴会更丰富。年初一早晨，穿上新鞋、新棉袄罩衣，加上那些只出现在春节的饭桌上的好吃的饭菜，过年真好。初三过后，我们还会到外面去借石磨来磨糯米粉，准备元宵节吃汤团。

与过年的丰富相比，平时的生活就比一般人家差很远，一年到头我们大部分时间都吃素。中午一碗青菜就饭，晚上喝粥。外婆常会在上午十点多，趁菜场快收摊，去摊档买最贱的下脚菜，或者白拿商家扔掉的菜帮。有时候会买一些皮带一样宽的小带鱼，大拇指一般的小乌贼鱼和长度不超过三寸的小鱼，先决条件是便宜。那时候是计划供应，每月粮食局会按人口多少发放肉票、鱼票、蛋票，但有票也不一定能买到好的

1964年第一次去青岛的全家合影

东西，我和弟弟常常在需要买这些东西的时候，早晨三点起床去小菜场排队。买到这些东西，就是我们每月改善伙食的时间了。

我们小时候吃得最多，也最喜欢的是螺蛳，一毛钱一斤，这大概是我们兄弟俩日常所需动物蛋白的很主要的来源。买回家后，先在水里养上几个小时，用大剪刀或老虎钳把外壳尾端去掉，清洗后上锅，倒入少许油，加葱姜干炒，喷上黄酒，盖上锅盖，焖数分钟。那年代没吃过"山珍海味"，不知道哪一种珍馐，味道比得上螺蛳。因为常吃，我和弟弟练就了非凡功夫——从碗里舀上一大勺，放数个入口，吸出肉后，把壳一个一个吐出。一大碗螺蛳，我和弟弟只花很少时间就干净利落地消灭。我们的饭桌就在大门口，夏天吃饭总敞开大门，好奇的邻居常会来"观战"。如果放在今天，说不定还会上哪家电视台的真人秀节目呢。

家里近乎赤贫，每学期三块钱的学费，要分三次才付完。有一年冬天，我的帽子被我玩丢了，爷爷为此去了好几次学校交涉、寻找，幸亏后来找到，不然的话，我的脑袋也许一个冬天就要听冷风唱歌了。

我们兄弟俩从记事到十七岁，没有见过妈妈，这在很多人看来是不可思议的，哪个母亲不想念自己的孩子，特别是一对聪明伶俐，人见人爱的双胞胎男孩子，但是有什么办法呢？当年从青岛到上海，最便宜的船票也要六元，家里真的出不起。后来妈妈肺结核病愈，在青岛一家标准件厂当上医务室医生，经济上才略微宽松了一点，但长久分离造成的隔阂难以消除，我们和妈妈成了陌生人。爸爸有时来上海出差开会，会从饭店到家来看看他的爸爸和我们，那是我们春节以外的最盛大的节日了。每到这时，大妈会特别做一些好菜款待爸爸。爸爸每次来上海，都会用较大的旅行袋带上一袋青岛盛产的各类苹果，足足二三十来斤，让我们顷刻感到十分富有。特别是国光苹果能放较长的时间，我们可以每天吃一个，这是小时候非常美好的记忆。

我们住的"纺三宿舍"里，有一个25米长，10米宽的游泳池，水不深，里弄里出了一些游泳运动员就与此有关，其实这个所谓游泳池据说是当年日本人集体泡浴的场所，最深处才1.4米。游泳池每年夏天对外开放，但要付二元月费。此时我们就会写信给爸爸，问他能否额外寄二块钱给我们去游泳。爸妈在青岛虽手头紧，但下一个月一定会多寄几元钱，使我们的暑假多了一个去处。我们去了舞蹈学校后，游泳水平比一般的同学高了不少。有一年市文化局组织下属单位去青浦县淀山湖参加游泳比赛，距离三千米，弟弟钟麟第一个抵达终点，我是第六个，算是对爸爸妈妈额外投入的小小回报。小时候，我们就是在那样的环境中长大，因为没见过富，所以也不知道穷，觉得我们过的就是日子。

家中顶梁柱——外婆和大妈

我和弟弟没有成为弄堂里的小混混，全赖勤俭的外婆和大妈悉心照顾和严格管教。

在我们成长的过程中，我们兄弟俩有两个妈，一个是给我们生命的妈，她在我们不满两足岁的时候离开上海去了青岛；一个是陪我们一起长大的大妈，她从我们还在襁褓之中就陪伴着我们一直到我们离开上海，她的很多优秀品质，给了我们无言的身教。她虽然文化程度不高，但明了事理，待人热情，热爱小辈，在外从不惹事，耳濡目染之下，我们兄弟俩在她身上学到很多优秀的品德。

大妈在街道工厂找到了工作，后来转去杨浦区一家纸品厂当工人，每月收入不到三十元。爷爷闲来无事，成天翻着那几本直行线装

两兄弟和大妈以及她的妈妈

书，经常口中念念有词，不知道咕哝一些什么。一年四季，我和弟弟只有在吃饭、睡觉和做功课时在家，天天在外面疯玩。夏天一条黑色龙头细布做的烟囱短裤，理着小光头；冬天是一件大妈做的中式老棉袄、棉裤。外婆是南通人，在上海住了几十年也只会讲南通话，个子很小，声音超大。晚饭做好，她总是迈起小脚，满弄堂找我们这两个在外面疯玩的小外孙，大声吆喝："大宝小宝锅拉威方"。久而久之，弄堂里的老邻居，虽然不是南通人，大概也会说"回家吃饭"的南通话了。

在我们快到两岁那年，爸爸因工作原因调往青岛。妈妈去的时候带去了哥哥姐姐，把我们弟兄俩留在了上海与大妈外婆一起生活。上海这个家全靠大妈、外婆操持。外婆在家一天到晚忙个不停，除了做饭，就是纳鞋底。她几乎每天都在忙这个活计，夏天在阴凉处，冬天在阳光下。做鞋底又费工又费时间，整个过程也不简单。夏天，外婆先把别人丢弃或家里缝衣服时剪下的零碎布料收集起来，用稀薄的面粉浆糊浸湿，再一小块一小块地铺在一块3尺乘2尺的洗衣服用的大木板上粘贴，全部粘好后约为0.3公分厚。白天，她会把整块木板搬到太阳底下暴晒，晚上搬回家。几天后，把干燥变硬的布块从木板上剥下，再依据纸鞋样在布块上画样，细心剪下数块，然后将好几层叠起来用粗线固定，最后用专门的扎鞋底的粗线一针一针地把鞋底扎好。扎鞋底的线较粗，由数根细纱线编成，弄堂外面的小店、小摊都有卖，一毛钱六、七根不等，可以扎一双鞋底，但外婆嫌外面买的线太贵，不舍得去买，宁可自己用手工搓成。当年自己扎鞋底的人很多，但自己搓鞋底线的人极少，一是买鞋底线的价格多数人忽略不计，二是自己搓线不仅费时还有相当的技术含量，不那么容易胜任，我不知道这能不能算一个非物质文化项目。我和弟弟小时候经常帮外婆搓这样的线，到后来已经非常熟练了。这大概算是我们兄弟俩的一点点小的"绝活"，也算是我们进入"纺织业"的早期培训。

外婆的手劲很大，看她扎鞋底的时候，右手中指带着一个铜制的顶针箍，针扎入鞋底，然后用中指一顶，就把针顶到另外一面去了。

看着粗线在半寸厚的鞋底上穿过来，穿过去，犹如刺绣，真的很好看。我和弟弟小时候也拿针试过，根本扎不进去。由于外婆的手工极好，邻居也常请她扎鞋底，一双鞋底给八毛钱工钱，她要做三四天才能做完。外婆扎的鞋底尽管十分结实，却也抗不住我们这两个顽皮小外孙的铁脚板，穿上新鞋不到一个星期，鞋底就得用废轮胎上剪下的胶皮打上厚厚的前后掌。外婆看这样不是办法，她就是每天做也难赶上我们俩的脚步，于是只要鞋子做好就立即拿去外面的修鞋摊钉上胶皮掌子。从那时起，我们穿的鞋就是"加厚加强"型。不过我们小时候不懂珍惜，还是"穿新鞋走老路"，再结实的鞋也架不住我们的铁脚。我们去舞蹈学校就读后，外婆在家还是不间断地做鞋子，但年纪越来越大，穿线入针已经很困难了。坐在门口干活儿时，邻居家的女孩子路过时常常会走近打招呼，陪外婆坐坐，聊聊，谈谈她的两个学舞蹈的外孙，还帮着外婆穿线。

1975年秋，外婆病了，这次病的很重。

三年前的1972冬，外婆已经有过一次非常危急的病况，几天不吃不喝，躺在那儿动也不动，只听到朝外吐粗气的呼吸声，我们见情况不乐观，用电报告诉了妈妈，妈妈从青岛赶来准备为她料理后事，这也是妈妈到青岛后20多年第一次回上海。在妈妈照顾她期间，发生了一件很奇特的事，结果把外婆从鬼门关里拉了回来。

那天，妈妈看到我们从朝鲜带回的一整罐朝鲜红参没有动过，就动念用红参蒸汤给她喝。妈妈学的是西式护士，大概听说过人参的功效，但不知怎么做，也不知道喝多少才合适。她从罐中取出整整一根红参，蒸了数小时候得了半小碗的汤，把外婆从床上扶起，用小调羹一勺一勺地灌入外婆的口中。一晚上外婆的呼吸声还是与过去几天一样，可是天色蒙蒙亮时，外婆突然从床上坐起嚷嚷要喝粥。调理数日后，外婆竟然恢复，让我们喜出望外。这一根红参让外婆多活了三年，邻居们都啧啧称奇，我和弟弟不虚朝鲜一行。

可是这一次生病，情况就不容乐观了。我担心她半夜里有什么情

外婆在楼上扎鞋底

况需要人,所以让她睡在大房间里角落的一个单人小床上,离我睡的大床很近。如有应急情况,我翻身下床几步路就可触及。生病前,她和大妈睡在后面的小房间里,大妈年纪也大了,我不能让她晚上起床照顾外婆。

1975年12月的一天傍晚,傍晚五点半钟左右,我像往常一样照顾她喝了一点很薄的粥汤躺下,靠在大床上看书。一个多小时过去,忽然传来她几声急促的呼吸声,抬头一看,她的头已歪向一边,赶紧趋近检查,发现她的手脚已冰凉,鼻孔里还剩一丝游气。推她,叫她已毫无反应,数分钟后,最后的一丝游气也从她的鼻孔里消失了。我明白，外婆这次是真的走了。我立即到楼下打了温水，上楼脱掉她裹在身上肮脏的衣服，替她擦干净身体，穿好寿衣。看到她只剩下皮包骨头的身体，我心在颤抖，真想大哭一场。大妈那时正在楼下厨房里干活，她胆小，我怕惊了大妈，嘱咐她不要上楼。等一切搞停当，我立即出门到小区大门口的公用电话去打电话通知殡仪馆，然后再通知住在静安寺的弟弟。

弟弟早有思想准备，听到消息后，立即开始张罗追悼会事宜。他负责通知所有在上海的亲戚朋友，有的亲戚住处没有公用电话，他就骑着自行车逐家通知。追悼会那天，所有应该出席的亲戚都出席了。我们兄弟俩就这样送走了照顾陪伴我们二十九年的外婆，给她办了后事。虽然简单，但面面俱到，尽了我们所能做的一切，这也是我们对外婆所尽的微薄的孝道。

老人家辞世时已八十八岁，生前留下的很多鞋底和几双做好的鞋，现在还在我身边，成为极珍贵的纪念品。每当看到这些精致的手工产品，外婆的形象就跃然眼前。外婆做鞋的过程，其实对我们还是产生了潜移默化的影响。我们耳濡目染，对布艺也更加留意，可以说外婆是我们的"师傅"。外婆给我们留下太多的美好记忆，是我们终生的怀念。

我们的鞋子由外婆做，浑身上下的衣服则是由大妈包揽。我们小时候四兄姐一起的那张照片里，我和弟弟穿的棉袍就是大妈帮我们做的。没钱讲究式样，实用是唯一目的，一律中式连袖，干干净净，保暖、避风。记得三年级时的六一儿童节，学校举行活动，我和弟弟要上台表演活报剧《龟兔赛跑》，这是音乐老师编排、动作极简单的寓言式小节目，因为是第一次上台，数十年过去，我到今天仍能记得那不断重复的简单的旋律。老师规定我们要穿白衬衣，学校不提供，我们自己也没有。买成衣，价格太贵，负担不起，大妈便去布店用布票买了几尺白布，自己来做。以前她给我们做的都是中式连袖衣，比较简单，可这次要的是西式装袖衬衣，她被彻底难住了。家里没有缝

1986年钟麟去澳洲前,从静安寺住处到老房子来向大妈和我告别

纫机,要到邻居家借缝纫机用。斜对门有一个很要好的邻居,女儿袁荣喜是大妈的干女儿,但频繁打搅人家也十分不妥,干脆用手缝制。大妈花了很多工夫,裁好,然后试缝,特别是袖子,装了拆,拆了装,花了九牛二虎之力,总算把白布料摆弄成一件看得过去的白衬衣。我俩人生第一次穿上了西式白衬衣,参加了演出。

我和弟弟从舞蹈学校毕业后,决定拿到工资后第一件事,就是买一台"蝴蝶"牌缝纫机给大妈用。当时缝纫机的价格是115元,而且要有缝纫机票。当时我们每月的工资才34元,几个月后才凑够了钱,再托人弄了一张缝纫机票,终于把"蝴蝶"搬回家。大妈再也不用到别人家去借用缝纫机了,心中十分骄傲。这台缝纫机也促成了我们双胞胎众多业余爱好中最大的一项:裁缝。我们住房小区叫纺织职工第三宿舍,简称纺三,虽然早已名不副实,但还是沿用旧名。纺三里有一间纺织职工子弟小学,条件相当好,除了我们兄弟俩,住在纺三里所有的适龄孩子都是在这个学校上学。等我们到了上小学的年龄,我们的父母早已离开上海,不在上海的纺织单位了,所以我们兄弟俩就失去了在这个小学上学的资格,被迫去弄堂外面的小学,走的路比去纺三小学远很多。初时在许昌路第二小学,后来转去榆林路第二小学。那时候能和我们玩在一起的童年伙伴都是住在纺三以外的学生,家庭条件、住房条件都相对比较差,有一些小赌博的游戏是纺三里弄的孩子很少参与的。因为弄堂里很少有玩伴一起玩,感觉与周围邻居孩子的距离比实际地理上的距离要远很多。

小时候我和弟弟特别调皮,有一回我在外面疯玩的时候,把小朋友的头给砸破了,流了很多血,我害怕极了,立刻跑回家躲了起来。一会儿邻居小朋友的爸爸上门理论,大妈连声赔不是,答应好好教育我们兄弟俩,人家才离开。转身,大妈就狠狠地把我教训了一顿,还让我们趴在桌上用小板凳打了我和弟弟的屁股。那是她第一次,也是一生中唯一的一次动手打我们,我们的作为实在让她气坏了。尽管这样,第二天去上学前,她不让我们立即出门,自己先到门口的几条弄堂口去观察一下,确认没有人来报复才让我们快速跑去上学,连续好几天。她是真心希望我们这两个侄子守规矩,不要在外面惹事,也非常担心我们受伤害。

一到暑假期间,我和弟弟就玩疯了,成天不着家,浑身上下晒得像一个煤球,顶着一个骏黑的光脑袋,只剩两个眼睛是白的。整个夏天我们就是光脚丫穿着呱呱作响的木拖板跑进跑出,每天到外面去捉金龟子,逮蜻蜓,上树抓蝉。有一次我上树之前,没有看见树下裸露断裂、朝外支棱的树根,一脚踢了上去,树根戳进了大脚趾和二脚趾之间,撕开了很大一个口子, 流了很多血。我立即翘脚回家用自来水冲洗了一下。第二天,脚开始红肿发炎。本以为会很快就消肿,没想到越来越厉害，三天后只好花钱到附近的街道医院挂急诊，买了一点药，但还是不解决问题，最后发高烧，红肿一个多星期不退，脚一沾地就钻心的疼，以至没法下楼吃饭，每天外婆、大妈和弟弟轮流把饭菜端到楼上给我吃。我就这样在铺在地板的草席上躺了快一个月才逐渐好转。

调皮的小孩都很机灵，我和弟弟大概就是这样，在小朋友中间玩什么东西都不会很差。那时最爱玩的游戏是打玻璃弹子。游戏的弹子的直径如5分硬币，玩的时候在泥地上划定一个范围，然后在边上略高处，斜搁一块砖，参加玩的人相继把自己的弹子从砖头上弹出，由滚落在最远处而不越出端线的人先打别人。打中别人的弹子，那人的弹子就被没收，还要赔上若干张香烟牌子。我打得不错，弟弟打得更好，他两三米的距离，基本上弹无虚发，让偶尔与我们玩的对手十分忌惮。小时候家里的抽屉里有好多弹子，都是赢来的战利品。这样我们在弄堂里就更没有朋友了。

我们常常听见别的孩子的家长教训自己的孩子，不让他们与我们玩，说我们是父母都不在的野孩子。平时我们大部分时间是兄弟俩自己玩或与弄堂外面的"野孩子"一起玩，偶尔隔壁邻居的孩子会与我们一起玩，但总是在我们正玩得尽兴的时候，他们的家长就会叫他们回去了。我们太野，没有父母管教，家里还很穷。听到这种话，我们小时候的内心很受伤，我们多么希望自己的爸爸妈妈就在身边。这大概就是为什么小时候我们"移情别恋"，把大妈看作是自己的亲妈。大妈在上海有不少亲戚，逢年过节她也都会带我们去拜年，也确把我们兄弟俩当成了自己亲生的儿子。

我和弟弟出国后都会经常写信给大妈汇报在国外的一些情况。后来，她去了新疆女儿家，2004年9月份，她九十三岁时在新疆过世。我们出国后再也没有机会见到她，但她的形象常入我梦中，非常怀念与大妈在一起生活的日子。

第二章 被"舞蹈"选中

翻双杠的小男生

1960年，春夏之交。

阳光明媚的上午，上海东北部榆林区第二小学，大操场上传来一阵又一阵喊叫声。正是课间休息，少数用功的学生在大楼里复习功课，多数在这里。几堆人在聊天，一个男生挥动手臂，一脸兴奋，讲着稀奇古怪的新闻，大家听得津津有味，不时互相模仿古怪的动作。另一边，一些学生把外衣随手扔在操场边，玩起"追逐"，前面几个疯跑，后面几个紧追，都满头大汗，气喘吁吁。

最热闹的是操场边简陋的沙池，一大群来自几个不同年级的学生，高矮不齐，正围在竖在沙坑上的双杠边起哄。一个穿着灰长裤的男生正骑在双杠中间，脚蹬一双手工做的圆口黑布鞋，鞋头已磨得发白，鞋底钉上厚厚的胶皮轮胎。发黄的本白布衬衣，带着斑斑点点的棕色油迹，成了"彩衣"。红领巾一半留在衬衣领子里，另一半随风晃动。发际下的领口已破，上面有一块灰布补丁，缝得极工整，每个针脚的距离一样，这是旧衬衣唯一的悦目之处。袖口被随便卷起，勉强挂在了细细的胳膊肘上。少顷，他夸张地吸了一口气，对着手掌"呸呸"吐了唾沫，大腿慢慢地往前移动，直到双手握住了双杠的顶端，再使劲拉了几下，确认已握紧，稍顿，撅起屁股把双脚提起，踩在双杠上，然后慢慢抬起一条腿，再吸一口气，另外一只脚往杠上踩了一下，猛地发力，双腿悬在空中，并拢，伸直，使上身和腿部成180度，直直地倒立在双杠上。欢呼声中，他让双腿与上身前倾，直到伸直的手臂与双杠成135度，突然放手，借助惯性，让双脚落在沙池上。一下子没站稳，往后退了两步，一屁股坐在了沙堆。幸亏个子没有横杠高，否则，会在双杠上撞个头破血流。"不算，不算！这不行，也太差劲了！"一个学生大声叫道。"再来一次！再来一次！"大家附和。

　　翻双杠的男生就是我。校内文体活动一向活跃，学生课后可参加各种兴趣小组。上四年级时我和弟弟参加音乐小组，我担任合唱队的领唱。一次比赛中，我所在班级夺得全区小学合唱比赛第一名，拿到印着"布谷鸟"的奖状。五年级，体育老师看我俩动作灵活，不管我俩喜欢不喜欢，把我们硬拽进他任教的体操小组。上六年级，我们就有勇气在双杠上献丑了。我和弟弟的体操"教练"是戚老师。戚老师身高体

兄弟俩小学毕业1960

壮，肌肉发达，嗓子洪亮。以前是区体工队的，退下来后被分到学校教体育课。据说他可以去更好的单位，但为了女朋友宁愿来这里。

喜欢不喜欢对我和弟弟来说是次要的，最主要的是课后有地方可以一起玩。爸爸妈妈都在青岛，家里只有外婆大妈和爷爷，平时她们只管我们的吃和睡。除了吃和睡，我们很少在家里呆着。学校的课后兴趣小组每个星期只有两次活动，其他时间还是要自己动脑筋安排。由于我们家的住房比起其他同学的住房条件略好，所以班主任就安排课后复习小组在我家活动。虽说比别人家好，但门厅也只有三平方米大小，中间放着一个没有抽屉的旧写字台，平时是我们家的饭桌。桌两侧有两条带裂缝的长条板凳，摇摇晃晃的。每次温课小组成员来我们家，还不能全部坐下，要轮流"坐庄"。我做作业的速度很快，做完就会约几个同学出去疯玩。我算术不错，做完就扔在桌上，让同学自己去核对或抄答案。

我刚才从双杠跳下的动作没做好，在众人面前丢丑，心有不甘，站起，拍掉身上的沙子，转身站在双杆下，准备重复刚才的动作。一个同学叫道："等一等，叫你弟弟一起来。"说完，把我弟弟从人堆里推出。弟弟今天也是灰裤子，本白布衬衣，只是膝盖处多了一个补丁。他把外衣脱下，随手交给推他出来的同学，站到双杠下，定神片刻，对我说："我上来啦。"然后双手拉住杠子，屁股往后，上身和腿拉直，一跳，双手撑在杠上，跨腿上杠，与我背靠背地坐在中间位置。见他坐稳，我叫一声"开始"，两人同时往相反的地方移过去，重复前面的动作。两人的姿势与快慢一样，好像一个人在镜子前表演。我叫一声"起"，两人同时倒立在两端，稍作停留。掌声中，双双落地。这一次我成功了，弟弟用力过大，往前一个趔趄，快要扑倒，双手撑地，身体翻转180度，背落在沙池上，双腿伸直，就势往前额处折回成V状，一个鲤鱼打挺，站了起来。围观的同学热烈欢呼。兄弟俩交换得意的眼神。这当儿，铃声响起，课间休息结束了。

我们俩赶紧擦汗，拍掉沙子，捡起外衣，一路小跑，刚进大楼，教导主任从主任室出来，在走廊上拦住我们。我暗忖：糟糕。教导主任是四十多岁的女子，短发，平时穿灰色列宁装，冬天时，里面再加薄棉袄，把列宁装撑得鼓鼓囊囊。今天她还是穿的列宁装，比平时严肃，透出不容他人置疑的神情。她不教课，只是在开会时我们才在讲台上看到她。她作的报告，总是侧重罗列学校里发生的"不好的事情"，再讲原因、后果。有时，调皮、成绩差劲的学生，会被主任叫去谈话。与教导主任接触较多的，是少先队的主要干部——臂章上三条杠的大队干部，她常召集他们开会。而二条杠的中队干部，一条杠的小队干部就都不在"召见"之列了。我是"二条杠"，班里的中队文体委员，弟弟是"一条杠"，小队长，级别都不够，与教导主任没打过交道。今天她一声"等一下"，搞得我俩不知所措。

"你们再下一堂课是体育课，对吗？"教导主任问，她事先查了课程表。

"是。"我恭敬地回答。

"舞蹈学校的老师来你们班挑选学生，要好好配合，按照她的要求做。特别要提醒你们兄弟俩，不要耍什么新花头。"

班主任一定把我俩课堂里开小差，做小动作一类劣迹向教导主任汇报了，所以她来打"预防针"，以免让外来的老师留下不好的印象。这个班主任！我暗暗埋怨。

"舞蹈学校？"我弟弟问教导主任，把"舞蹈"两字念得特别重，特别慢。我和弟弟快要毕业，因为成绩不错，已准备报考附近的重点中学，从来没听说过什么舞蹈学校。

"是的，"教导主任说，"她会向你们介绍情况的，现在回教室去吧。"看我们离开，她转身回自己的办公室。

我和弟弟交换一个眼神，跑向教室，从后面的门进去。同学们都转过头来，看着我俩。和我同桌的女生用肘子戳了我一下，问我怎这么晚才进教室，我刚想回答，第二遍铃响了。响声还没有结束，历史课老师就出现在了教室里了。这一堂是历史课，讲的是秦末农民起义，什么陈胜吴广、大泽乡。我的书本是随便搁在桌上的，打开的页数根本不对。如果老师提问，我们一定又是零分，这可是"外甥打灯笼——照旧"。我和弟弟一直就是这样，功课不错，每次期中期末考试拿满分的机会很多（5分），偶见4分或4分+。然而平时1分，2分，零分多的是，原因就是上课开小差，答非所问。有时问题猜对了，老师还是给个不及格，以示惩罚。翻开我和弟弟的学生手册，除了期中、期末考试是全由蓝墨水记录的，中间任何一页上都有不少红墨水的记录。

这堂课，我和弟弟无心听讲，老在琢磨教导主任说的"舞蹈学校"。

初 选

在教体育的戚老师的口令下，我们按男女、高矮列成四行，左边女生两行，右边男生两行。那时，小学每个班级五十人左右。我们班52个学生，男生略多。戚老师说，大家站好，别说话，等一会儿教导主任会陪舞蹈学校的老师来这里。因教导主任打过招呼，我和弟弟规矩地站着。其他同学并不知情，开始窃窃私语，声音越来越大，一个大胆的学生大声问："戚老师，舞蹈学校是怎么回事？"戚老师大声回答："一会儿你们就知道了。"

过了一会儿，教导主任陪着一个年轻女子从走廊尽头处缓缓走来。教导主任把戚老师介绍给她，她对戚老师点了点头，互相握手，寒暄了几句，然后转过身来面对学生。她乌黑浓密的头发被整齐地梳往脑后，盘成拳头大小的圆髻，发上罩网。后背笔直，胸部高挺。外面薄薄的浅绿色短外衣，式样新潮，剪裁合身，领子敞开处，露出高领的淡墨绿色毛衣。下身是窄的黑色西裤，大腿处绷得很紧，迈步时凸显腿部丰满的肌肉，裤脚正好遮住脚背，黑高跟鞋只露出扁圆的头，把本来就很长的腿衬托得更加修长，学生们多不敢直视。那时候电影少，更没有电视，榆林区远离市中心的十里洋场，这样有气质，打扮入时的女人从来没见过。偶尔弄堂里有一个略微漂亮的女人出现，后面立刻就会跟上一群在弄堂里玩耍，身上沾满灰尘，满头大汗的像我这样的野孩子，指着背后胡说八道。要是今天这样的女人出现在弄堂里，那这帮野孩子大概就不会那么羞涩了，说不定还会从地下捡一块泥扔在她的后背上。

她做了简单的自我介绍："我姓诸，是上海舞蹈学校的老师。今天到这儿，目的是挑选合适的苗子，送到我们学校培养。等一会儿戚老师会协助我。"她讲话干脆，嗓音略带嘶哑。到了舞蹈学校后知道她的全名叫诸良怡，教外国民间舞，她是我和弟弟进入舞蹈生涯的引路人。

诸老师把脱下的外套挂在单杠上。我注意到，淡墨绿色细线毛衣是手工编织的，非常平整，一看就知道编织者经验丰富，用力均匀。袖子外侧和前胸两侧有辫子一般的花纹，非常漂亮。戚老师说："我现在点名，叫到名字的同学到我这儿来。"他先点了几个女生，然后叫男生，一共十位。

诸老师让被挑出来的同学站成一排，与原先的列队组成一个直角。对我们这一排说："大家把外衣脱掉，衣服塞进裤腰，把裤腿卷到膝盖以上，露出膝盖，站直。"十个学生照办。她不说话，低头盯着一个个裸露的膝盖，用手推推不够直的。接着，她从十个中选出七个，四男三女，我和弟弟都在内，让我们跟着她，到门字形的圆木架前排队。

这圆木架是练习爬竿用的，极为简陋，高约4米，长约5米的门字形的圆木架，两侧固定在地下，中间横梁上分列了几个铁圈，每个铁圈里有一根酒瓶粗的竹竿立在地下，有人往上爬时，竹竿上面的头就会在铁圈里晃来晃去，发出"哒哒哒"的响声。我以为诸老师会让我们去爬杆做测试，我还特意活动了一下胳膊。结果她没有让我们去爬竿，只是一个一个地叫我们上前。第一个叫的是我，让我背靠架子站直，往前抬起一条腿。她抓住我抬起的脚腕，一边慢慢往上掰，一边不停地嘱咐我伸直膝盖。此时我的肌肉发紧，大腿后侧越来越疼，我咬牙坚持。诸老师不动声色地看着我拧得变形的脸，继续使劲，直到掰不上去了，她才慢慢把我的腿放下。

后来学了舞蹈后我才知道，这是测试腿的柔软度。腿的柔软度分前、旁和后，前腿大概不错。接下来，她把我的腿分别往旁边和后面做了同样的动作。最后，她让我面对她站直，双手上举，她双手托着我的腰，叫我往后弯，直到双手触地，身躯弯成桥状才放手。她伸头左右看了一下，围着我转了一圈后叫我起来。我怎么使劲也起不来，她笑了一下，过来双手拉着我的腰，帮助我站起，我看到她额头微微发亮，渗出一些细汗。

接着，她用同样的办法测试了包括我弟弟在内的六个同学，从中选了三个——我，弟弟，还有一个外号"洋钉"的同班男生。女同学条件都不理想，一个也没被看中。几天后我听说，诸老师来我们学校之前，已把榆林区的小学看了个遍，没选上一个。我们班是最后一个班，我们三位是硕果仅存了。

过了一段时间，我和弟弟差不多已忘了这件事，还是一如既往地玩，再加复习功课，准备考中学。期末考试前的一个下午，教导主任把我、弟弟和"洋钉"叫到办公室，给我们一人一封通知书。通知上让我们在一个星期后的星期天上午八点半钟，去石门一路333号参加复试。记得通知书还有这样的内容：如果被录取，开学后就住在学校，所有费用由国家负担。在那个时候，如果说舞蹈学校对我们还有吸引力的话，这可能是唯一的原因。教导主任生怕我们误了去复试的时间，特别关照说，榆林区就你们三位，千万不能迟到。其实，我和弟弟光冲着不用自己花一分钱，就已经下决心了，只怕选不上。

复 试

  石门一路333号,就是上海舞蹈学校最早的所在地,位于上海市中心,由南京西路拐入,走两分钟就抵达。我们从小在榆林区读书、玩耍,很少有机会去十几条街以外的地方玩,更别说南京路了。此次要去南京路复试,我们俩很兴奋。可怎么去呢?我们住的小区门外许昌路杨树浦路拐角处有一个8路有轨电车的车站,电车有很长一段就是在南京路上行驶的。这种电车车速极慢,沿路车站很多。车辆行驶时,永远站着的驾驶员会来回猛踩踏板,发出当当的声音,以引起行人的注意,所以外号又叫"当当车"。从我们家到南京西路石门二路站,不到九公里,要行驶半个小时,车资一毛。如果步行一站,车资降到七分钱。我们俩连七分钱也想省,于是选择走路。

  这一天,我和弟弟五点钟起床,匆匆吃了一点我们每天吃的泡饭和隔夜青菜后,不到六点就离开了家,开始了我们的复试的旅程。

  时间很早,加上又是星期天,路上行人不算多,卖早点的摊点已经开门,摊主忙进忙出,蒸笼里冒着热气,煎锅贴和生煎馒头的大铁盘丝丝作响,浓郁的葱香味飘散在空气中,吸引着路人的嗅觉。上海的纺织厂是全世界最忙的工厂,机器24小时不停,工人三班倒,星期天也是一样,我的周围邻居有不少就是附近纺织厂做夜班的工人。有时白天我们在小区里疯玩,大声喊叫,就会引来呵斥声,让我们停止叫唤,给夜班工人创造一个安静的环境让她们睡觉。街上早班上班和晚班下班的工人与我们擦肩而过,有人拿着点心,口衔包子急着赶去上班,有人睡眼惺忪、跌跌冲冲急着回家睡觉。从来没有那么早在路上走,每一样东西都觉得新鲜、有趣,一路上我们东看西瞧,不知不觉很快就找到了石门一路333号。

  来得太早,大门紧锁。隔壁的商家也没有开门,穿过铁门栅,透过玻璃橱窗看到高挂在墙上的电钟,这才知道七点钟刚过不久,我们比预定报到时间八点半早到了一个多小时。

333号，两扇对开的灰色木门，埋没在沿路很多商家的门面中，一点也不显眼。一扇门的右上角，一块蓝底白字的号码牌，稍不注意，就会错过三个腰子一样连在一起的数字：333，这是改变我们今后人生轨迹的"命运之门"。就在走入这扇门的一刹那开始，我们兄弟俩的命运将彻底改变。左面一扇大门上，还有一个一人多高的小门，小门下的木框露出了木头本身的黄褐色，是长年累月被人的鞋底磨出来的，进出这扇门的人懒得抬腿，还会使劲在上面踩几脚。在我们入学的前半年，已有一批学生开始了他们的"舞蹈人生"，这群精力充沛的调皮学长，想必也在门槛上留下印记。我和弟弟在门口转来转去，看看这，看看那，想去周围走走，又怕迷路，干脆守在门口，哪儿也不去。

过了一会儿，门口的人多了起来。和我们年龄相仿的小学生，大都由父母或阿姨、叔叔、大哥、大姐陪着，聚集在这里。考生们大都按照要求，男生们穿短裤、短袖汗衫或衬衫，女生们穿白衬衣，裙子。很多女生精心打扮，辫子梳得光滑整齐，有的辫子上还用彩色绸带打了蝴蝶结。稍顷，"洋钉"从远处走来。他其实来得不晚，看到大门没开，就跑去远处溜达了。"洋钉"的爸爸是杨浦区一家小工厂的党支部书记，家境不错，兜里总有几毛零花钱，常常跟爸爸来市中心玩，所以熟悉地头。与他相比，我们兄弟俩是标准的"土老帽"一对。

八点多钟，大门吱吱呀呀地被看大门的老头拉开，人们鱼贯而入。里面豁然开朗，与陈旧的灰色大门外形成明显的对比。

一大片郁郁葱葱的草地，草地边上围着一圈齐膝高的黄杨树，刚刚修剪过，发出浓郁的清香。院子里靠近外墙处有几排高大的白玉兰树和白杨树，白玉兰树上的白花花期已过，花瓣撒落地上，变成咖啡色，但香气依然。透过树叶的缝隙，能勉强看到墙外的居民楼。由于大树的遮蔽，从外面无法看到里面，使得整个院落显得格外静谧。距离草地十几米的地方，是院落的主楼——欧洲维多利亚式三层楼建筑，尖顶，落地大钢窗，外墙上有着粗细不一的黑色木条，突出楼层的分割，显得典雅而坚固。二楼对着草地的这一面，有一排阳台，雕花铁栏杆被漆成黑色。这么高级的院落，我和弟弟从来没有见过，以前应该是富贵人家的别墅，换了朝代，主人不知道去了何方。1949年后，这个院落成为上海新成区政府的办公地。1958年，上海重新规划行政区，新成区被撤销，并入静安区，这地方空了下来。1960年春，上海舞蹈学校成立，这儿就被市政府征用为舞蹈学校的校舍，由当时的上海市委书记陈丕显最后拍板。主楼后面和边上还有两栋矮一点的房子，是提供服务的副楼。

学生和家长在草地前的空地上，三三两两地围在一起，互相介绍，交流信息。大家被漂亮的环境吸引，发出阵阵感叹。我们兄弟俩和洋钉一刻也没有站定过，在院子里走来走去，好奇地看这看那。过了约有20分钟，一个女老师拿着镀锌铁皮做的话筒，从主楼的大门出来，站在台阶上，清一下嗓子，大声说："同学们，家长们，大家安静一下。"待嘈声消散，她一字一顿地说："今天是我们上海舞蹈学校秋季班招生的复试。地点在二楼，考生请到一楼集中、准备，家长们请在外面等。"随后，她领我们从侧门进入一楼的大厅。

我们在大厅里等候。一个男老师从弯月形的楼梯上走下来点名，我、弟弟以及"洋钉"第一批被点到。老师看我们都安静下来了，就让我们按身高排队，矮的排在前面。由于营养欠佳，我和弟弟个子都不高，我排在第三位，弟弟排在第六位，"洋钉"排在弟弟的后面，后面还有一长溜。随老师进入二楼房间，抬眼四顾，只感到空间很大，很高，天花板上有几盏精致的吊灯，墙上贴着咖啡色柚木护板，每个墙柱上都有典雅的壁灯。一排大落地钢窗对着草地，上面悬挂着的提花奶白色窗帘被拉到两侧，窗帘下方垂着缤纷的流苏，把偌大的房间衬托得十分华贵，地上是成V字排列的水曲柳细条木地板。落地窗前立着一排桌子，上面铺白布，桌子后面坐着五位老师，彼此凑近轻轻说话，看到我们列队进来，就不时地用手指着我们学生，会意地互相交换着眼色。我看见诸老师穿着练功衣，站在那儿，显得更加年轻漂亮挺拔。她手上拿着一张纸，大概是名单，逐一地巡视着我们，又低头看看手上的纸。与我的目光相遇时，她冲我点点头，笑了笑。

开始复试，诸老师对着名单叫名字，被叫到名字的学生出列，由不同的老师替考生掰腿。叫到了我的名字，我在众老师的注视下，靠墙站直，一个男老师替我掰腿。后来我知道，老师是孔令璋，教芭科外国民间舞的，是诸老师的搭档。他一面掰腿，一面说着我听不懂的术语。他检查了我的前、旁、后腿，又看我左右脚的脚背。他一边检查，一边把结果告诉桌子后面的老师：前旁后腿，都是"上"，叫喊时还与作记录的老师交换眼色。然后，让我"下腰"，我往前走了几步，双手高举，缓缓往后弯，直到双手触地，整个身体成了一座"桥"。打那次诸老师来学校作初选，引起了我对"下腰"动作的兴趣，常常在沙池上练着玩，今天做起来毫不费力。老师惊讶地问我："你练过吗？""没有。""你知道什么是舞蹈吗？""不知道。""那你参加其他活动吗？""是的，我在学校参加体操兴趣小组。""都练了些什么动作？""双杠上翻跟斗，我能从双杠上翻跟头下来。""喜欢舞蹈吗？" 我愣在那儿，不知道该怎么回答，轻轻地嘟哝了一声。几个老师没有听到回答，都放下笔转头看着我。诸老师说："你在说什么？我们听不见，你到底喜欢还是不喜欢？大声一点。"我这才把声音提高："喜欢。"老师们都笑了。

接下来，孔老师测试节奏感。他在地板上先用脚分别踩出不同的拍子，我跟着做了。然后他用手拍出更加复杂的节奏，我也丝毫不差地模仿出来。看上去他们比较满意，于是让我站在旁边。复试继续进行。弟弟受测试时，那些老师也是不断地点头交换眼色，测试后，他也被吩咐站在我旁边。"洋钉"比我们两个都要壮实，测试后被安排到了另一边，测试完就被淘汰。一批一批学生按顺序测试后，留下来不多的一些人。

暑假期间，接到学校的通知去静安医院检查身体，我和弟弟顺利过关。开学后很久我才知道，诸老师来学校初选后，回去告诉其他老师，找到一对"特别棒"的双胞胎，怪不得复试时老师们都对我们全神贯注。当时，北京舞蹈学校的老师在帮助上海舞蹈学校招生，想把我们其中一个带往北京。上海方面说，要去双胞胎一起去，这样我们才全部留在了上海。如果一个去北京，一个留在上海，双胞胎就此分开，我不知道以后会怎样。其实我俩的条件不相上下，各有千秋，我们都演过大春，双人舞也都很棒，我不明白为什么北京只要我们其中一个。其实不少后来很优秀的舞蹈演员，在入学之初也差点名落孙山。包括谭元元、黄豆豆等现在世界著名的舞蹈家，最初在进入上海舞蹈学校时都有过争议。专家看人，有时走眼。

第三章　上海舞校的芳华

开学了

1960年9月1号，近两个月无忧无虑、没有作业的小学最后一个暑假转眼过去，我和弟弟扛着简单的铺盖，在弄堂门口的杨树浦路和许昌路交界处登上了8路电车。

大妈要去杨浦纸盒厂上班，不能送行，上班前一遍遍地叮嘱我们住校要听老师的话，好好学习。小脚外婆一路陪我们走出小区，送我们到车站。从前逢年过节我们都会陪外婆去军工路舅舅家，为节约几分钱车资很少坐公共汽车，不到十五分钟的车程，要走一个半到两个小时。外婆走路不慢，但因前后脚掌畸变，走路的时候，身体的重量落在很小的脚掌上，迈步时"腾腾"的声音特别响，身体的移动好像不是因为主动迈步，而是失去重心跌出去的。她走路即便不慢，但比起我们这两个调皮的野孩子，还是慢了不少。一起陪她走，常常是一个人负责照顾她，另一个会先走到前面很远，然后再往回走，走到了换班，另一个人就快速往前撒一阵子野，再往回走，来回数次。有时说好，干脆一个人先走到舅舅家，另一个陪着外婆慢慢走，下一次再换班。今天是老人家送我们，所以我们都走得很慢。

车来了,我们艰难地扛着行李上车,车门关上,电车缓缓驶出。伸头从窗口看出去,外婆用举不高的手向我们挥别,看着电车开出很远,才慢慢转身,一步一回头,孤零零地往回迈步。看着她的佝偻的背影渐渐消失,心中突生感慨,从此以后,我们一个星期只能看到她们一次了,也不知道她们晚上是否想我们。

舞蹈学校的大门大开,门内大墙上用红布做的横幅写着大字:"欢迎新生入学"。已入学半年的哥哥姐姐们早已做好迎接的准备。我们一进门,他们就热情地涌上,抢拿行李,搬到事先分定的宿舍。

早在北京舞蹈学校1954年成立后,上海就有成立舞校的愿望。上海是中国第一大都市,芭蕾的历史可以追溯到上世纪20年代。随着西风东渐,大量外来艺术涌入上海,西方舞蹈也逐渐传入。1926年3月,莫斯科国家剧院舞剧团在上海演出了《吉赛尔》等芭蕾舞剧,1934年,前苏联芭蕾演员、编导索可尔斯基来到了上海,开始私人教授芭蕾舞。上海舞蹈学校第一任副校长胡蓉蓉和我的舞蹈老师秦阿青就是在那时候开始了她们的舞蹈人生。1959年10月,时任中国总理的周恩来在上海观看上海歌剧院创作的《小刀会》演出后说:"上海是一个历史悠久的

1960年3月18日上海舞蹈学校成立(石门一路333号)

国际化大都市，中国好的东西要有，外国好的东西也要有。"在总理看来，此时的上海，已经有交响乐团、民族乐团和歌剧院，唯独在舞蹈方面，还很不足。所以他说："上海也要有芭蕾舞团和舞蹈学校，既要会跳民族舞，也要会跳芭蕾舞。"他大概已经知道上海不久就会有舞蹈学校，来了个预先通报，加快了舞校成立的步伐。四个多月后的3月18日，上海舞蹈学校正式成立。

第一批入学的学生年龄比我们略大，大概是秉承了1958年大跃进运动的宗旨，原先上海市委宣传部打算搞一个为期三年的速成班，三年以后就成立上海芭蕾舞团和歌舞团，所以学生的年龄参差不齐，大的十七岁，小的也就十四、五岁。但是文艺自有本身的规律，拔苗助长绝无可能。三年内要让从来没有学过舞蹈的孩子成为合格的舞蹈演员，前无古人。舞蹈和杂技、武术不同，后者比较单一，学上三年可对付演出，而舞蹈是包含音乐和多种技巧的综合艺术，涉及面广，项目繁多。最终还是遵循了规律，改成了六年制。这样，春天入学的被称为"春季班"，俗称大班，我们这些新生是秋天入学的，就称为"秋季班"，俗称小班。结果，春季班6年半才毕业，比我们多学了半年。在欢迎我们的春季班学生中，陆志浩给我们的印象特别深刻，他指点新生，跑上跑下的十分热情。他个子比一般孩子高，皮肤白皙，声音洪亮，讲起话来表情夸张，再配上夸张的动作，很是让我们这些刚刚入学的小弟弟小妹妹们肃然起敬。此后我们与他在一起数十寒暑，他依然故我，不改初衷，真是"江山易改，本性难移"，十分可爱。

新生陆续报到

与复试时的情景相同，大部分新生由父母、阿姨、叔叔、哥哥、姐姐们陪着到学校报到。进了宿舍后，大人紧着帮孩子把铺盖打开，等一切搞停当，才千叮咛、万嘱咐地离开。有的家长还对其他同学强调，自己的孩子身体弱，请多加照顾。新生中有一个女生特别出众，她纤瘦的体型，顾盼有神的大眼睛像会说话，白衬衣的铜盆圆领下系了一条鲜艳的红领巾，外面穿了一件蓝色的宽背带的学生连衣裙，头上扎了两个不长的小辫子，小辫子又粗又黑，辫梢各有一个夸张的蝴蝶结。她就是余庆云，分班时成了我的同班同学。后来证明她是很优秀的学生，七年后在北京人大会堂小礼堂，毛主席观看《白毛女》时就是她饰演了"白毛女"一角。后来我问其他同学是否记得她入学时的情况，大都记得，描述也基本与我一样。她的出众吸引了大部分人，给我们都留下深刻的印象。

我们是芭科第一班，总共十几个同学。六年学习期间，有好几个同学退学、转业，退学人数约占总数的百分之三十几，芭科、民科其他各班的学生也有学员陆续退学，主要原因无非是技术跟不上或者身体不适应。我班熬到毕业的，有弟弟史钟麟，林培兴，潘永宁，赵志权，张庆祖，居滔，程沛然，顾家麟，陈国庭和我。据大班同学、后来在《白毛女》中扮演黄世仁数十年的王国俊统计，他们芭甲班开始学习时有十五个学生，六年半下来，最后只有七人毕业，淘汰率超过百分之五十。即便我们很多人没有被淘汰，但没有节目演也枉然。在没有被淘汰的学生中，很少几个能成为主要演员，芭蕾艺术殿堂的"准入"条件实在太苛刻了！100个学生上普通大学，可能会出95个工程师，但100个学生学舞蹈，学芭蕾，你绝不能指望有95个在台上可以真正担纲的。

我们学校根据文化部对于直属中等艺术院校的文化课的设置要求，再参照北京舞蹈学校的经验并考虑到中途退学的学生以后的学习和生活，所以在文化课设置上与普通中学相同，语文、数学、政治、化学、物理，门门不缺，再加上音乐和主课芭蕾、外国民间舞、毯子功，天天课程排得密密麻麻，这样我们学生的体力负担就比普通中学的学生大很多。我们那时都处于发育期，胃口极好，消化力超强，但营养却完全不敷所需。其时家、国都很穷，能吃饱已属不错，不会、也不敢有任何其他奢望。一些学生因此得了急性肝炎。春季班有一个学生因在几年间前后两次被检出患急性黄疸肝炎，脸色蜡黄，被同学昵称为"老肝"。但他后来身体极好，弹跳力超强，不知道检查结果是否有误。而那些因病退学的学生中，是否还有误诊的呢？那只有天知道了。

  学了四年舞蹈以后再遭退学，非常可惜，可是他们已很难再跟上普通学校的课程了，于是都会被文化局安排工作，有的去本校的灯光组，有的去舞台装置部门做道具，还有的去学校的鞋子工厂做舞蹈鞋，期间有少数几个会被分配到文化局以外的单位。本来，职业无分贵贱，然而忍痛受累，学了几年舞蹈后才去从事不学舞蹈也能做的工作，毕竟是挺大的浪费。因病退学的同学中，有一位叫陈佩英的大班女生成了上海电视台早期的主播，艺名小辰，这应该算我当时知道的惟一的、幸运的"歪打正着"。后来其他同学告诉我，一些早期退学的学生在其他行业也做出了十分出色的成绩，上海芭蕾舞团的舞台灯光工程师就是当年离开舞蹈专业而成就的专家。

  为了照顾新生，让新生迅速适应新生活，学校安排了两位生活老师，一个负责女生，一个负责男生。负责女生的是季老师，负责男生的是崔老师。在她们的帮助下，我们这帮从来没有过过集体生活的少年，很快适应了全新的环境。为了培养学生有礼貌的良好习惯，形成一种和谐的风气，学校做了很多细致的规定，有些规定给我们留下来极为美好的记忆。其中有一条规定说，在任何时间迎面遇见老师，都要礼貌地喊一声老师好，有时候在走廊里遇见老师喊了一声老师好，老师点头回礼，接着老师可能想起什么又回头，我们还是会再喊一声老师好，这场面会有些尴尬，我们常在下面交流，会为这些小插曲开心大笑。集体生活，每个人拥有的空间有限，多年生活下来，大部分学生都养成了礼让的习惯，穿着清洁整齐，个人用品从不乱放，待人有礼貌，与人相处有风度。集体生活的良好习惯，影响了我们一生。

  报到后的第二天，校长李慕琳主持开学典礼，向新生介绍了学校各部门负责的老师和各位任教的老师。李慕琳是一个资格很老的文化人，是延安时期的老一辈共产党人。她在高中毕业的1935年，参加了轰轰烈烈的一二·九运动，1937年在北平参加平津学生救亡宣传团，后来像当年那些热血青年那样投奔延安，在文化机构工作。1942年毛主席召开"延安文艺座谈会",她就在现场聆听。

她对学生老师的要求都很严格,说实话,我真的有点怕她。在我的感觉里,她的脸总是那么严肃,不苟言笑,所以我只要在校园见到她,总是躲得远远的。记得有一次在新校舍的学校传达室,我在那儿津津有味地偷看《参考消息》,(那时候看《参考消息》需要有一定的级别,学生在禁止之列)她突然从传达室的窗口探头进来与传达室老头讲话,我抬头一看,吓得我立即扔下报纸,心头不住地乱跳。我确认她看见我在干嘛,但她装作没看见,只是问我,你是麒还是麟?我如实回答,她拿了信件和报纸就离开了,离开前还嘱咐我要好好练功,还打岔说我的头发真好,像涂了一层油。几句对话,好像没有给我批评和压力,但她那种威严早已溢出话外,当时自己犯规等着挨批的时间真是难过,情景至今不忘。这其实就是她的领导艺术,让你知道她知道你在干什么,却不点破,让你自己去体会,知道进退和改正。不过以后我还是偷偷去看《参考消息》,只是更加警惕了,顽劣的学生大概都是这样,屡教不改。

她主持舞蹈学校期间,老师们都有很强的责任心和上进心,芭蕾舞科和民族舞科都取得了不菲的成绩,后来芭蕾舞科的《白毛女》和民族舞科的《长征组舞》获得了极大的赞誉,与她的领导休戚相关。2010年3月17日,舞蹈学校建校五十周年纪念日的前夜,也是她去世的八周年,学校的老师及同学集资为她建了铜像,我们在海外的学生也贡献了微薄之力。铜像竖立在大楼入口处,让她长久伴随她钟爱的事业,注视学生的成长。这是对她最大的肯定和褒奖。

开学典礼过后,我们全都领到了新练功服和练功鞋。发给男生的是藏蓝色三角裤,白汗衫,还有练毯子功穿的藏蓝色灯笼裤,发给女生的是白色的三角裤,红色的汗衫。拿到新衣服,心里的高兴就甭提了,回到寝室就迫不及待地试穿了练功衣。打那以后,六年学习生活正式开始,等着我们的是既五彩缤纷、又充满甜酸苦辣的艺术人生。

启蒙老师王月后

我们芭一(1)班的启蒙老师叫王月后，名字很漂亮，月亮中的皇后，还是大"王"。她爸爸是中国人，妈妈是美国人，在我们还未发育的男孩子的眼睛里看出去，人高马大。因为她的个子很高，所以我想她的双人舞就缺少男舞伴。开学后不久，我们看到在大饭厅里她与袁水海老师一起排练，袁老师楞把她给举了起来。袁老师个子不高，也没有膀大腰圆，却能把看上去很壮的女舞伴举起来，给我很深的印象，看来力气固然需要，技巧才更关键。袁老师后来是我们的双人舞老师。

王月后老师喜欢穿紧身的毛衣，把她漂亮的身材衬托得更加有型。她心地善良，但教课严厉。我和弟弟进校时才十三岁，与同龄学生相比，个子偏矮，身高不及王老师的肩，细胳膊细腿，老师们对我们兄弟俩的评价是各方面条件都很好，怕的就是将来长不高。说起来很有意思，当年学校考虑到以后双人舞的男演员需要个子高，力气大，特地远赴山东招了一个山东小伙子，这是我们当时上海舞蹈学校唯一的一个外地学生，据说为了办他入学，学校里还大费周章，打了报告，罗列了不少理由。当时他的确比我们一般学生的个子高很多，可是后来就慢慢停止了长高，我们大部分上海籍学生发育后慢慢超过了他。后来有个别被招学生因为无法判断以后的身高情况，需要请家长来比照，也许就因为有这样的情况发生吧。

初学舞蹈以软度为主，压腿、下腰、踢腿花去很多时间。王老师看我压腿达不到要求，常会过来帮忙。记得好几次，她走到我后面，把整个身体压在我的后背，双手熊抱我的大腿，使劲把我的身体往下压，把我的腿往上掰，压得我气都喘不过来，感觉到腿下面的筋都要给扯断了，等到她松开，我非得大口呼吸才能继续做动作。五十多年过去，那一幕幕场景仍记得清清楚楚。去年写回忆录的时候，我意外地从朋友处获得了她在加拿大的电话，马上打电话给她，聊了一阵后讲到了这些情况，她在电话那一头笑得气都快喘不过来了。反正我可尝到拔苗助长的滋味了，真不好受。痛和累，是那时候的主旋律。上课时，有的同学站立时膝盖没伸直，她会走过去一面说"膝盖伸直"，一面对着膝盖狠狠地来一巴掌。为了使软度快点达到标准或更出色，我们大家在课余时间也不忘压腿、拉韧带，室外的窗台、宿舍里双人床的踏梯、二层床板，都可以变成我们的把杆。凑在一起聊天，总有同学把腿伸出去，搁在什么地方。还有一个同学，想了个"速成"法，晚上把腿从旁拉起，用粗绑带将腿和上身绑在一起。他说，这样做，睡多久等于压腿压多久。不料早晨起来，腿麻木得差点放不下来。王月后老师学习舞蹈历史悠久，1952年就被中央戏剧学院附属歌舞剧院舞蹈团学员班录取，1954年转入北京舞蹈学校。1958年北京舞蹈学校首演《天鹅湖》时，她出演母后，成了真正的"月后"。可是不知什么原因，

芭一（1）班1960年，前右一：王月后；右二：张庆组；二排中：作者史钟麒

她教了我们第一个学期后，就被调去安徽省艺校，在那儿呆了一段时间后又被调去广东省艺校任教。不久，舞蹈编制缩减，她转业到了该团图书馆，挺可惜的。现在她有两个出色成功的儿子，在加拿大安享晚年。

新舞校

新生的入学，使舞校的学生增加了一倍多，让本来就不宽裕的学校设施一下子就显得更加局促。老校舍寝室十分拥挤，我们两个小班总共有二十多个男生，一楼一个不大的寝室只能放下七张上下铺单人床，还有其他学生要到二楼更小的房间里去。而原来的舞蹈教室就更加不敷使用了，比较像样的大教室只有一个，其他四个都是很小的教室，十二个班同时练功根本不可能，而排练人数多一点的课目就需要占用大饭厅。大饭厅是舞校建成后在主楼后面加建的，十分简陋，与前面的洋房判若两个世界。里面是水泥地，水泥地上铺上了四寸宽的粗木地板。地板下还有大约三寸高的木架，下面是空心的，走在上面咚咚作响。那时没有运动专用的地板，所以有这样的保护措施已经非常难得了。很多时候，这儿在打饭，那儿还在排练，地下飘起不少灰尘，可能都被我们吃到肚子里去了。我很喜欢一面吃饭，一面看别人排练，绝不在乎吃了多少灰尘。

舞校成立后不久，市政府在西郊找了一块很大的地方，投资兴建了带练功房和文化教室的新楼。这块地是包括民国时期财政部长孔祥熙在内的几个大户人家的私人花园，六幢式样不同的小洋房，散落在几个不同的区域内，布局合理，十分雅致。新舞校保留了这六幢小洋房，在后面的空地上开建两个大楼。经过一年多的建设，一幢三层的业务大楼和一幢四层的文化大楼拔地而起，中间以天桥相通。文化楼的底层和二楼是办公室和文化教室，第三和第四层是学生宿舍，三楼是男宿舍，四楼是女宿舍。不知道是预算不够还是考虑欠周，新校舍没有盖专门的寝室。文化教室是可以容纳五十多个人上课的大教室，上文化课很好，而用来当寝室有很多问题。几十个人睡在一个房间里空气不好不说，只要一个人发出什么声音，就会影响别人的睡眠，影响别人第二天的练功。如果晚上有谁半夜从二层床上起来上厕所，一定会把睡在下面的人吵醒，其他人也会受影响。走廊两侧加起来总共有八个大教室，坐落在最顶头的教室离开厕所有比较大的距离，上厕所需要通过长长的走廊。到了冬天，有学生半夜如厕，怕冷，就会快速小跑通过走廊，把个走廊弄得咚咚作响，这样差不多所有近厕所的房间里熟睡的人都会被吵醒，第二天早晨就有笑声和埋怨声夹着带色的话题听了。

业务大楼总共有十个练功房，一个大排练厅。练功房每层四个，三楼中间的两个练功房没有隔墙，变成一个超大的排练厅。练功房朝外一排大窗，朝走廊这一面也有一排可以横移的窗。每两个教室中间有一个大更衣室，沿两侧墙边有上下两排更衣箱，每个学生一个，更衣箱下是贯穿更衣室的长凳，再往里就是一个能容纳六个人同时洗澡的浴室。教室的设备虽属简陋，但规模在当时是绝无仅有的，比北京舞蹈学校也要好不少。即便在今天，也比世界上很多舞蹈学校、舞蹈教室好得多。

业务大楼南侧有一条小溪，与周围的农家灌溉渠相通，小溪上有别致的小石桥，岸边立着向水面倾斜的柳树。夏天，柳枝随风轻抚，水上涟漪圈圈，黑色的蝌蚪摇晃着小尾巴在水波间嬉戏，树上传来知了的嘶鸣。一到傍晚，青蛙、蛤蟆的叫声在溪边起伏，夹着蟋蟀的唧唧，好似一支动听的田园交响曲。冬天，景色变样，溪上薄冰闪闪，坡上白霜一片。岸柳无树叶，只剩下坚挺的躯干。冬日的阳光下，不少鸟儿在枝上嬉戏、唱和。学校里有不少空地，文化大楼前有一个很大的池塘，为利用这些资源，学校后勤、行政部门专门设有大田组负责管理。有两年大田组在池塘里投放了鱼苗，春节前抽干池水，捕了很多鱼，我们伙食获得改善，老师们也高高兴兴地带鱼回家。

学生时期常有外国来宾和国内外舞蹈界人士来校参观，他们看过环境和设施，称赞不已。我移居国外后才更明白，校长李慕琳说国家为培养舞蹈演员花钱很多，绝非虚言。现在。原址的不少空地已被新盖的多功能超大型建筑替代，里面练功房、排练厅、剧场、相关设施备一应俱全。这里是上海舞蹈家的摇篮，1966年的毕业生就是这个摇篮里成长的第一批婴儿，我和弟弟锺麟是这个摇篮里长大的中国第一对双胞胎芭蕾舞演员。

改革开放以来，上海经济快速发展，作为上海一张名片的舞蹈中心自然不能落他人之后。2016年10月1日，上海国际舞蹈中心成立，这是上海又一道亮丽的文化风景线。在这片现代化的开放式区域里，原来的六栋风格迥异的近代别墅得以保存，也保存了我们学生时的记忆和美好。

终生感念的阿青老师

阿青老师姓秦，但从校长到老师都叫她阿青，彰显亲切。

她生于1927年，比我们这群1947年出生的学生大二十岁。她自幼喜欢舞蹈，在上海沪江大学就读时，师从俄罗斯芭蕾老师索可尔斯基，毕业后在上海人民艺术剧院任舞蹈和形体教师。因为这个原因，阿青老师也能说一些俄语。1949年后，她参加红旗舞蹈团担任演员，著名舞蹈家吴晓邦应邀担任红旗舞蹈团团长，1950年元旦后，她随吴晓邦离开上海到北京，进入北京人民艺术剧院舞蹈队，舞蹈队由著名舞蹈家戴爱莲女士执教。

1954年，北京舞蹈学校成立，当时的苏联专家古雪夫被延聘到该校任教，她成了第一批正式学员中的一位。四年后毕业，留在芭蕾教研组任教。1960年春，上海舞蹈学校成立，在李慕琳校长的鼓动下，阿青老师与其他六位老师一起回到上海。王月后老师调走后，她成了我们芭一（1）班十三人的芭蕾舞课老师，业务课班主任，一直教育和陪伴了我们二十七年。

阿青老师为人爽直，颇具男儿之风，这应该也是她一直教男班的原因。不知是择偶挑剔，还是专注于事业，也许两者都有，那时她已三十多岁，还没有结婚。平时她像我们自己的大姐姐，关心每一个小学弟的成长，对每一个学生的脾气、性格了如指掌。她陪我们度过了六年枯燥、艰苦的学员生活。是她，把芭蕾的专业技巧一个动作一个动作地教会了我们，把我们一帮不知舞蹈为何物的小白丁训练成合格的芭蕾表演者。她教课极为认真，从来不迟到，每个星期都会出新课，到后来一个星期出两堂新课，有些组合动作和节奏都十分复杂，要记住和做好就要花很多时间复习和练习，这样就逼着我们动脑子，结果就是把我们这一班男生的脑子训练得十分灵活。她对每一个动作的要求都十分严格，特别是中间部分的复杂组合，有些同学思想不集中，记不住，她课后休息时就会找该同学谈话，直到解决问题才放心。

芭蕾舞最早起源于意大利，后来法皇路易十四在1661年下令成立舞蹈学校，设立了五个脚位和七个手位。世界上有不少芭蕾舞学派，我们学的芭蕾属于俄罗斯学派，这源于当时的中苏关系，源于北京舞蹈学校从一开始请的就是前苏联专家，沿用苏联的教学大纲。阿青老师在北京舞蹈学校学习期间，受到过当时的苏联专家古雪夫的亲授。芭蕾尽管有不少学派，但任何芭蕾课堂里的专业技术用语都用的是法语术语。我们的第一个法语术语的单词就是阿青老师教的。那时她要求我们用芭蕾术语记上课组合，我们不会拼写，就用中文译音代替。例如：Battement tendu jete，这是小踢腿的法语术语，我们就记成：巴特芒汤球热旦，这样比较复杂的单词记法她能接受，比较复杂的单词她能接受，但简单的单词像Plie、Tendu就会要求我们用法语拼写。即便这样，对我们来说还是不容易的。

阿青老师对教学法有深入研究，每次教新课，都会拿出精心写就的备课笔记，逐个动作、逐段乐句地讲解。为了教好课，她自己也每天练功，还参与学生的汇报演出。老师的所作所为，对学生的影响是十分深远的。我现在尽管年龄已过七十，但教课时从不偷懒，换好练功服与学生一起做动作组合，这是阿青老师对我的影响所致。

为了提高我们各方面的能力，她上课还特别引入古典舞身韵。学校各业务课的课代表由任课老师指定，我大概动作做得较好，组合记得较快，比较受老师的喜欢，老师就让我当了芭蕾舞课的课代表。可惜我年少轻狂，不能好好与老师沟通，还常与老师闹别扭。记得有一次上课，我不知为什么极不专心，老师讲的组合我记不住，动作的节奏也都不在点上，与以前课堂里的我判若两人。平时练功，在练习把杆动作时，我站在中间，到中间练习时，全部学生被分成两个小组，我总是站在第一小组的中间位置。这一天我的表现太差，阿青老师就叫我站到后面去以示惩罚。那一刻，我的自尊心确实有点受到了打击，虽然在我们做动作时，她的眼睛还是不时地从我身上扫过，但不再停留，故意快速转头看别的同学。我想在后面剩下的时间里好好表现，可越是想表现好一点，却越是达不到目的。这一切，都被老师看在眼里。课后，她立即约谈我，让我上好二节文化课后去她的办公室。到了办公室后，阿青老师历数我今天的表现，帮我分析原因，找到症结所在，简直就如今天的心理医生。每次经过这样的谈话，我会好一段时间，但不久又会旧病复发，有一次是发生在暑假前的期末考试后，那一天，她还约谈了一个将要被退学的同学，结果几个与我比较要好的同学以为我也要被退学离开学校了，纷纷来问我为什么。由于我的任性、自以为是，我被阿青老师叫去谈话的次数远多于其他学生，阿青老师真的是恨铁不成钢。如果真的把我开除了，也是我咎由自取。

  舞校学生的学费和伙食费都由地方政府支出。为了对政府负责，确保每一个学生将来成为合格的舞蹈演员，所以筛选严格，培养认真。即便如此，也总有些学生经若干年训练后，发现无法克服的毛病，被确定"不合格"而不得不退学。班上一个姓童的男同学，高个子，白皮肤，练功刻苦，腿部肌肉发达。开始一两年，他比我们别的同学练得都要好，可是到练大跳和腿部打击动作时，问题出现了。他在空中控制不住肌肉，身体一离地，双腿就发抖。我们一帮业务较好的男同学经常嘲笑他，我更离谱，用一个现成的歌，填了不同的词来挖苦他。其实，有些问题不是他故意的，他身体的毛病应该获得同情和理解，我们却缺乏这样的教育，只知道尊敬老师，却忘了需要尊重每一

左三：朱良怡老师；左四：弟弟史钟麟；左五：林培兴；左六：阿青老师

个人。还有同学晚上把一根竹竿搁在他睡的床帮上，竹子稍有一点抖动就大叫，"又抖了"。阿青老师知道后，立即把我们这几个不懂礼貌、不懂尊重别人的学生集中起来，结结实实地训了一顿，还要我写检查表示悔过。同时，她还专门给这个同学"开小灶"，为他单独设计动作，他本人很努力，但依旧无法完成动作，学校决定让他退学。阿青老师说服学校，让他再留一个学期加强训练以观后效。阿青老师认为只要慢慢循序渐进，加强某些方面的训练，他的这个不足是可以克服的，但最后这个毛病还是没有被克服，令阿青老师十分失望。所以在最后与他谈话时，万般不舍，流着泪把学校的决定通知了他。

　　阿青老师编出的组合，动作衔接流畅，把多种技巧融入其中，节奏分明，但都比较复杂。一个复杂的舞蹈组合，是老师的经验和汗水的记录，她希望她的学生能尊重她的劳动的成果。为了记住她的新课，我们通常都会在晚自修时间重点复习，练技巧，记组合，有时连睡觉前也要默念，力求第二天上课时把动作、组合都做出来。我们在学习的大部分时间都做得不错，同学们进步很快，每次外宾来看课的时候，都会对我们男班的表现赞赏有加。可是我们的学习，从来不是在一条直通道一直走下去的。有一段时间，我们一些男生在宿舍里迷上了打扑克，恨不得所有的时间都能用来打扑克，于是晚上去业务教室复习新课时就虚应故事，不到时间就下课以便尽快回到寝室。这样第二天上课，就会出错，经常气得阿青老师在课堂上大声喊叫。业务老师最在意的就是学生能很快记住她编的组合，因为那都是老师经验和理念，如果学生不能记住组合，等于忽视了老师的理念，当然会使老师愤怒加失望。以后老师给我们定了规矩：谁上课时不能把动作做出来，就到外面去复习新课，直到完全记住再回教室。这样的规定有一段时间很起作用，可是时间一长，规定就慢慢地淡忘。应该是爱得深管得严的缘故，她对我特别严厉，只要我的动作一错，"史钟麒"的叫声就会随即响起，好像专找我的岔子。

那是我受教训最深刻的一次：那年夏天，我忙于在宿舍捣鼓半导体收音机，自修课时随便比划几下就收工，别的同学也是照猫画虎，草草收兵。上新课的第二天，阿青老师早早来到教室，见我们大家都在那儿活动，压腿、拉筋，做一些准备动作。上课铃声一响，她像往常一样让我们开始把杆动作。"上课"，然后对着钢琴老师贾亭云说："Battement Tendu"（意为靠合、延伸，芭蕾舞肢体训练动作）。

琴声起，前面，后面，左面，右面……动作一个个地做下去。阿青老师紧紧盯住每个同学，与她平时一样，一会儿走到这个同学前面，一会儿走到那个同学后面，一边出手纠正，一边发出口令，有时随着音乐大声吆喝，"膝盖伸直，脚背蹦，后背……"可是，慢慢地我感觉到她的声音轻了下去，直到最后完全没有声音了，从大镜子里斜眼偷看她的一举一动，见她只是机械地喊着动作的名称，向钢琴老师示意弹奏什么曲子。动作组合越来越复杂，做到"Battement foudu"（意为单腿蹲，舞蹈专业术语），我错得一塌糊涂，该蹲的时候站得笔直，该出右前腿的时候，伸出了左后腿……完全不在状况中。

"停！"阿青老师大声吼道，钢琴声戛然而止，大家看着老师。"史钟麒！你们昨晚复习了吗？""复习了。"我脸红了，没有平时的理直气壮。"这也叫复习过？！那么简单的组合都会错？其他人呢？"她扫视大家。"复习了，只是……"我还想诡辩。阿青老师厉声打断我。"今天是星期二，昨天的新课你们没有复习，现在都给我出去复习！把组合搞清楚再进来！"从来没有看见阿青老师发那么大的脾气，空气如凝，大家面面相觑，大气都不敢出。稍顷，我一面斜眼看着低头不语的阿青老师，一面轻移半脚掌，向更衣室滑去，轻轻拧开门把，门锁"嗒"的脆响，每个角落都能听到。阿青老师头也不抬。不一会儿，其他同学都溜进更衣室，教室里只剩下阿青老师、钢琴老师和被阿青老师留下的团干部潘永宁。

教室里死寂，只有阿青老师深呼吸的声音飘散在空气中。估计过去的时间应该可以复习好了，阿青老师见我们还没有回到教室，抬头吩咐潘永宁到更衣室里去看看。小潘走进更衣室，看见有几个同学在认真复习，但还有自认为复习好的同学竟然拿出扑克牌欲玩，小潘一看大怒，训了我们一顿："太过份了吧！"其实潘永宁也很喜欢玩扑克，是我们学生中玩扑克的高手，但他很自律，很清楚什么时候才是玩的时候。见他们收起扑克，放软了语气，说："阿青老师叫我们都回到教室去。"我们商量了一阵，又蹑手蹑脚地滑入教室，沿着把杆站成一排。阿青老师见我们进教室，立即故意转脸对着窗外。一阵沉默之后，我左右打量了一下，低头轻声说道："阿青老师，我们错了，我们昨晚没有好好复习，以后一定要好好复习每一堂新课。"阿青老师慢慢转过头来扫视了我们每一个人，好一阵才说："好吧，以后不能再这样了。我每个星期花那么多时间准备新课，图什么？不想复习？那你们以后只上老课，我也省事。"她其实真的不想浪费时间，那么快就放了我们一把。打这以后，我们复习新课认真多了，大家的专业水平进步很快。毕业后的很长一段时间，我们还是在同样的教室里练功，还是阿青老师带我们上课，只是学生的身份变成了演员。

美好的日子再长总是嫌短，那不幸的日子正在向我们靠近……

1971年的冬天格外寒冷。一天早晨，天色阴沉，寒风阵阵，溪边的垂柳残枝摇晃，斜坡上顽强的小草被冻成了笔直的尖刀，平时在树上叽叽喳喳的鸟儿不知飞到哪儿去躲了起来。练功房外的小溪上大概是谁狠狠投下了石块，给不太厚的冰面上画上了放射性裂纹。练功房里靠窗户一边，一排四个高低不同的老式暖气水汀片向外冒着热气，发出吱吱的响声，但还是抵挡不住大木窗缝隙透入的寒风，教室依然冰冷。早来的同学穿着厚厚的绒衣绒裤，倚在把杆上，把双手放在水汀上，手心手背来回翻烤，再往冻得发僵的脸上来回捂。上课铃响了，两位老师都没有出现，大家你看我，我看你，正在胡乱猜测，钢琴伴奏老师贾亭云抱着钢琴谱匆匆闪入，什么话也不说，马上拖开琴凳坐到钢琴旁。我一见，赶紧问她："怎么阿青老师没来？这有点不寻常。"她答道："不知道，也许家里有事吧。"

十多分钟过去了，阿青老师还是没有出现。她从来不迟到，在上课铃声停止前她一定出现在教室里。贾老师建议我们开始上课，她翻开钢琴谱，一曲一曲往下弹奏，我们随着音乐一个一个地做组合，大家都是心不在焉地在比划动作。又过去十多分钟，我们正在做 Battement frappe（小弹腿）时，教务室主任推门进来，大家都停了下来，看着教务主任。她环视了一下说："秦老师病了，今天不能来。刚才打电话请假，特别嘱咐让史钟麒带领大家复习上星期的课。""知道是什么病吗？"我问。"不清楚，只说是不舒服，有点发烧，也许是感冒吧。"记得几天前阿青老师就对我们说过，近来脑袋经常嗡嗡作响，想在周末去检查，大概检查下来问题不小。

那时她已结婚，丈夫是她以前的学生，是上海一个话剧团的主要演员，曾经是她的学生，年龄比她小一些，彼此恩爱，有了一个男孩。阿青老师常年练习舞蹈，身体很好，从外表上看，你根本判断不了她的真实年龄。夏天她穿白短裤或淡黄色的七分裤，短袖衬衫，脚蹬白色镂空皮凉鞋。冬天是淡咖啡色带帽子的棉猴，高腰带翻毛的皮鞋。上下班从来不坐公共汽车，无论刮风下雨，下雪，总是骑着26寸凤凰牌女式自行车。把芭蕾课教好就是她的一切，其他的事情她好像都不太在乎。这样一个健康的人，很难想象会有什么大病来找她麻烦。

第二天，阿青老师还是没有来，继续由我带领大家上课。她出了什么状况？每个人都特别想快点知道，看看我们能为老师做点什么。张庆祖今天也很晚才进教室，他一出现，我们都停了下来向他打听。"癌症，好像是鼻咽癌。"张庆祖慢慢地说。这一"权威消息"是那么地残酷，这是在我们大家原先各种各样的估计里面，一个最坏的，最不希望有的结果。详情在后来几天越来越清晰，原来阿青老师的鼻咽癌已扩散。四十多年前，癌症就等于是判了缓期执行的死刑，我们大家都十分紧张，不知如何是好。但也有不一样的情况，当时我们听说上海市委书记陈丕显也是患的鼻咽癌，一直控制得很好，我们多么希望阿青老师也是如此。张庆祖是属于我们班里乃至整个芭蕾舞科里比较特殊的人物，基本功不错，肌肉素质超好，弹跳出色，但与他的社交能力比，跳舞就要往后排了。他交游广阔，认识很多人，上到市里领导，下到平民百姓，都有他熟识的人，所以消息来源应该比较可靠。他个子高，长得英俊，常热心帮同学、老师解决难题，很有江湖义气。他有个绰号叫"开花头"，原因是刚来学校报到那阵，他与几个同学在走廊上互相追逐嬉戏，一个不留意，头撞上打开的钢窗框，流了很多血，另一个同学就给他冠上了这么一个美名。他很豁达，听了也不会恼怒，好像就这样接受了这个美名，有叫必应。同学这么叫他，外面的朋友也有这样叫他的，几十年过去，仍有人会叫他这个雅号，他也还是一如既往。事实证明，他的消息准确。

阿青老师经过大剂量的化疗，身体虚弱不堪，大家都以为她再也不会来给我们上课了。可是过了一段日子，她的身体情况稍好，又出现在了教室里。虽然身体已大不如前，但还是一如既往地备课、解说，精神最好时还换上舞鞋，和我们一起练功。但这个病确实不是靠毅力就能克服的，后来情况越来越不好。到最后，她来给我们上课时发声音已经十分困难，大部分时间是用手比划动作。最痛的时候，她会用头顶着身后的镜子，咬紧牙关，等待疼痛的高峰慢慢过去，然后继续上课。看她如此痛苦，我们每个人的心上都有十二万分的不忍。每一次上课，我们都是加倍努力，让她知道我们都非常珍惜与她相处的日子，不会辜负她的期望。她就是这样对待她钟爱的事业，即便知道自己的每况愈下的病情，但仍不放弃工作，抓紧时间给我们上课，我们唯有认真学习才对得起老师的付出。

1978年9月底，我和其他几个同学在孔令璋老师的带领下，去北京向中央芭蕾舞团学习双人舞，住在北京饭店的新楼里。10月5日傍晚，我们从北京芭蕾舞团回到饭店后，孔老师把我们召集起来，脸色凝重，向我们通报了阿青老师离我们而去的的消息。尽管阿青老师从确认鼻咽癌到这一天，时间已经过去了七年，算是早有心理准备，但听到这个噩耗后还是愣了半天，说不出话。那天晚上，我很晚才慢慢入睡，脑子里一直在想着阿青老师与我们在一起时的点点滴滴，我们终于还是失去了最敬爱的老师，最疼爱我们的大姐姐。只有五十一岁就离开了我们，太年轻了。万分不舍。

我班全体。后排左七：阿青老师；左三：弟弟史钟麟；右四：史钟麒；前右一：诸良怡老师——我的舞蹈领路人

汗水与伤痛

我们班的作息时间表是这样的：

6:00 起床

6:30—7:15 毯子功课（一星期两次）

7:30 早餐

8:15–9:45 芭蕾舞课（星期一到星期六，每天）

10:00–11:45 两堂文化课（每天）

12:00 午餐

13:00—14:15 午休

13:30—15:15 业务课（包括外国民间舞、中国民间舞，每星期两次）

15:30—16:15 业务课和文化课交叉安排，包括一星期一堂音乐课

16:30—17:15 文化课

17:30—18:30 晚餐

19:30—20:30 晚自修（业务课和文化课交叉安排）

21:00 熄灯

从星期一到星期六，天天如此。从现在的眼光看，学校的课程设置不够科学，学生的负担太重，而营养不足，更把训练中的苦放大、加倍。我们这些学生都是在长骨骼、长肌肉的年龄，特别能吃，记得我常常一顿饭能吃一斤面粉做的白馒头。"总是吃不饱"占据了我们大部分的青春记忆。现在的学生很难理解我们那时候每个月的粮食是定量供给的。按照文化局拨给的预算，我们每人每月的伙食费是人民币十四元。每个月初，主管伙食的部门会给每个人发定量的饭票，你月头吃多了，月尾就不够了，只能向家里去要。那时还有不少同学星期天晚上从家里回来的时候，会带上各种零食，甚至一罐炒麦粉，放在床头或小五斗柜的柜筒里，略解嘴馋，暂裹空腹。我们每天的早餐只是稀饭、馒头加咸菜，热量根本不够，到了上文化课时，肚子早已咕咕地唱起了"空城计"。中午饭也只有一块比普通硬板纸厚不了多少的大

排骨，再加一些焖得发黄的青菜，最困难的时候，"光荣菜"也吃过。很多现在的人可能根本不知道"光荣菜"是何物，其实那就是卷心菜外面该丢弃的那些老菜叶。一顿饭中能同时吃到熏鱼、五香蛋、一大块红烧肉，只有在国庆和春节才有可能，到那一天，我们真的就感觉在过节，也才会感到满足，可惜一年中这样的节庆太少了。肝炎、胃出血、小便出血、运动创伤，像魔鬼一般在学生中肆虐，夺去一些同学的大好青春和终身的事业。对此学校上下都是十分明了，业务老师更是感同身受，但有什么办法呢？他们唯一能做的就是关照我们早一点睡觉休息。"食补不如睡补"是师生们的无奈之语。男同学普遍挨饿，有些女同学却怕胖，不敢多吃，正好匀给男生，也算解决了部分问题。当然，即使如此艰困，我们也比社会上的同龄人好得多。那时正值全国经济困难，我们的伙食标准让普通民众羡慕不已，算是万中得一的"幸运儿"了。其实那些营养是完全无法承担我们如此沉重的体力负担的。年纪渐长，我们常在一起调侃：假如那时我们的营养足够，每个人的个子或许都能再长高两公分。现在新一代的舞蹈演员普遍比我们那一代长得高，就是有足够的营养支撑。

1963年及以后的几年，日本贝冢女排以秋风扫落叶的气势，在各种世界级排球赛中连续夺冠，引起了全球体育界极大的关注。该队教练大松博文发明的超大运动量的"魔鬼训练法"，据说就是致胜秘籍，于是国内各运动队纷纷仿效，掀起了一股向贝冢女排学习的风潮。舞蹈有各种比赛，虽然我们无缘参加，但都会以高水平的舞蹈演员所做的技巧为努力的目标。为取得更快更好的成果，学校也想引入这一训练方法。为了取得直观印象，学校组织我们去上海体育学院观看上海女排的训练。

体育馆坐落于南京路和石门路交界处，球场上方挂着一块巨大的横幅，上面写着"从难、从严、从实战出发，大运动量训练"。穿戴护具的运动员在教练的指挥下，重复着无比枯燥的翻滚、接球、翻滚、接球，一遍、二遍、三遍……球场上，教练发球的啪啪声，队员身体撞击地面的嘭嘭声，接球时发出的呐喊声交叉响起，在空旷的排球馆里回荡，声势摄人心魄。教练毫不留情，不管运动员倒地后能不能爬起，都会快速从身边的箩筐里拿出球，机械地狠狠砸过去。到了扣球、拦球的环节，好几个运动员站立时已经晃晃悠悠，看到球飞过来，还是挣扎着跳起，勉强伸长胳膊对着飞来的排球，或拦、或砸回去……足足两个小时，动作单一，作为观众，我们看得都嫌累，但运动员还在拼出最后的力气，回击频频飞来的、缺乏人性关怀的球。

1965年，我们也开始了大运动量训练。

时值盛夏，闷热异常。我们教室在一楼，与二楼三楼不同，一楼教室只是一面有窗，另一面是很高的墙板，顶上还有一些气窗。那时的教室没有任何降温设备，临时从锅炉房借来一台大型排风扇，可是练功出很多汗，风扇又不能对着身体直吹，只能对着走廊直吹，增加空气流通，这总比什么也没有好很多。上海的工厂，一到夏天，工人在车间里就会有盐汽水供应，以补充工人盐和水分的流失。我们的大运动量训练，体力消耗一点不比工人差，开展大运动量训练以前，四个八拍的组合，只会重复两三遍，如今每个单一动作要多做一倍或数倍，人人累趴了。每天芭蕾课结束，汗衫能绞出水，发白的蓝色三角裤没有一处是干的，练功鞋也会湿了个透，一步一个水印。一堂课下来，普遍减重一公斤，有的人减重一点五公斤或更多。虽然学校也从什么钢铁厂组织了一些盐汽水来，每天发给我们解渴，但效果有限。学校鞋子工场自产的练功鞋，前端用真皮加固，看上去很结实，但架不住我们练习各种转圈的次数增加，加上业务教室的地板比较粗糙，几天就磨坏一双鞋的不在少数。我们去工场换领鞋的频率增加了，师傅们的劳动量也就大大增加，他们就会在我们领鞋子时故意刁难，以发泄怨气。体力消耗大，营养补充跟不上，恢复体力就很慢，天天如此，形成恶性循环，训练中出现意外成了家常便饭。

其中一次较大的事故，让班里一个同学恐怕再也无缘穿着紧身尼龙裤上台了。

放暑假前的期终考试。这一天，天气酷热，教室全部窗户打开也无济于事。别说练功，就是坐在那儿不动也会让你出汗。考试开始前，教室大镜子前两排座位已经坐满了校领导和监考老师，有人拿着手绢擦汗，有人拿着扇子轻摇，还有坐不下的老师就站在两侧靠把杆的地方。

最近两个月以来，为了能在期末考试获得比较好的成绩，大家都很努力，加上天气炎热，体力消耗很大。考试开始时，我们像往常一样，先在把杆上按顺序做动作，把杆的动作没做完，身上已湿透。中间的控制和转圈的单元很快过去，接着小跳、中跳……到了大跳的单元，轮到每个同学单独跳。凡是有运动经历的人都会有这样的经验，只要看自己的人多，思想高度集中，技术的发挥就会与平时不完全一样，或者更好，或者更差，这大概是身体里肾上腺素加速分泌的缘故吧。反正不管怎么样，每逢考试，我们都会超常发挥，转圈还不太明显，跳就很突出，会比平时高，滞空时间长。

我们前面几位同学过去后，轮到这个同学跳。他是团干部，学习认真，记组合很快，弹跳不错。音乐起，他开始做动作，前面第一个八拍他做得很好，跳得很高，第二个八拍是连续三个方向的Grand Assemble（单起双落的大跳），只见他做了一个Pas Chasse（追步，起跳的辅助动作）左腿一个Coupe（起跳前的动作）猛一蹬地，同时右腿擦地踢前腿，整个人腾空而起，左腿与右腿在空中快速并拢……，忽然，好大的"啪"声不知从哪儿发出，见他一下子摔了下来，摊坐在地上，脸色煞白，浑身大汗淋漓，双手捂住明显变形的右小腿，发出痛苦的呻吟。琴声戛然而止，大家围上去，阿青老师分开众人，跪在他身边安慰他，监考的老师也都从座位上站了起来，询问情况。有同学见状，飞快跑去医务室告急，医务室校医小陈闻讯赶来，看情况严重，她无法处理，立即回医务室叫急救车。救护车不到半小时就到了，我们大家七手八脚把他抬上救护车。把他送走后，我们继续完成了下面的考试。

我们学校的定点医院是上海广慈医院，坐落在前法租界瑞金二路上，文革期间被改名为瑞金医院。这是上海最著名的医院之一，由当时天主教江南传教区法籍主教姚宗李创办于1903年，当年是远东最大的医院，设备优良，医生出色。我们学校的员工能在此医院就诊，是一种特别的待遇，凸显对我们学校的重视。

　　下午医院传来消息：这位同学的右小腿胫骨折断，已经上石膏固定。对于这样的结果，大家都十分诧异，一个芭蕾训练中十分普通的大跳，怎么会使如此强壮的小腿胫骨折断？何况跳的全过程没有碰到任何异物。唯一能解答此疑问的就是运动量超过肌体承受的上限，加上营养长期匮乏导致骨内钙含量下降，骨头的质量下降，不足以抵抗较为强烈的冲击。另外，在踢腿的时候，可能脚擦地过重，这样腿在踢起的时候就受到了不应有的阻力，加重了胫骨的受力。他绑上了石膏，在家里休养。过了两个月，他回到教室，明显胖了，虽然试图恢复练功，但因小腿肌肉明显萎缩，小腿骨断裂处向外成轻度弧形，元气大伤。这样的腿型已注定以后再也不能穿紧身尼龙裤上台了。毕业数年后，他只能遗憾地告别舞台，去舞蹈学校当老师，这是我们为不科学的训练所付出的代价。当然，当老师有时候比当演员更好。随着日本贝冢女排的衰落，大运动量训练法逐渐式微，我们恢复了以前的节奏和合理的运动量。其实，即便没有贝冢女排的大运动量，我们长年的超负荷训练，让所有同学都有这样那样的伤痛。能从专业的舞蹈学校毕业而不留下伤痛的，可能只是凤毛麟角。

　　我自己的受伤记录不少，有的后遗症伴随我直到今天。

　　大概是先天的原因，我腿上的股四头肌不够发达，即便是后来那么多训练，股四头肌仍然显得很弱，于是在做跳跃动作时会自然用小腿和脚腕的力量分散跳跃时产生的冲力，即使非常小心，但受力最大的仍是膝盖。人们在跳跃时膝盖所承受的压重力是体重乘以高度和落地的速度，通常一个芭蕾舞演员在剧烈的大跳时，膝盖所承受的压力相当于体重的六倍或更大。长年累月的训练，导致膝盖的髌骨端前突，钙化。有一段时间，我的左膝盖肿痛，出水，无法下蹲，去了很多家医院就诊，抽液，打封闭，也治不好。后来去上海静安医院找到当时最负盛名的运动创伤科的许医生，医生排除了过去"半月板撕裂"

的诊断，确认为滑囊损伤。那段时间差不多有半年，在课堂里我只能做极简单轻微的动作，稍微用一点力，膝盖里就会出水。演出无法上台，被借到舞台灯光组打下手。（2016年，我的膝盖在美国动了手术，把碎裂的滑囊取出，腿部的力量就更差了。）

膝盖之外，腰部的伤也是困扰我的一个很大的问题。有两次严重的发作，让我怀疑今后还能不能继续跳舞。

一次在冬天，我半夜睡醒时欲上厕所，一个不经意的翻身动作，腰突然像被锁住一样，无论怎么轻微的移动，都会引起剧痛。从床铺扶墙慢慢站立，一寸一寸地挪步到洗手间，疼痛难熬，距离不过两公尺，汗衫全部湿透，两个星期无法正常练功。由于腰伤，还引起坐骨神经痛，无法压前腿。文革期间，经常开会听报告，一坐就是两三个小时，那是我最痛苦的时间。每隔半小时我就需要离开会场除去活动一下，不然的话，时间一长可能都没法站起来。那段时间，我十分沮丧，看着别的同学在教室里挥洒汗水，我只能当观众。

还有一次是1977年三四月间，离开五月去法国访问演出还有一个多月，全团正在加紧练功排练。一天在教室里，练功半途，腰忽然闪了一下，身体立即变得僵直，完全无法动弹。我趴在地板上，找不到一个姿势可以不让我感到刺心的疼痛。我在接下来的出访中是主要演员，饰演的是《白毛女》第三组大春，时间急迫，绝对无法找到替代者。看我的伤势严重，同学都担心我无法成行，我自己也十分着急，毕竟出国访问演出的机会太少了。学校医务室的小陈医生赶到，扶我出教室，陪我到吴江路上的上海市第五门诊部。我扶着墙壁，一步一步艰难地挪进诊室。接诊的是最有名望的针灸医师石幼山，他是中国著名伤科大夫石筱山的亲弟。他问了问情况，替我搭了搭脉，然后拿出四根银针，往我的双手手背上选出穴位扎下去。他的针刚刚下去，奇迹就出现，我感觉到我的腰里面"噗"地轻轻响了一下，刚才绷得死死的腰立刻松动了。医生说，我的症候叫"岔气"，气门打通就好了。留针二十分钟以后，他把针拔掉，我比较轻松地走出门诊部，与入门时的状况判若两人。小陈医生一直在边上看着,应该也会赞叹这神奇的针灸。也难怪针灸在西方世界越来越受欢迎。

一个星期后,我又走进练功房。后来去上海广慈医院拍片检查,发现我的脊椎中有一节还是有很大的问题,医生说我可能不能再举重物。我并没有把它当回事,还是照样练功,照样练双人舞。我是专业演员,不能一天不练,除非你决定离开舞台。专业的舞蹈演员、运动员,伤痛伴随是常态。想练出一点名堂,你就必须准备承受伤痛。110米跨栏项目的世界冠军刘翔,还不是因为伤痛早早离开沙场?科学训练的确是所有运动项目都必须遵守的铁律,但是为了取得更加好的成绩,谁都想试试是否还有另一种可能的。

舞校的老师们 前左起:李岚、吕长立、傅艾棣、秦阿青、安淑敏、李曼华、张雅琪;
二排左一、二、三、七、八、九、十:施之春、林泱泱、方元、王赫、朱萍、于宏、杨鲁欣 ;右一:程代辉

第四章 "样板戏"《白毛女》降生记

山雨欲来

　　《白毛女》是集万人宠爱的"公主",从她诞生那一天起,就得到国人的喜爱,我能参与其中,常感幸运,常思感恩。

　　1964年在第五届"上海之春"文艺汇演中演出时,《白毛女》初试啼声,引来一片赞扬,其中最具代表意义的,当属《文汇报》文艺部闻亦部长5月14日在该报发表的《为革命的芭蕾鲜花叫好》,文中说:"芭蕾舞剧《白毛女》是这届上海之春百花园中迎着朝阳,带着朝露的一枝独俏的革命鲜花。芭蕾舞传入我国年代并不长,上海建立舞蹈学校的时间则更短。而这个年轻的艺术队伍能够以较短的时间,在芭蕾舞革命化的道路上以踏实步伐迈出了第一步,创作出了《白毛女》这一丰硕的成果,这是可喜可贺的。"

　　芭蕾舞剧《白毛女》作为独幕舞剧刚面世时,全长二十分钟不到,却吸引了众多的目光,其原因就是用纯外来的艺术形式表现中国题材,适合当时中国人的欣赏习惯,虽然幼稚,但前途远大。学校上下看到了它今后的发展前途,于是投入了能够调动的所有的资源,充实主创人员，不断地打磨、提高，最后发展成长度为一个半小时的八场大型芭蕾舞剧。四个导演——胡蓉蓉，傅艾棣，林泱泱和程代辉，他们经历不同，编舞上各有侧重，形成不同的风格，让《白毛女》成为中国芭蕾舞民族化的经典之作。现今中国芭蕾遍地开花，从专业的到业余的，《白毛女》无疑是开启了一个启蒙的时代。四十多年来，上海芭蕾舞团带着这个经典剧目在世界各地上演了一千五百多场，荣获"中华民族二十世纪舞蹈经典作品金像奖"，"上海芭蕾舞团"就此奠定了国内一流的地位。前国家主席江泽民1986年看完演出后给上海芭蕾舞团的题词："祝上海芭蕾舞团在国际舞台上演出成功"。

我作为这一经典剧目的目击者和参与者，前后断断续续在学校剧组和芭蕾舞团演了九年，后来离开上海到美国，还是不断地有机会演出其中的选段，一直到我六十八岁时还在台上与我的学生一起演出《白毛女》第一场的双人舞。

《白毛女》初创时是小型节目，所需演员很少，只有顾侠美、蔡国英、凌桂明、王国俊和陈旭东等少数人参加，包括我在内的大多数学员没有机会。

1963年底，为向第二年的国庆十五周年献礼，上海排练大型歌舞《在毛泽东旗帜下高歌猛进》，为了排演好这个史无前例的"巨制"，市文化局动员了本市所有音乐、舞蹈、话剧、杂技的演出单位的绝大部分演员、乐手、编创人员参加。先是各单位自己分排，再去上海最大的舞台——文化广场合排。我校除了排演《白毛女》和《包身工》的演员以外，其他学员倾巢而出，我也在其中。

1964年5月23日，第五届《上海之春》开幕，大歌舞《在毛泽东的旗帜下高歌猛进》作为开幕式，在文化广场的演出获得巨大反响。该节目气势恢宏，大型六管交响乐队伴奏，开场乐是吕其明作曲的《红旗颂》，黄贻钧指挥，轰动全国，它也是后来红遍大江南北的大型歌舞《东方红》的前身。可惜劳师动众的超级演出不可能常年进行，只演了几场就收兵。两个月以后的盛夏，周恩来总理在上海文化广场看了演出，大加赞扬，向文化部建议在北京也可排演类似节目。后来北京立项，被定名为《东方红》，上海几个重要的编导都被借调去北京，协助排演。

另外一头，《白毛女》经过一年多的修改、加强，被扩展成大型舞剧。导演安排我演八路军战士，可惜我的膝盖受伤，无法排练，被临时借到舞台灯光组协助工作。1965年7月，《白毛女》在第六届"上海之春"华丽亮相，立即引起轰动，饮誉全国，自此成为上海招待国家和地方重要客人的重头节目。同一年的7月30日，周恩来和陈毅在上海陪同缅甸总理吴奈温观看之后，《白毛女》升格，进入国家接待外宾的文艺节目单，演出不断。1966年春，剧组接到中央的通知，前往北京。

我们这些从来没离开过上海的学生听到消息，无不雀跃。演出要自带铺盖行李，这对今天"大有来头"的演出单位来说难以想象，但那时却是司空见惯。1966年，南京长江大桥还没建成，火车摆渡十分麻烦。我们在上海北站登上火车，在南京下关火车渡口下车，等我们下完后，大型的摆渡船把断开成三截的车厢与我们一起运往对岸的浦口镇，重新接上，换一个车头，花费了两个多小时。等随船而去的乘客全部上车后，才继续行驶。这个渡口建于1933年，1968年10月1日，长江铁路桥通车，客车可以从桥上直接过江，旅客下车摆渡才成为历史。原来的码头从那时起，只渡货物列车，1973年长江大桥通车后才正式结束渡口的历史使命。全团一百六十多人经过二十多小时的颠簸才抵达北京，入住天桥剧场的后台。

天桥剧场始建于1953年，是解放后参照苏联和东德的同类建筑建造的第一个大型剧院。1954年夏季进行二期工程，成为第一个与国际接轨的顶尖剧场，以配合苏联的十月革命节，并迎接苏联艺术家来华演出。那一年，莫斯科音乐剧院三百多位艺术家及工作人员在这里上演多场大型歌剧、芭蕾舞剧，盛况空前。中央芭蕾舞团也常在此剧场演出。

天桥剧场比起我们经常演出的上海市革委礼堂，条件好了很多。舞台极大，副台很宽敞，换布景的天棚很高，操作十分方便，舞台后面有一个大排练厅，可以练功、排练，特别适合演出前的预热和复习。大排练厅虽然不小，但还是无法容下所有的演员一起练功，所以平时每天的练功，我们要去位于太平街的中央芭蕾舞团。中央芭团离开剧场约为一里地，走路过去，权当预热活动。剧场后区有一间较大的空屋，原先是用来堆放布景、道具的，稍加打扫整理就成了我们的饭厅。请来一个北京厨师，伙食以北方口味为主。开始不习惯，时间长了，也就无所谓了。

天桥剧场是为演出而建的，并不具备"宿舍"的功能。我们一百六十多人挤住在后台上下几层的房间里。我们住的房间呈竖琴状，从别处临时借来的双层床在房内无法摆放整齐。过道宽窄不一，稍微不慎，脑袋就碰到上层的床帮。但这丝毫不影响大家的热情。刚到达那天，行李还没有打开，很多人就跑去看舞台和后面的排练厅。去北京前我左膝盖受伤严重，无法练功，正好舞台灯光组需要人，我被调去帮忙，除了装拆台、对光对景，演出时还负责追光。我熟悉舞台，熟悉音乐，熟悉舞蹈，对台上演员动作的幅度和走位胸有成竹，操纵聚光灯得心应手，即便台上很黑，我只要一开灯就能立即"罩"住演员，灯光组长张小舟常常表扬我。此外，我偶尔也会去演"序幕"中的农民，第五场在平台上扛着枪过场的八路军战士。这两个在香港称作"咖喱啡"的角色，随便到外面叫一个人来，化了妆穿上衣服就可以对付。

对于彼时的处境，我很不甘心，练了那么多年，吃了那么多苦头，无论芭蕾、代表性舞还是中国民族民间舞、毯子功，在班上都不算太差，有的还很优秀，有些动作做得非常漂亮，我怎能轻言放弃？搞灯光对我来说十分轻松，我也喜欢，但还是无法与我钟爱的事业——舞蹈相提并论。放弃舞蹈，我也对不起重点培养我的老师，对不起国家在我们身上花那的那么多的钱。所以，在天桥剧场演出的日子里，我一面疗伤。一面适度练功。每天台上在演出时，我则在副台上一边观摩演出，一边靠墙半蹲，训练腿部的肌肉，我自称此为"静止股四头肌训练"，开始只能坚持数分钟，后来最长一次能蹲二十多分钟，能在半蹲的情况下把《白毛女》第一场整个看完。我的目标就是争取尽快恢复膝盖的力量，早日上台。

《白毛女》在京城一鸣惊人，从艺术家到普通居民蜂拥而至，场场爆满，一票难求。那时候各剧场演出不多，好戏更少，况且票价极为低廉，最贵的票只有一元多。有一次，我在剧场外的广场闲逛，看到一个中年男子，骑了一部极漂亮的进口轻便摩托，在剧场售票处停下，推门进了售票处。他打扮时髦，气质与众不同，吸引了我的注意。他离开后，我进售票处打听，方知他是京剧艺术大师梅兰芳先生的儿子、梅派传人梅葆玖，他一下子买了十多张票，可见北京艺术界人士对我们的关注。别人一票难求，他们买票还是比较容易的。

常规演出以外，我们还为很多重要的国家领导人和外国客人举办专场。在北京的朱德、周恩来、邓小平、陈毅、李富春、李先念、伍修权，以及越南的胡志明主席，范文同总理在北京都先后看过演出。1966年5月9日，刘少奇主席和夫人王光美陪同阿尔巴尼亚总理谢胡和夫人也来看了演出，次日《人民日报》立即做了详细报道。后来，

1966年随剧团第一次去北京，兄弟俩在人民英雄纪念碑前合影

我们只要看到有保安人员在剧场作特别的安全检查，就知道当晚必出现重要人物。

天桥剧场公演结束后，剧组接到文化部的通知，去人民大会堂的小礼堂作内部演出。这个小礼堂从不对外，主要是为中央领导而设。当时在京的中央领导人差不多都已看过，特别是周恩来总理，陪外宾看了数次。大家猜测，这次一定是毛主席要看，高兴极了，加紧准备，但受到"不得私下议论"的规矩所限，都心照不宣。可惜，万事俱备之后，演出竟泡汤了。

事后得悉，就在刘少奇以国家主席的身份接待"同志加兄弟"的谢胡之际，一场以打倒他为目标的战役已箭在弦上。我们在京期间，中央人民广播电台播出了中共中央政治局扩大会议全票通过的《中国共产党中央委员会通知》，即《五一六通知》。5月25日，北京大学哲学系党总支书记聂元梓以她与哲学系六位教师的名义，在北大食堂贴出大字报《宋硕、陆平、彭佩云在文化革命中究竟干些什么？》把矛头对准学校和教育部的领导，被毛泽东称为"全国第一张马列主义的大字报"。

我们在人生地疏的首都，天天不是演出就是排练，休息日外出一看，换了人间，许多地方成了大字报和大标语的汪洋大海！我和弟弟又是惊奇，又是困惑，常私下交换获得的小道消息，有一个休息天，我推说有事，避开众人，偷偷跑到最热闹的北京大学去看大字报。虽然掌握一些"爆炸性消息"，但也不敢随便泄露，只告诉了弟弟。天桥剧场外面就是人头攒动的天桥，这一带遍布小平房，凉棚，不少有各种技能的艺人在此卖艺赚生活，吸引很多的观众。每天一大早，我们在剧场的宿舍里就能听到对面传来的嘈杂的声音。我们在排练、演出的间歇，常去闲逛，满耳听到的是京片子的劲侃、穷侃。归纳那些流言蜚语、小道消息，我和弟弟感到，一场凶猛的运动正在逼近。6月1日，中央人民广播电台在新闻联播中广播了聂元梓大字报的全文，大中学生闻风而动，神州处处，"破四旧"，揪斗"走资派"的狂潮排山倒海而来。过惯了简单生活的我们，难以理解发生的事情。

周恩来总理在京陪同越南领导人观看"白毛女"演出

原定的人大会堂小礼堂的演出被取消了，开始我们只以为是计划临时变更。后来方悟到，中南海的权力斗争已趋白热化，"炮打司令部"响声隆隆，国家主席刘少奇和一大群高干成了过河的泥菩萨，自身难保，他们哪里还有看文艺演出的心情？数日后，团里留下一些舞台工作人员，处理道具、布景和善后，其他演职员打道回府。

在劫难逃

回到离开五十多天的学校，所见所闻，恍若到了另一个世界，与我们离开时的学校完全不一样了。校外，一天到晚锣鼓喧天，手臂上带着红袖章的红卫兵一队队打着红旗，高唱语录歌在街上游行，街头大喇叭声嘶力竭。校内，文化大楼的大厅和业务教室的走廊，贴了不少大字报，黑色的大字，连续几个红色的大叉，触目惊心，令人过目不忘。那是留校的民族舞科的同学和老师们的杰作，他们闻风而动，把矛头指向校长李慕琳和副校长周志勇及其他一些老师以显示他们超强的觉悟。

我和弟弟思家心切，到学校后草草浏览了贴在大楼墙上的大字报，就往家里赶。不料，迎接我们回家的大妈和外婆一脸愁云。原来，我们家也遭"革命群众"查抄了，屋内一片狼藉。大妈是杨浦纸品厂的工人，来自苏北农村，嫁给我大伯父。大伯父去世后，她一直在老家侍奉公公，土改时被划为富农，后随公公来到上海。她单位一些以"阶级立场鲜明"自命的人物，从人事档案里查到这个情况，拿来发泄斗争欲，显示他们的"革命本色"。他们认定大妈把"变天账"藏在家里，便举着旗帜，喊着口号，气势汹汹地闯进家来，翻箱倒柜，差点连地板也掀开。我家从前是日本职工的宿舍，结构是日式的，屋内的门都是轻薄材料做的"移门"。他们找不到"变天账"，就把两个房间以及壁橱的移门全撕开，可惜里面除了牛皮纸和日语印就的旧报纸，什么也没有找到。这令他们非常失望，骂骂咧咧地离开，顺势把五斗橱上并不值钱的瓷器摆设也掳走了。

我们在上海的五口人，每月靠爸爸寄来的45元过活，穷得叮当响。朝南落地窗的白窗帘，用了很多年，早已破旧不堪也没有余钱置换。发黄的布面上已有不少裂缝，加了补钉。挂的时候上端用铁丝穿过，两头缠在铁钉上。即便如此，这窗帘也不是全年使用，冬天才会挂上去。家里没有一样值钱的东西。造反派一来，大妈和外婆受了惊吓，很久缓不过来。我和弟弟不会安慰人，只对大妈说："相信群众相信组织"。说出口又觉得很惭愧，连国家主席也自身难保，谁信这些屁话呢！值得庆幸的是，土改时被划为地主的爷爷已去了南京姑姑家，如果留在上海，下场更加悲惨。姑姑、姑父都是自己单位的党支部书记，其时也不好过，但爷爷是客居在那儿，当地的红卫兵搞不清楚情况，总算让爷爷躲过一劫。

在家里住了一晚上，我们回到坐落在郊区的学校，昔日充满钢琴声和练功身影的艺术净土，弥漫着一股令人颓丧的戾气。平时循循善诱的老师，一夜之间成了"资产阶级代理人"。教学大楼的墙上，一张大字报盖着另一张，校长李慕琳的名字频频出现，字体特大，还打上红叉叉。我比较关心政治，但把具体的、我熟悉的、曾经教育过我的老师、校长一下子搞成什么"资产阶级教育路线的代言人"，实在难以接受，置身腥风血雨，无所适从。

在我的印象中，李慕琳校长是响当当的老革命，平时不苟言笑，每次学校开大会，都是她在台上侃侃而谈，我这个在政治不求上进，不善于和老师交流的学生，远远看见她就绕路，生怕被她逮住问话。尽管我常常"犯上"，好几次和班里的团支书为课本上的问题争论不休，甚至直接与学校的团总支书记辩论，为小事与班干部争得面红耳赤更是家常便饭，但大字报把"死不悔改的走资派"的大帽子戴在校长头上，把这些干部变成另类，给老师剃阴阳头，施以监禁，抹黑、侮辱人格，我完全无法接受。我太熟悉这些师长们了，与她们朝夕相处，虽然对一些问题看法不同，但我们的知识、舞蹈技能都是她们手把手教的，针对老师个人生活上的不检点，上纲上线，甚至动手，这种过激做法，实在难以苟同。因此，校内批斗"牛鬼蛇神"我很少参与，即便碰上，也是远远地静观。与此相反，我对外面的辩论和一些"有水平"的大字报兴趣盎然，几乎每天都骑自行车去十多公里外的市区的大字报栏看大字报，听辩论，捡拾飘散在地下的传单。

我去得最勤的地方是静安公园。夏夜，公园里聚集了很多人，这儿一堆，那儿一堆，虽然灯光昏暗，但完全阻挡不住人们参与政治的狂热，最厉害的是穿旧军装的学生模样的人，操一口标准的北京话，言辞激烈，语气霸道，满嘴脏话、狂话，讲话时还不时抡着铜头皮带以助气势。这帮北京来的学生，一进上海，就受到当时上海市委的重视，处处给他们开绿灯，以为这样可以保护他们自己，殊不知，这一切所谓善意的举动是无法打动脑子完全坏掉的年轻学生们的心的。他们在辩论中常把"老子英雄儿好汉，老子反动儿混蛋"挂在嘴边，开口辩论前先报家门"革干"、"军干"，以显示根正苗红，有资格有胆量与他们对阵的也就是所谓的"红五类"。一般的人，谁也不敢出来与之对话。如果有一个人自报家门说是三代工人，厂里如何如何，那帮学生立即会帮着起哄、欢呼、声援。其实谁知道这个三代工人是真是假，假的又如何，谁去查？乱世出匪雄，谁的胆大，谁就是王。我们这帮出身不光彩，胆子又小的人只有旁听的份。这批最早来到上海煽风点火的北京红卫兵，把上海小规模的抄家变成了一个运动，武斗、打人成了家常便饭，有头有脸的人个个自危。在很多人的不安中，文革就这样在上海展开。

我被划为四类学生

文革前，学校里也曾选过人民代表。先是全校在302大排练厅开大会，由周志勇副校长讲解选举注意事项，然后由学校团总支书记介绍被选举人，最后发给我们每人一张选票。我一看，选票只印了与名额相等的几位候选人的名字，我们当然一个都不认识，这等于上面已经选定，让我们只是画个圈，走过场而已，我不知道我们选与不选有什么区别。于是就在那儿随便议论开了："人民代表要人民来选，可是我们还没选，人民代表就已经有了，那叫什么人民代表？我认也不认识他，他怎么能代表我？那只能叫'任命代表'。"一定有人把我的这些"怪论"汇报给了领导，加上我平时随便与学校团干部辩论，坚持与她们不一样的见解，所以在文革前，学校把学生分类，我被划分成第四类学生。一类是最好的，坚决跟党走，二类略次，三类更次，四类就近乎反动了。记得那天，老师还一本正经地发给每个人一张纸，纸上列出了各人的名字。弟弟讲话没有我绝对，他被划为第三类，我就被划在了第四类，这一类中没有几个人。这样的事情以前从来没有经历过，可能别的同学都已不记得了，但对于我却是刻骨的。数十年过去，我仍能记得听到我被分成四类学生时，心中气忿万分，真想找领导再辩论一番，因为那对我的自傲是一个很沉重的打击。

我和弟弟同年同月同日生在同一个家庭，在同一个环境中长大，受同样的教育，弟弟是第三类，我成了第四类，想来想去就想到了自己平时的作为，我发现我说的大多是那些领导不爱听的话。我虽然担任很多业务课的课代表，但没有一个会给我政治上加分。我们学校的党团组织还是很坚持他们的原则的，政治第一，业务第二。他们关注你的不是你的业务如何，而是你是否经常向组织交心，写思想汇报。我在这方面绝对是一个弱智，从来没有往这方面想过，也从来也没有写过什么思想汇报。我甚至一看到别人写什么思想汇报就会在那儿思忖，这有什么可以写的？思想如何，平时的任何言行都能看出来，何必多此一举。想一下就算了，可是我还生怕别人不知道，常常把这些反叛的话大声讲出来，当然会惹别人不快。其实我差就差在这看似多此一举的"举"上了，被领导看成是不靠近组织。当然这里面还有一个很重要的思想在作祟，那就是我一直以来总认为那些积极入团入党的人，无非是为了自己的一点个人利益做做样子而已。后来我在看赵紫阳写的回忆录中看到他这样讲："中国有几千万共产党员，我相信绝大多数搞不清什么是共产主义，只是各种原因使他们成为了共产党员，其中不排除是为了个人利益……他们觉得入党才能满足个人利益，实际上也差不多。入党就有可能提干，提干之后工资、住房、福利、退休金都可能得到比较好的解决，连老婆孩子，甚至孙子都沾光。"看到这样的话，心中才明白，原来上面看得比我们更清楚。我想得太简单，既无近忧，又无远虑。

文革前很长的一段时间内，对听党的话，关心政治的文艺骨干被誉之为又红又专，而那些只埋头业务，有自己独立观点的人就会被认为不听党的话。如果不幸此人业务能力较强，就会被认为是走白专道路。我那时还是一个普通学生，常为了一些政治问题与团干部、政治课老师唱反调甚至辩论，所以学校里除了几位业务老师喜欢我，其他老师都觉得我不听话。这样，我被划分到第四类学生，也属"适得其所"了。其实我很关心政治，很早就养成了关心时政的习惯，只是不是领导希望的那种关心。我还记得在学校四年级暑假后开学，政治课考试，题目全是暑假期间的时政要事，班里有不少人不及格，我得了个4分，跨过及格的大门。当然，后来这个四类不四类也没有给我造成什么不好的后果，但在那样的环境里，他们自己培养的主要演员一直没有入团入党也算是突出了他们的政治第一的了。

一个太阳还是两个太阳

剧组6月下旬从北京回来后，在市府礼堂开始做汇报演出。第一阶段从7月11日开始到10月3日，演了二十二场。第二阶段移师徐汇剧场（当时改名为卫东剧场），从10月7日到10月19日，演了八场。在市委礼堂演出时，外面的红卫兵正是疯狂的时候，他们以"砸烂旧世界"为他们的革命目标，举凡是"封资修"或与"封资修"说得上关系的东西，统统砸烂、销毁。他们最痛恨的是文物，当那些真假文物被他们堆在一堆，付之一炬的时候，他们脸上的兴奋在火光的映照下，红光闪闪，显出他们丑陋、浅薄、愚昧和无知。《白毛女》第二场中，黄世仁家的道具和布景，是表现封建地主家庭情况所必须有的东西，那只是文字描述的实物显示而已，但也被这些幼稚的过激分子视为"封建货色"，必欲毁之而后快。每天演出完，剧组不得不用画景布把这些物件严严实实地遮盖起来，生怕遭遇不测。为免受外界干扰，保护道具布景，确保演出成功，大部分演员和舞台工作人员都在剧场内留宿，不许回学校。时值盛夏，晚上男同学在舞台上铺席子睡觉，其他人就在化妆间休息。本来后面还有演出，因为剧组分了香花毒草两派，遭遇部分演员罢演的威胁，提早收兵。

将"人性恶"肆意释放的文革日渐失控，各单位山头林立，我们学校也未能幸免。虽然远离市区，但毕竟不是世外桃源，校内也成立了许多的"兵团"、"战斗队"，一两个人就是一个"山头"，以所持观点抱团划线，形成诸多派别。初时血统论挂帅，"龙生龙，凤生凤，老鼠生儿会打洞"的观点风行，当时所谓黑五类的地富反坏右，我家占了前面三类，爷爷是地主，一起生活的大妈外婆是富农成份，爸爸妈妈是国民党员，半数"坏人"都跑到我们家里，我和弟弟自惭形秽，绝对没有参加红卫兵的非份之想。尽管曾有人来游说，我们当然是一口回绝，免得影响别人，被人污蔑成组织成员不纯的造反派。当时学校里有一个比较大的造反派组织"东方红公社"，成员与我们的关系都不错，他们提出的一些口号和搞的活动有些比较符合我的观点，所以我虽不是正式成员，但还是有机会参加他们的活动。比起各单位里大多数的逍遥派，我们还算是积极参与的一员。

"破四旧"狂风暴雨使得学校满目疮痍。我校所在地是包括民国时期财政部长孔祥熙在内的大户人家的别墅，偌大的地盘上，数栋小洋房错落有致，各有不同的风格，各具不同功能，以弯曲的小路连接。用于乐队排练的小洋房在校门口左侧，里面是一个大舞厅，一个小乐队平台。大厅天花板上的彩绘，已被石灰水随意涂抹而覆盖。小洋房面对一大片草地，草地边上有大石头做成的假山，假山的另一头即草地对面的中式小洋房早已被改为总务组的办公室，大门前有一个漂亮的月洞门，门左右两侧各有一个一人多高的石雕狮子，它们安静地蹲在那儿数十年。文革一开始，它们也难逃厄运。房管部门造反派来学校转了一圈，石狮的脑袋掉在了地下，腿也被打断，座盘的几个角被砸掉，屋顶含祈祷丰年意味的飞檐装饰不知去向，留下空空的底座。斑驳的外墙上，半脱落的大字报，随风簌簌作响，益增凄凉。

走出校门看上海滩，这是四人帮的发迹之地。1966年11月6日，十七个单位的工人造反派，发起成立了"上海工人革命造反总司令部"（简称"工总司"），王洪文被选为"工总司"筹备组负责人。当时所有学校停课，文艺团体停止演出，在"怀疑一切，打倒一切"的妖风扫荡下，我校围绕《白毛女》形成了势不两立的两派——香花派和毒草派，这有点滑稽和不可思议。香花派认为该剧歌颂农民革命，生动地反映了旧社会把人变成鬼，新社会把鬼变成人的历史巨变。而我们芭蕾舞科以外来新型载体演绎这一主题，成为芭蕾舞革命化、现代化的里程碑，值得大力肯定。毒草派以迎合"造反有理"的时髦思维，为证明《白毛女》是毒草，列举很多牵强附会、似是而非的理由，其中最重要一条就是：演出中升起了两个太阳，暗喻中央有两个司令部。剧中第七场，大春在山洞里找到了一头白发的喜儿，相认后迎着射进来的太阳光走出山洞，这是第一个太阳。"东方红，太阳升，中国出了个毛泽东"，没有人怀疑这个"太阳"就是象征毛泽东。接下来的第八场，广场上，农民们控诉过黄世仁和穆仁智后，把他们押出去枪毙。随着两声枪响，天幕上红光乍现，"太阳"喷薄而出。这一富于浪漫气息的布景，被咬定为"歌颂刘少奇"。这样两个太阳的出现就意味着两个对立的司令部，两个领袖。这种荒诞、滑稽之极的推理，在那个时候是大行其道的。那时候可以拿起一张报纸对着射在报上的光线看，如果毛主席像正好与什么不雅的词语重叠，这就变成了反革命的证据。还有新疆歌曲什么某某亚克西，也变成反动歌曲，明明亚克西是歌颂之意，却因为亚克西听起来不舒服，好像与"死"有关，就悲剧了。歌颂刘少奇？这顶帽子能把人吓傻，这可是罪大恶极。为此，编导组的成员都受到了莫名其妙的斗争，副校长胡蓉蓉被勒令停职检查，编导之一的程代辉被踢出剧组。"毒草派"里都是一些能言善辩的高手，为证明自己的论点，他们摆出很多令人匪夷所思的证据。

国庆节快到了，剧组准备在徐汇剧场演出，他们更是群起鼓噪，煽动罢演。他们自己不参加演出，还上门做黄世仁扮演者王国俊的工作。黄世仁的扮演者只有一个，没有备胎，只要王国俊举起白旗，罢演就会成功，他们就能得逞。但王国俊和大部分演员一样，热爱自己花了多年心血塑造的角色，热爱自己的事业，拒绝罢演。否则，风光一时的《白毛女》罢演，会造成难以预料的后果。

国庆演出后，正常的演出就彻底停止了，排练也没有了。两派互不相让，过去的常识都成了"问题"，连基本功里不可缺少的手位也一律被贴上"封资修"标签，非要把优雅的舒展手势改成"捏拳头"，"拉山膀"。芭蕾里漂亮的手位、脚位定型三百多年来，从来没有什么异议，碰到了"文革"，遂成了资产阶级的遗毒。没有经历过这些事情的人，很难理解那种荒谬。老师无奈，只好改，但动作变得不伦不类，丑陋无比，很快又改回去了。我和弟弟有自己的看法，并不认同"毒草派"的指控，但感情上还是多少倾向于这一派，理由其实和"香毒之争"本身无关。在我的眼里，"香花派"的成员以前多半是学校党团组织的宠儿，那些人大都爱说假话，比较虚伪，爱打小报告，拍马屁。"毒草派"虽然也不乏其人，但程度低了不少。

见他们忙于打派仗，我这个自诩为"局外人"的也不能闲着，于是约好几个同学投入"大串连"的洪流。这是全国免费的旅行，只要能吃得起苦，能经得起旅途劳顿，全国什么地方都可以免费到达。我们几个同学在上海北站挤上了连站位都难找的绿皮列车，慢慢吞吞地晃到了北京。1966年11月25号，毛泽东在天安门第八次接见红卫兵，我们被北京大专院校学生串联接待处安排在比较靠前的位置，与外地的文艺团体红卫兵排在一起。等待中，他们得悉我们就是上海舞蹈学校《白毛女》剧组的，岂能放过？那时《白毛女》在上海、北京演出，招待国宾多次，早已名声在外。见有人提议，于是齐声附和欢呼，随即，大家往后退，在中间让出一块很大的地方。

围观的群众在一个陌生人的指挥下开始吼叫，歌声响起："北风那个吹，雪花那个飘，雪花那个飘飘，年来到……"扮演喜儿的同学随着音乐跳完第一段开场的独舞，掌声如潮，还没有跳完第一段，外面有人传话过来说，毛主席马上要出来检阅了，让大家赶紧站好。前面的围观群众立即转过身去，伸长脖子，睁大眼睛，望着天安门金水桥方向。我艰难地穿过人丛，在演喜儿的同学耳边轻声说道："喂，毛主席接见我们，我们应该唱'东方红，太阳升'才对，你这儿大跳'北风吹，雪花飘'是什么意思？"几句话就把她给噎住了。看她涨红着脸，欲辩又找不到合适的词，结结巴巴的样子，我十分得意，总算逮到机会制造一些不痛快，给过去横竖看不惯的人。其实说这些话时，自己也是毫无自信，心里在笑，这其实就是"欲加之罪，何患无辞"的现实版，只要心里够坏，非常容易学会，我也活用了一下，不过仅此而已。文革中，这样的事情车载斗量。

1966年11月28号，中央文革在人民大会堂召开全国文艺界代表大会，江青要上台为包括《白毛女》在内的八个戏叫好，中央文革的联络组找到了在京串联的我们上海舞校《白毛女》剧组的成员，要我们也去参加，开会时把我们安排在主席台上。会议开始，江青戴着眼镜，笑容可掬走在最前面，一面走，一面拍手，后面中央文革全体成员——张春桥、姚文元、王力、关锋、戚本禹，随江青鱼贯而入。场里座无虚席。这一天江青精神很好，在会上讲了近一个小时的话，其中有关《白毛女》的原话这么说："为了国庆节演出革命现代戏，我们做过多次讨论，支持了你们演出，反对了那种企图抹杀你们京剧革命成绩的错误观点。为了你们的《沙家浜》能够上演，也是为了《红灯记》、《智取威虎山》、《海港》、《奇袭白虎团》、芭蕾舞剧《红色娘子军》、《白毛女》，交响音乐《沙家浜》等等的演出，我们对红卫兵小将们和各方面都做了一些工作，向他们说明这些创作是无产阶级文化大革命的伟大胜利，是毛主席为工农兵服务的文艺思想的伟大胜利。"

《白毛女》列入其中，这是对《白毛女》的肯定，也是对"毒草派"一个轻微的提醒。但那时候持造反观点的人是不撞南墙不回头的，他们总能在你看不到的地方找到理由和证据。江青在这次讲话中还没有明确打出"样板戏"三个字，但在全国文艺界的大会上，以中央文革小组长的身份把作品归于"毛主席文艺思想的伟大胜利"，等于昭告全国文艺界，这些剧目是她肯定的，是中央文革支持的，可以放心演出，不应该受到干扰。不过后来在《白毛女》剧组在继续"香毒之争"的时候，毒草派拿出一张江青的批示，批示上说她没有看过《白毛女》，这就让持香花观点的人的神主牌变得缺乏说服力了。

情况也的确如此，江青第一次看《白毛女》的演出是1967年4月18号，离开她的这个讲话还有四个月的时间。毒草派从骨子里也知道如果江青看过演出并支持，他们就没有机会对《白毛女》说三道四了，能够证明江青没有来看过演出，从而影射她的讲话根据不足，这样他们就可以继续他们的两个太阳的理论了，这是非常聪明的一些人。后来直到1967年4月24日，毛主席看完演出后才正式结束了《白毛女》的"香毒之争"。

潘国平与《白毛女》的交往

1966年12月的一天，造反派还没有来得及打倒的上海市外事办公室打电话到学校，通知我们准备接待阿尔巴尼亚国家歌舞团，安排演出

《白毛女》。阿尔巴尼亚位于欧洲地中海东岸的巴尔干半岛上，又小又穷。这么一个在国际上没什么影响的国家，却是文革中的中国最亲密的盟友，被誉为"地中海的明灯"。中国为维护这么一个同志加兄弟的国家，投入了大量的资金，该国也是狮子大开口，把中国当成他们的提款机。其时歌颂中阿友谊的歌曲——"海内存知己，天涯若比邻，中阿两国，远隔千山万水，我们的心是连在一起的……"到处传唱。这一次接待演出，关乎重要的外交关系，无人敢掉以轻心。很多迹象表明这中间涉及最高层的权力斗争，微妙复杂，我们小民百姓自是不得而知的。

我的同学，演员队长朱国良这样记录了当时的情况："1966年年末，江青在京接见来华访问的阿尔巴尼亚歌舞团时，对他们说，你们到上海可以看京剧《智取威虎山》、《海港的早晨》和芭蕾舞剧《白毛女》，康生也表赞同。"然而，当时剧组内的"香毒"两派的斗争趋于白热化，各不相让。12月20日，"东方红公社"的"孙行者"在南京路贴出巨幅标语："《白毛女》是反毛泽东思想，反革命修正主义的大毒草！"更是把两派的争论推向社会。同时，学校里也出现了对导演攻击的大字报，骂她们是黑编导，要她们交出工作笔记，害得两个编导在学校缺乏安全感，躲到外面去。当时上海市外办十分着急，也不知道能否按时演出，完成任务。于是在1967年1月5日，派人来到学校了解情况，召集两派人员坐下来谈。会开了整整一天，综合出四条意见：

1.应该演出，因为阿尔巴尼亚是中国的亲密战友，而《白毛女》是经中央文革肯定的。

2.把两派意见如实上报，由中央文革决定是否演出。

3.一边排练，力求恢复演出水平，一边将反对派的意见整理、上报。

4.《白毛女》是毒草，坚决不能演出。

最后，第一和第三条意见占了上风，为多数人所采纳，也符合市领导的意愿，于是开始正式排练。经过两个多星期的突击，终于在翌年1月22日成功演出，获得阿尔巴尼亚国家歌舞团一行的高度赞扬，算是过了"初一"，至于能不能走到"十五"，没有人敢打保票。我们的演出是文革中很重要的外事活动，市领导不敢怠慢，及时把我们剧组内发生的情况向上作了汇报。

两派围绕"要不要演下去"依然吵得不可开交，直到2月8日，情况突变。在两派人员继续一如既往的辩论后，有人拿出了不知从哪儿搞来的"江青批示"，这犹如杀手锏般的批示这样说："上海的《白毛女》我未看，如不好，可作不接待外宾的演出"。后面还有周恩来的批示："同意"。周恩来总理已多次看过《白毛女》，而且是他向中央推荐，把该剧作为接待重要外宾的首选节目的，如今他的立场后退了，可见他的日子也不好过。至于江青，虽几次说到"同意演出"，但那时的她，确实没有看过演出，她的"如不好"给"毒草派"留下了巨大的想象和操作空间，香花派的立场被重重地动摇了一下。

就在《白毛女》排练演出的同时，上海发生了一件影响全国的大事。

1966年的11月份，上海十七家工厂的造反派举行了工人造反联合总司令部成立大会。市委不承认他们是革命组织，工人组织遂于11月10号搭乘列车赴京告状，在上海安亭受阻，潘国平、黄金海等人带头卧轨阻车，致使京沪全线瘫痪。张春桥飞赴上海了解情况，解决问题。最后，中央文革对工总司表示了支持，承认他们是革命组织，并要求上海市委做检查。随着中央文革对造反派的支持，工总司飞速壮大。1967年1月底，上海旧市委被上海工人造反总司令部推翻，"上海人民公社"宣告成立，这一夺权行动立即获得中央文革的承认，全国各大报纸都以通栏大标题进行报道，各地纷纷仿效，掀起一股夺权高潮。这个公社怎么看都有点像1871年诞生在法国的"巴黎公社"，当年的红卫兵和工人造反派痴迷于巴黎公社夺权的快感，由此可见一斑。

一天我和弟弟骑车回家，路过市委看热闹，见那儿正在举行换名字的挂牌仪式，因为一开始的名字是上海人民公社，后来毛主席建议改成革命委员会。外滩是我们从学校回家的必由之路，平时人就不少，这天更是人头拥挤，把"公社"围个水泄不通，鞭炮声、锣鼓声响彻云霄，到处是红旗、标语、毛主席像，上海变了天。

外面热火朝天，我们团里也没闲着。团内两派各不相让，如需演出，绝不可能顺利进行。而《白毛女》是上海新掌权者的"门面"，"在意识形态领域实行无产阶级全面专政"是他们的自诩的任务，所以绝不会坐视《白毛女》剧组瘫痪。于是派了工总司的重要人物潘国平来了解情况，做协调工作。

熟悉文革历史的人对潘国平这个名字绝不会陌生。他在揭竿造反前是上海玻璃机械厂的工人，业余时间是"上海沪东工人文化宫"艺术团的成员。潘国平爱好广泛，举凡摄影、唱歌、说唱、评弹、沪剧、越剧都拿得起来，他待人热情，善于与人交往。"工总司"成立时，潘国平是筹备组负责人，成立大会时是大会的执行主席，风头盖过后来成为中共中央副主席的王洪文。他还是1967年的1月6日，工总司在上海人民广场举行的夺权大会的执行主席。

潘国平身高约1.78米，宽脸方颊，第一次出现在舞蹈学校时，穿一套合身的军便装，外披苏式呢子军大衣，仪表堂堂，口才极佳。由他召集两派开会，大家都很认真，都认为这是一个向上传达各自观点的好机会。会中，他毫无盛气凌人之势，把我们都当成朋友。他喜欢文艺，自己有很多拿得出来的活儿，所以工总司派他来算是用人得当。他听过双方申述以后，答应把我们双方的观点向中央文革汇报，条件就是希望我们继续排练和演出。有了他的承诺，两派达成暂时妥协，重新聚在一起排练。2月27日，为落实4月3日的重要演出，潘国平又一次来到剧组。

调解的任务完成后，潘国平比以前来得更勤了，常在剧组看见他的身影，他成了剧组内不少同学的好朋友。朱国良是我们的演员队长，为人义气，潘国平更把他当成知己。所为者何？三十年后的1997年，我在纽约曼哈顿第26街夹第六大道处巧遇潘国平，才找到了确实的答案。其时他从两次被判刑、总共关了十四年的监狱获释，通过特殊管道从香港辗转来到美国，在纽约26街一幢专营古董的大楼，与香港的朋友合租一个不大的单位，做起了古董生意。交谈中，他坦白告诉我，那时候他去舞蹈学校，是为了约见谭元元。那时我因为对这些古董充满好奇，休息天常去那一带闲逛。到他的店里浏览，看他的宝贝，琳琅满目，可惜生意实在一般。我问他的货源，他告诉我说，不少东西是从香港运过来，有些是本地进货。纽约曼哈顿26街附近有不少跳蚤市场，售卖各种真假古董，旧衣服，旧家具，他常在里面转悠，我就是在跳蚤市场见到他的。二战后美国有不少退伍军人从海外带回各种文物古董，其中不乏非常有价值的东西，但他们的后代不懂，遇到家里收拾搬家，就把这些他们不喜欢的东西拿出来贱卖了。他告诉我说有一次，他从跳蚤市场用150美元买了一副纯象牙制造的麻将牌，转手拿到商店，半个小时后就有人出价3500美元买走。后来还见过他几次，大约一年后，我再去那个店，已人去楼空。再后来听说他病了，回到上海。

同是上海工总司的造反派干部丁德发后来这样描述晚年的潘国平："那天我走进潘国平的家里，只见他面色蜡黄，瘦得形消骨立，头发胡子很长，全都白了，凭我的直觉，潘国平病得不轻。他只能坐着，不能站立，我估计是心脑系统梗阻。幸好有钟点工为他打扫做饭。平时，他多是吃粥，就点肉松当菜。有时钟点工不在，无人搀扶，大小便就拉在地上；或者将用过的纸尿布就扔在地上，没人收拾。他整天躺着，表情沮丧。"他还说"朱国良经常去照顾潘国平的，去年朱国良为潘国平垫付医药费一万二千元，钟点工的费用也是朱国良给的。"

潘国平这么一个曾经闻名上海滩的人物，如果没有文革，一定会有不一样的灿烂人生。他的晚年如此凄惨，在包括朱国良在内的朋友的帮助下走完了他的跌宕、不幸的人生，令人唏嘘。

坊间对我们舞蹈学校有两个同名同姓的谭元元充满好奇。与潘国平约会，最后成为潘国平的太太的谭元元是我的同届、同级、不同班的同学，而现今旧金山芭蕾舞团首席舞者谭元元是上海舞校芭蕾舞专业1993年的毕业生，两个谭元元相差四十岁，都有非常特别的地方。

在旧金山芭蕾舞团任主要演员已二十年的谭元元是上海舞校迄今为止培养的最优秀的舞蹈家，现在网上说能看到她的演出是一种福气，绝非虚言。她身材修长，上下身比例超群，舞姿充满表现力，这儿的舞蹈爱好者，特别是华人舞蹈爱好者常常为了看她演出会踊跃购票去剧场，还有些人会特地从外地坐飞机赶来看她的演出。旧金山芭蕾舞团的头头们深知其中的奥秘，所以一直让她担任一线演员。她的启蒙老师是我的同班同学舒静丽，教了她两年。

而我的同届同学谭元元是我校迄今为止"长得最漂亮的"，无论脸型或体形都极为出众。当时新华社驻上海记者站有一位摄影家说，你把镜头从任何角度对准她，拍出来都是一幅好照片。可惜的是，她很早就被诊断出患有先天性心脏病，三年级以后就不能正常练功了。学校领导没有让她及时转行，原因就是舞台上很需要像她这样形象出众的演员。芭科老师袁水海说，她站在台上不动也会吸引不少目光，何况大型芭蕾舞剧不仅仅只是几个能跳的演员在台上，更需要不少台上"站站"的演员。初时谭元元和我们一位男生交往密切，关系不错，我们同学也希望他们能成，但她心气高，还有我们外人不得知的原因，她没有接受对方的追求。最后在既有权势，又不乏个人魅力的潘国平的进攻下，投入了他的怀抱。就在潘国平常来学校的那段时间，他们认识，约会，恋爱，直到结婚。文化大革命开始不久，潘国平利用自己的权力，把谭元元安排到了上海照相机厂工会工作，我去照相机厂辅导舞蹈时常与她聊天，她真的是太漂亮了。四人帮被打倒后，潘国平被捕入狱，后来谭元元与潘国平协议离婚，去了美国，在洛杉矶生活多年。2014年因病在路上跌倒，不幸过世，令人惋惜。

潘国平从介入我们《白毛女》的纷争开始，娶了我们最漂亮的同学做老婆，最后在去世时受到了《白毛女》剧组演员队长朱国良的接济照顾，也算是对他曾经为《白毛女》做出贡献的一点回报了。

徐景贤与《白毛女》

《白毛女》自打问世，从地方到中央，各级领导都十分重视。除了潘国平因另有目的，常常出没芭蕾舞团外，对我们团比较关心的，就数上海第三号人物徐景贤了，他常常会派秘书来团里了解情况。文革中，掌握上海市实际权力的，就是这位被上海人称为"徐老三"的人物。"老大"是张春桥、"老二"是姚文元，他们大部分时间在北京，主要

经毛泽东指示，1967年2月24日，"上海人民公社"改名为"上海市革命委员会"

精力放在中央文革小组上。上海市革委会其他头头，像马天水、王少庸等人都是造反派"解放"出来的老干部，对在牛棚里受到的折磨心有余悸，对造反派惟命是从，而王洪文、王秀珍等不过是一些打打杀杀的草莽之徒，胸无点墨。整个市革委中，只有文革前市委写作班秀才、党支部书记徐景贤熟悉政府运作，能协调各方，于是顺利当上呼风唤雨的"老三"。4月3日演出以后，高层争先恐后表态，徐景贤也给剧组写了热情洋溢的表扬信。

徐景贤平时有事就会来剧组，和剧组的工军宣队非常熟识，工军宣队也时不时地向他汇报团里的情况，这样团里的大小事情他都了如指掌，有些比较重大、无法确定的事情，最后都由他拍板。把样板团搞好就是向江青邀功的资本，他当然十分清楚。他记忆力超强，能叫出团里许多演员的名字，对演员们的情况也都十分清楚。1969年，剧组因为演出日渐增多，两组"白毛女"演员无法应付日常的演出所需，必须再排一组。选谁呢？石钟琴形象好，技术完整，动作漂亮，被编导组看中，但是在那个什么都要查三代出身的年代里，编导不能决定演员。石钟琴如她自己所说，出身是资产阶级，不属于根正苗红一类的人。情况汇报上去后，最后由徐景贤一锤定音，为石钟琴演出"白毛女"扫清障碍。如不是他的决定，也许后来问世的彩色电影里"白毛女"的扮演者就是别人了。而我出身不好，还能在团里当主要演员扮演"大春"，是不是他的意见也起了很重要的作用，我就不知道了。反正，当时的小资产阶级，尚没有被列入"地富反坏右"，而我们家地主、富农、国民党都有，我自己也是四类学生，要是有人以此理由说我不能演大春，那大概分分钟可以把我给刷下来的。

1972年，剧组去朝鲜演出前，徐景贤被任命为中国上海舞剧团团长。有一次我们在市委礼堂剧场排练后，他来到剧场给我们开会座谈。不知什么原因，他在会上突然"敲打"我说："你们剧组里的史钟麒，老觉得自己怀才不遇，爱说些与人家不同的话……"听了此话我十分吃惊，心跳加速，抬头一看，周围所有的演员都转过头来看我。我算一个什么人，需要被一个这么重量级的人物公开批评，这是一件大事情，我百思不得其解。好在我不是对什么事情都耿耿于怀的人，一散会就忘了在会上受到的"款待"。不过我还是比较想知道谁在他面前打小报告，使我在他的头脑里留下如此恶劣的印象。也许是工军宣队，也许是某个演员，谁知道呢？当今社会，大部分人已经对那些打小报告的人深恶痛绝，可是这些人却无处不在，四处逢源。我平时对社会上、学校里发生的各种事情，我都会毫无顾忌、不知轻重、不顾场合大胆谈出自己的看法和评论，有些看法与上面的意思相悖。他的这个批评应该是针对我说过的话："如果我们的演员不学舞蹈，学别的任何东西都不会差的。""一个聪明的人，做这样东西好，做别的东西也一定很好的。"前面这句话可能高看了自己，后面这句话其实没什么毛病，并且早已被社会上诸多优秀人物所证实，这有什么可以被质疑的呢？估计我还有别的话脱口而出，自己忘了，有人帮我记着，加上我自己平时不检点，出口伤人，对有些人、事常露轻蔑之言，也算是咎由自取了。幸亏我的业务还算对得起国家投入的经费，对剧组还有用，所以才没有给我施行进一步的"教育"，若然，我后来的出国演出恐成泡影。

徐景贤担任我们赴朝团的团长，与我们朝暮相处，对我们团的情况就更了解了。后来据说因他在朝鲜的言论有大国沙文主义之嫌，不受中国外交部门的待见。剧组在接下来的赴日本访问前，他被换下，由日本通孙平化担任团长。当然，他被撤换的原因可能更加复杂，我们小民百姓无从得知了。

《白毛女》成"样板戏"之初

"革命样板戏"这一称号被叫响，始于1967年5月至6月。当时，受江青关心的舞台作品汇聚北京，在北京几个主要剧场反复上演，中央最重要的新闻媒体"两报一刊"的《人民日报》《解放军报》和《红旗》杂志发表过很多跟踪报道和评论，称那些演出的剧目为"革命样板戏"，列出如下名单：京剧《红灯记》、《智取威虎山》、《沙家浜》、《海港》、《奇袭白虎团》，芭蕾舞剧《红色娘子军》、《白毛女》、交响音乐《沙家浜》，我们的《白毛女》剧组也是在那时正式升格为"样板团"的。半年之前的1966年11月28日，江青在全国文艺界代表会上作了讲话，那次讲话中，她虽然没有讲出"样板戏"这三个字，但基本调子已在那天定下。

大概中央文革已经看到团里"香毒之争"的情况汇报，对于能否把整个团调往北京，需要了解更多的情况后才能确认。

时间回到1967年3月底的一个上午，一辆前苏联的吉姆黑色轿车在前往虹桥机场的途中，拐进了上海舞蹈学校的校园，在教学大楼前停了下来。车停下后，一个戴着眼镜的中年男子从车上下来，站在大楼前张望。他就是中央文革的副组长张春桥。几个同学认出了他，十分惊讶，立即有人跑去通知工宣队。工军宣队闻讯迅速赶到，围了上去。这是一次没有事先通知的突访，知道他的来意后，工宣队的王梅珍立即派人把《白毛女》各队的代表紧急召集起来开座谈会。"工宣队"是"工人毛泽东思想宣传队"的简称，文革中，教育和文化单位内山头林立，互不买账，于是中央要求各地革委会派工宣队和军宣队进驻。

座谈会是在工宣队队部办公室召开的，我也作为演员队的代表被叫了去，出席座谈会的人大约有11位，大家围着两个大办公桌临时拼起来的桌子边坐下。一开始，张春桥问了学校文革的情况，王梅珍作了答复。接下来就问我们如果马上演出《白毛女》是否有什么困难或问题。各队代表相继发言，每个人说话都十分谨慎，很有分寸。见前面几个人都轻描淡写地讲团里的情况，我有点忍不住，举手发言。我把我所知道的情况和盘托出，我讲了校内两派围绕《白毛女》争论的各种理由，特别举了"毒草"派所提的"两个太阳"的论点，说第八场的太阳升起是歌颂刘少奇……我刚说了开头，张春桥的脸色就有点变化，我没注意，继续讲。同时讲到为了准备4月3日的演出，大家只是临时达成的协议，两派人员还是各持己见，估计演出后就会散去，也不会练功排练了。张春桥听了勃然大怒，把手上的文件重重地甩在了桌上，旁边的同学狠狠地捅了我一下，我赶紧住嘴不再往下说。一直以来我讲话都是直来直去，尽快把自己的看法谈出来，不太会观言察色，吃了不少亏，但这种毛病实在难改。到会议结束后我仍没搞明白，他是对我的话生气，还是对我估计演出后的不作为生气，反正我的话很不顺耳，不是他想听的。我只是如实反映，没有粉饰太平，但自己的推理可能就不是他想听的了。

后来我才悟到，潘国平一定早已把我们的团的情况写了文件向上面作了汇报，张春桥在来学校以前早已看过文件，他去机场前拐进学校不是来打发时间的。对我们来说是突访，对他来说却是久有此意。其时，文革正酣，他作为中央文革小组副组长，每天有数不清的事情要处理，在他看来，来学校亲自了解《白毛女》的情况更加重要。果然，4月3日演出后不久，《白毛女》剧组就接到了去北京演出的命令，这应该与张春桥此次突访有一定的关系。

这是《白毛女》剧组第二次去北京。此前，编导之一程代辉老师因为各种不实理由，已被工、军宣队踢出剧组，在她跟剧组去北京的半路上被赶下火车。她愤然不平，在同学、同事的鼓励下，回上海后自行买票赴京，与剧组全体成员先后抵达北京。剧组都住进了北纬旅馆，程老师就住在她的朋友家里，她利用自己在北京的特殊关系，投书中央文革小组，希望中央文革小组对《白毛女》以及她本人的编导工作做一个公正的裁决，短信被直接递到了江青的手中。也许是她的申诉书发挥了作用，也许是中央文革从上海市革会的简报知道了情况，也许这两者都起到了一定的作用。

4月18日，中央文革全体成员在首都剧场观看了《白毛女》的演出。那天剧场内戒备森严，剧组人员也都十分紧张，知道这一天对整个剧组的重要性。演出开始前，江青、陈伯达、康生、戚本禹、姚文元、关锋等人鱼贯入座，演出开始。此时我才明白，月初张春桥亲自来了解情况，是在直接考察我们这个剧组能否去北京演出。在座谈会上我推断说演出后估计会散掉，不会再排练，他当然就十分不高兴了。上海是四人帮的发迹之地,张春桥、姚文元等都是抓意识形态的高手,他们不会让《白毛女》这个政治"香饽饽"发霉坏掉的。《白毛女》炙手可热有他们的呵护,也有他们的功劳。文革后,很多领导人的回忆录证明,那是他们在政治内斗中的需要,情况真假如何,我们就无法判断了。

　　文革中,中央文革的话就是真理,但有时候并不如此,特别是那些自以为掌握真理的造反派"小将",他们可不管你是谁,或者你的后台是谁。中央文革全员出席观看,已经是超规格了,可以讲是为《白毛女》保驾的,但两派的争论仍没有平息。前台在演出,后台仍是嘴仗不息,继续辩论。辩论双方有时根本无法控制自己的音量,特别是演出休息的时候,舞台侧也能听见从走廊里传来的那种吼叫。工军宣队领导毫无办法,只能大声重复"后台不辩论,后台不辩论"来暂时阻止两派的剑拔弩张,可惜用处不大,辩论继续。"毒草派"是自诩为掌握真理的红卫兵小将,不撞南墙绝不回头,他们的口号是"真理越辩越明",还有他们最后守住的理由是毛主席还没看过,其他人的说法都不能盖棺定论。

1967年4月18日中央文革全体成员观看"白毛女",白毛女扮演者为余庆云

一个普通的文艺作品，居然一定需要由国家第一号领导人裁判后才能最后定论，可算是旷古奇闻，滑天下之大稽了。革命小将将革命进行到底的勇气，在此可见一斑。文革中，只要毛主席发表任何讲话，处在外地的群众，哪怕半夜里获得消息，也会立即起身，敲锣打鼓地欢呼最新指示的发表，细究理由，不外乎指示是对某一派的观点和做法特别有利。所以"毒草派"也希望会有几句能对自己所持观点有支持作用的指示发表，不过后来他们还是失望了。

　　4月19日，剧组接到通知，移师人大会堂小礼堂。这个演出本来应该在11个月以前，即1966年5月进行的，惜因文革开始而夭折。此番重来，剧组上下铆足精神，连夜拆台，装台，在规定的时间里一切准备就绪。1967年4月24号，在中央文革看过演出后的第六天，剧组在人大会堂小礼堂举行了剧组成立以来最重要的一场演出，毛主席和其他在京的中央领导人悉数出席。三位主角茅惠芳—喜儿、余庆云—白毛女、凌桂明—大春，当天临场发挥极佳，动作完成出色。第二天，《人民日报》、《解放军报》用大号字体发表新闻，并配上毛主席上台与演员握手见面的大幅照片。第二天下午，上面传来消息说，毛主席看后说"白毛女好"。这一句没有任何前后语，不附带任何背景介绍的最高指示，立即平息了剧组两派的争论，"毒草派"一夜之间偃旗息鼓，两派握手言和。至于毛主席是否说过"白毛女好"，在什么情况下说的，谁也不会细究。反正毛主席能坐下来看一个半小时的演出并上台接见演职员，这事件本身就是对《白毛女》的巨大支持和肯定。就此，《白毛女》作为"革命样板戏"，在文革中独领风骚，威风了足足十年。

江青的指示

　　1972年4月去朝鲜访问前，徐景贤带团到北京整训并在北京做少量演出。恰逢秘鲁共和国总统夫人访华，周恩来决定用《白毛女》招待总统夫人，由江青作陪。演出是在天桥剧场，周恩来和江青分坐总统夫人的两侧，徐景贤坐在江青的前排位子上，以便随时做记录。当演出进行到第四场，喜儿逃到深山一人与大自然搏斗，头发逐渐变白时，江青对徐景贤说："喜儿不应该一人上山，可以让两个人或更多的人上山……"还讲了很多具体的剧情安排。徐景贤听到这个修改的指示后，第二天就汇报给当时的文化部领导于会泳、浩亮、刘庆棠。在此同时，江青也特别指示张春桥和姚文元，要他们告诉团里先拿出修改方案。

江青是这方面的专家，她的不少有关文艺的讲话，都很正确。例如对杨白劳、喜儿服装的打补丁的位置提出很具体的意见，充分显示了她基于生活又不失浪漫的艺术家眼光。她在第一次看了我们的演出后通过文化部告诉剧组，"喜儿服装的补丁要打在右肩和左下摆上，因为喜儿要劳动挑担子，右肩磨损就比较大。下摆处也在生活中经常磨到，所以也容易坏。""打补丁要好看一点，用同色调的布"。对杨白劳服装的补丁位置也十分具体，说"杨白劳两个肩都要有补丁，他劳动时间长，挑担子左右肩来回倒。"这样的指示，可以让我们了解到她对生活十分熟悉。同时江青在摄影上有很高的造诣，从她对补丁的位置的具体意见可以领略到她对构图的重视。这的确是一个艺术家提出的意见。对二人上山的修改意见却让她成了另外一个人，她应该知道对一个已十分成熟、影响极大的芭蕾舞剧，一个脱胎换骨的修改会遇到多大的困难啊！我一直不明白她为什么提出这样的修改意见。

三年后的1975年春，剧组在上海演完《苗岭风雷》后，被调往北京，一来中央文革准备审查《苗岭风雷》，二来就是着手修改《白毛女》。我们在西苑旅社住了整整八个月，编导组的修改方案数易其稿，把本来挺合理的剧情改得十分生硬。本来编导组内部就对修改成两个人上山意见不一，进度缓慢。喜儿被逼上山本来是一个人，故事已经十分完整、成熟，现在加进了一个黄家丫头小兰，变得不伦不类，舞蹈的浪漫全然不见了。为了让小兰上山变得合理，舞蹈的前后场次都需要做大量的铺垫，各场的舞蹈都需要重新编排，还要修改音乐，做服装，大量的工作有待完成。

1967年4月25日江青等中央文革成员接见《白毛女》剧组，
二排右三：双胞胎兄弟之一

1967年4月24日毛主席、林彪观看"白毛女"，第二天，两报一刊通栏标题报道

其实那一年，中央内部的斗争不断，毛泽东为了限制中央文革肆意扩张的权利，让邓小平复出，由邓小平主持中央日常工作。6月3日中央政治局开会，江青、王洪文都在会上做了检查。江青忙于政治上的事情，忙于权利斗争，就很少有时间能来具体指导《白毛女》的工作了。八个月后，剧组离开北京回上海，继续这难啃的修改。最后总算大功告成，等待江青的审查。

年底，张春桥在上海看了我们修改后的《白毛女》，不置可否，只是说"等江青同志看后再定"，可是江青一直也没有来看。从她突发奇想，到修改完成，前后四年，花费巨大，最后不了了之，令人无语。

1976年春天又有招待外宾的演出，剧组请示张春桥是演新版本还是老版本，张春桥答说按老版本演，这样剧组又排回了老的版本。1976年，周恩来、朱德和毛泽东三个伟人相继过世，10月中央文革被全数拿下，文革正式结束，《白毛女》至此才不再修改。

坚强不屈的陆洪恩

文革从开始到结束这一阶段，正是我们这些出生于上世纪四十年代末、五十年代初、刚刚结束六年学生生活，进入社会、从事专业的岁月。其间经历过的一些事情，给我的刺激极深，记得特别清楚，其中至为惨痛的，就是陆洪恩先生之死。因为陆洪恩的太太胡国美是我校民族舞科的钢琴伴奏老师，所以学校上下对陆洪恩出事就特别关注。

陆洪恩长期担任上海交响乐团指挥，长相英俊，极富才华。1968年，上海掀起"炮打张春桥"的浪潮，大街小巷贴满了"打倒张春桥"的大字报。张春桥是中央文革小组的副组长，处在权力中心，上海是他的发迹地和后院，他岂能让这把火燃烧到不可收拾的地步。他决心找到这个浪潮的后台，把对他政治生命的致命威胁彻底清除。匆促间找不到活老虎，却从"公检法"报来的名单看到了陆洪恩的名字。张春桥熟悉上海文艺界的情况，对陆洪恩也不陌生。那时，陆洪恩已系狱近两年。张春桥说："社会上那根黑线又黑又粗，根子就在那些死不悔改的老家伙身上！"于是，陆洪恩成了替罪羊。

陆洪恩当初被抓，是因为交响乐团在一次批判"三家村"黑帮的大会上，他为邓拓鸣不平，不同意姚文元对邓拓等人的批评，这还得了？姚文元是中央文革的主要成员和笔杆子，他的"批判新编历史剧《海瑞罢官》"的文章受到毛主席的重视和表扬，成了文艺界掀起整改的重要理论根据，这么一个大人物所说的话，你陆洪恩竟敢否定？他立刻被乐团的造反派污蔑为修正主义，于是他在会上就干脆高呼"修正主义万岁！"被同事扭送公安机关。其实在那以前，他就被诊断有轻度精神分裂症，经常服药控制病情。可是在那个年代，谁还管那些？那是一句话可以送你上西天的年代，他就是这样被关押了起来。在押期间，他受到各种精神和肉体上的折磨，据后来曾参与审讯他的人说，最后一次审讯时，公安人员问他："你究竟要死还是要活？"陆洪恩慷慨陈词十五分钟："我想活，但不愿行尸走肉般活下去。不自由，毋宁死！文革是暴虐，是浩劫，是灾难。我不愿在暴虐、浩劫、灾难下苟且偷生……文革消灭了真诚，友谊，爱情，幸福，宁静，平安和希望。文革比秦始皇焚书坑儒有过之而无不及，它几乎要想整遍所有知识分子，几乎要斩断这个中华文化的传统……"这是一份铿锵有力的宣言，是一个被压抑了太久的人发出的正义的怒吼。这一被当时"社会正义"所不容的、"大逆不道"的案例，就呈报给了张春桥，张春桥当然不会错过这个杀一儆百，显示政治正确的机会。

"审讯"后不几天，1968年4月27日，一个被五花大绑，身躯佝偻，步履蹒跚，俨如古稀老人的"罪犯"被押到"上海革命文化广场"，许多人不敢相信，这就是风度翩翩，谱架前动作潇洒，乐思敏捷，还不满五十岁的陆洪恩。在临离开监狱的时候，他嘱咐狱友刘文忠："帮我走访我一生向往的音乐之乡——维也纳，去贝多芬的陵墓前帮我献上一束鲜花，告诉大师，他的崇拜者是哼着《庄严弥撒》走上刑场的。"陆洪恩就在这一无检察官，二无法官，三无辩护律师的"万人公审大会"上被判处死刑，罪名是"现行反革命"，其具体罪证没有宣读，理由是为了防止扩散。公审后，他随即被押赴刑场。和陆洪恩同时被处决的还有柳友新等六名"十恶不赦的现行反革命分子"，当时的上海电视台、上海人民广播电台作了现场转播。

陆洪恩成为我国解放后，高级知识分子被公开枪决的第一人。另外一头在学校里，胡国美老师被勒令跪在直播批斗大会现场的电视机前观看实况，这种残忍，令人发指。

陆洪恩被枪毙后，胡老师有很长一段时间也被关入牛棚，受到造反派的批斗和体罚，要她与反革命分子丈夫划清界限。她不再担任钢琴伴奏老师了，上班就是打扫学校的厕所和环境。他们唯一的年仅十六岁，初中刚刚毕业的儿子陆于为也因此受到不平待遇，被送往新疆接受农民再教育。胡老师在学校里再也抬不起头。如前所述，我校有一个良好传统，学生见到任何老师走过，都会主动打招呼"老师好"，但从那以后我们再也听不到回礼的话了。即便在运动后期她又重新当上伴奏老师，与我们相遇时，她还是会把本来平视的眼睛低下，同时低头快速走过，从不回应我们的问候。每及此，我们能做的只有充满同情，默默地看着她佝偻的背影消失在业务教室门后。每次看到这样的情景，我的心中总有万分感慨。一个好端端的音乐家家庭就这样被彻底毁掉，仅仅是因为对社会上一些问题有自己不同的看法而已。文化大革命，这样的事情还少吗？

1979年9月，在陆洪恩含冤离开十一年后，上海召开大会，为陆洪恩平反昭雪。会上陆洪恩的儿子陆于为捧着盒盖上放着一截指挥棒的骨灰盒出席，与会者无不动容。

第五章 带时代印记的初恋

1966年春天，《白毛女》剧组第一次在北京演出。转眼快两个月过去，我们本来准备在演出后期好好地游览北京名胜，却因为文革开始，匆匆离京返沪，失去了大好机会。8月18号，毛主席在天安门检阅首都红卫兵，并在天安门城楼上接见了红卫兵代表，新华社、人民日报、解放军报当天就发号外向全国报道，于是全国的红卫兵都想去北京接受毛主席的检阅。中央文革为鼓励学生参与到文化大革命中去，让各地学生互相交流，临时发出通知，允许各地学生到北京串联，火车票全免。只要是学生，出示有效的学生证就可以上车，去北京可以，去全国任何地方都可以，轰轰烈烈的全国大串联就此展开。见此机会，我约了三个民族舞科的同学，也搭上了去北京的绿皮列车。

车上极为拥挤，走廊也站满了人，吃饭、上厕所都是一件十分困难的事情。学生们为了能去北京，这些困难都不在话下，咬咬牙就过来了。

其时北京为接待全国各地的学生，由各大专院校、文艺院校代表组建了联合接待办公室，办公室设在文化部。我们循线去报到，排队的人很多，等了很长时间才轮到我们。接待的人见我们是上海舞蹈学校的，就安排我们住到北京舞蹈学校去。文革大串联时在任何接待单位，住宿不用花钱，吃饭也只交很少的钱。当然接待单位的伙食也十分简单，早晨就是馒头、窝头、咸菜加玉米糊，晚上是窝头、米饭、白菜粉条肥肉，中午通常都在外面吃。

文革开始，舞蹈学校的学生的基训都已停止，学校山头林立，组织了不少"战斗队"。北京舞校与上海舞校不同，学生中很大一部分是从各地招入的，参加战斗队的人数不多，逍遥观望、游离于外的人占了绝大多数，这时大都乘串联之机回家乡去了，留校的不多。北京舞校的接待组，把我们四个中的三个安排在一间原来是办公室的房间里，另外一个被安排在别的屋里。我们房间里一个单铺和一个上下铺，房间边上还有些房间，住着从外地艺术院校和歌舞团来北京串联的学生和演员。

几天后，接待组里一个江苏籍女生引起我的注意，每次与她接触，我都忍不住会多看她几眼，总是找借口与她多讲几句话。她脸色白净，高个子，大长腿，身材比例匀称，往那儿一站，挺胸拔背，双膝笔直，脚微微往外呈小八字，一看就知道是受过严格训练的"科班"。她是学民族舞的，负责照顾外地来串联的学生。那时候的女孩子与今天不同，她们从不化妆，素颜对人。北京冬天的寒风，在她白净的脸上抹上了淡淡的红晕，显得更加妩媚。与大多数专业的舞蹈学员一样，她的头发整齐地梳往脑后，一把拢起，盘成一个圆圆的发髻，干净利索。每次见她总是穿着蓝色棉猴和薄薄的灰棉裤，脚蹬高腰翻毛皮鞋。她嗓门不大，略带沙哑，毕竟在北京待了很多年，普通话说得比我们上海人好很多，间或带出吴侬软语的音调，格外亲切，她有时也会与我们说几句上海话，但还是带出苏州话音。江浙一带的人常有戏语：宁与苏州人吵架，不和宁波人讲话，意思就是苏州人说话好听。大概因为同为江苏人，我们很快就像久已熟悉的老朋友，她对我们也特别关心，经常问我们缺什么，需要什么特别的帮助。

一天早晨，我们几个还在睡觉，房间门被敲响，她在门外叫我们赶快起身去食堂买早餐。原来我们头天晚上很晚才睡觉，早晨开饭已有一段时间，我们还在床上做梦呢。她见我们还没有出现在食堂里，怕我们误了开饭时间，于是赶紧来敲我们的门。那两个同学赶紧起床，脸也来不及洗，先跑去食堂买好了早餐，不然的话，我们早晨就要空肚子出去了。有一次，我们几个在外面看好大字报后分手，约好分头回去。时间到了，我先回到了学校，见他们三人还没有回来，我就直接去食堂，正好见到她也在吃饭，我就买了饭坐下来和她一起吃。她吃完后替他们三个也买好了晚饭。北京舞蹈学校与著名旅游景点陶然亭只有一个公交站的距离，离天安门约有五公里的距离，除了自行车，5路公共汽车是主要的交通工具，班次很少，我们进出都靠它。他们三个回来时天已全黑，晚饭还没吃。那时的北京，临时想在晚上出去吃饭是非常困难的，幸亏她想得周到，要不这三个同学就得饿上一晚。

我们四个同学中，他们三人是第一次来。我虽然来过，但还是人地生疏，去哪儿都需要向导。

在北京的第四天，我们想去八达岭长城，问她有无时间和我们一起去，她欣然答应，还约了另外一个女同学。行前，她帮我们借到军服、军帽、帽徽、领章。文革中穿军装是最时髦的打扮，是每一个学生心中的最爱，要说威风莫过于此。我们带上借来的照相机，带了干粮、水，还有北京产的青萝卜，兴致勃勃地搭公车去玩了一整天，拍了不少照片。因为有她们俩带路陪伴，大家一路兴致勃勃，只觉得时间太短。在舞校的一个多星期，我有事无事常找借口去与她聊天，逐渐对她产生了好感，那年我二十岁，正是任何事情都可能发生的年龄。

因为去市中心不方便，我们离开舞校，搬到市中心农村读物出版社和红旗越剧团去，那儿已有其他的同学在，条件略差，睡地铺，但是离市中心近，也靠近文化部，看大字报和串联都方便。住了十多天，中间我打了一两次电话给她。后来决定要回上海了，我打电话给她向她告别，她约我过去。好几天不见，我也很想和她见面。第二天一早，我搭车去舞校找到她，在她的寝室里谈了很久。快到中午，她去食堂买了饭菜。我们一面吃一面聊，又过去了很长时间。因为要赶晚上的火车，不得不告别。离开前一阵沉默，她红着脸说："我要给你一样东西，但你必须答应我，上了火车才打开。"我的心跳加快，直觉告诉我，一定是不寻常之物。我镇静了一下，满口答应。她转身从放在床上的军用挎包里拿出一个包，小心地放在我手上。包用牛皮纸包得四四方方，约有一寸多厚。还给了我一包北京的干点。我把包拿在手里，上下看了，抬头看看她，才小心地放进自己的军用挎包里。她不放心，再嘱咐了一遍，我郑重地答应。她这才放心地送我去公共汽车站。路上又讲了很多话。车来了，她默默地目送我上车。我站在车窗边看着她，她也看着我，互相凝视良久，直到车子启动，慢慢离开，才挥手道再见。车开出去很远了，我回头远望，她还是站在老地方，身影变小，渐渐消失。

火车上，我们几个找到座位，刚把行李放下，我就借口躲到厕所，关好门，迫不及待地把小纸包打开。包里面是一本簇新的日记本，蓝色塑料封面，翻开封面，扉页上两行工整、秀丽的字映入眼帘："史钟麒留念。爱你的xxx"，日记本还夹着一张一寸的照片，照片里的她，浓密的头发，甜美的笑容。我合上日记本，心口扑通扑通地直跳，在里面呆了好一会，直到自认为心情平复才走出厕所。从那以后，我们就开始了长达近两年的通信和交往。

那段时间，差不多每隔三到五天我就收到她的信，我回信也很积极。她的字非常刚劲有力，大概是专门练过，行文十分流畅，每次的信都是写得密密麻麻的六七张纸。看她的信，内容和行文都十分享受。第二年冬天，她们学校的分配方案公布，她被分配到外地歌舞团。报到前，她来上海看我，住在她最要好的上海籍同学的家里，我差不多每天都会抽空去看她。有一次在电话中，她知道我当晚上连排，没法去看她，她很失落。

连排的这天晚上，302大教室来了许多人，有不少外面来的、与剧组有关系的人，他们站着，坐着，很多人我都不认识。当晚是连排《白毛女》，我跳大春，可是当排练到第五场的时候，我忽然在人群

游览八达岭长城

中发现了她。见她穿着厚厚的棉猴,头上包着围巾,脸上带了个大口罩。我很怕别的同学知道她,所以故意不去打招呼,她也十分理解,所以是偷偷地溜进排练厅的,我想等排练结束后再去找她。但是,当我换好便装去找她的时候,她已离开了。第二天她告诉我,说是怕对我造成负面的影响。那时候,我们的恋爱是"秘密进行"的,自以为别人不会知道,但团里的人其实都早已知道,后来一个女同学告诉我,那一次排练时,她们不少人看到她,她早被好奇的同事们以异样的眼神"检视"多次。那一年是我们见面最多的一次,她还来我家见过大妈,外婆。我后来也去她在江苏的家,见过了她的父母,那是一对极为朴实的中年夫妻。

她在上海短暂停留后就匆匆地赶到外地报到去了。未曾料到,这次分别以后,再一次见到她时,是四人帮倒台后的1978年,整整过去九个年头。

她到外地歌舞团工作后,我们的通信未断,但间隔逐渐拉长。那时,我们已经成了样板团,演出很多。有一天,剧组里的工宣队干部忽然找我谈话，她语重心长："你的个人的情况我们都了解。你是样板团的主要演员，她在外地。你们以前互相并不了解，假如真的要跟她好下去，你要想一下今后如何生活。她是绝无条件调进上海的，你又不可能离开《白毛女》剧组，即便结婚，每年也只有十四天的探亲假。你还年轻，专业上的路还长得很。希望你把精力放在事业上，别让其他事情分心。"讲话中，工宣队干部还隐约地提到什么文革中的情况和"五一六分子"的事情。这些话，让我想了很久很久，心中充满矛盾。工宣队说得没错，在当时的条件下，要把一个人从外地调往上海，根本就是梦想。我的一个同班同学为了把他的女朋友从西北调往靠近上海的小城市，走了不知多少关系。我也早听说过不少夫妻分居两地的牛郎织女的故事，悲剧居多，互不信任最后导致惨剧发生的也时有发生。听了工宣队领导的话，特别是提到"五一六"，我犹豫了，我怀疑自己能否面对无法扭转的现实，逐渐地减少了和她的通信。

一个偶然的机会，她的一个朋友告诉我，她在那段时间被怀疑是"五一六分子"遭隔离审查，我更是担忧自己以后在剧组的工作和今后的生活，这导致了我做了最后的决定。

文革中，以反对周恩来为旗号的"五一六"组织被定性为"反革命组织"，她如被确认为其中一分子，下场会很惨。我自己出身不好，爸爸妈妈是国民党员，要是再摊上个属于"五一六分子"的女朋友，别说呆在样板团，恐怕连饭碗也有问题。考虑再三，我决定给她写信，解释关系无法继续下去的原因。信中所列的理由连自己都觉得勉强，说来说去无非显示出自己的卑鄙、自私、现实。不知道她收到我这封信会有什么样的反应，反正打那以后我就再也没有收到她的信。只是我唯一不明白的是，为什么她在被隔离的时候，还能寄信给我。后来才知道，是看守她的人帮忙把信寄出的。

1978年春夏之交，我在"上海之春"中演出了双人舞《青松赞》后，和团里几个演员一起去中央芭蕾舞团学习双人舞"曲调"和其他节目，每天坐公共汽车来往于旅馆和芭蕾舞团之间。一天上午，在前往芭蕾舞团的公共汽车上，在拥挤的乘客中间我忽然看见她的背影，我费力地挤过去，轻轻叫她，她没有反应。过了一会儿，我又连续叫她的名字，她这才慢慢回过头来，我看到她的眼眶通红。车停了，我赶紧拉她下车。我迫切想了解她在我们上海分手以后、她去外地歌舞团的生活、以及后来因被怀疑"五一六分子"而遭隔离审查的情况，她都避而不谈。她只是告诉我，我刚上车时她就看见我了。我知道她是在躲我，她不愿意因为我出现在她的面前而勾起那些悲伤的记忆。因着急去学习，我约她晚上在陶然亭公园见面，她点头应允。

夜幕下，公园内游人寥寥。我们在长凳上坐了下来，谁也没说话，昏暗的路灯把我们俩的影子投在地上拉得很长，显得十分凄凉。我们俩静默了好一阵，我打破了沉寂，问了那些我十分想知道的情况。沉默了好一阵，她才慢慢开口，声音纤细嘶哑，带着抽泣，断断续续开始了那痛苦的回忆：

"收到你最后的信之后，我痛苦了很久，好几个晚上无法入睡，早晨起来，枕头上都有泪痕，还有掉下的头发。"我看她低垂的头，一头浓密的黑发已然稀疏，失去了往日的光泽。"我那时已被隔离审查，监管我的是歌舞团的两个舞蹈员，一男一女，男的是革委会的成员。我能在囚室收信、寄信，全靠那个女演员帮忙。顾及你是样板团的要角，我有几次把信写好，准备寄给你，最后又一一撕碎了。数月后，对我的审查宣告结束，结论当然是荒谬的，从此，我被我调离歌舞团。那个负责监管我的男舞蹈演员，并不知道我们的关系，他后来爱上了我，让我做他的女朋友。革委会的成员有生杀之权，他又是我的同行，他答应利用手中的权力保护我，我没有选择，我答应了他。"她停下，眼睛含着汪汪的泪，喘了口气又继续说下去："他是北方人，脾气又直又犟，想要做的事情九头牛拉不回来。我们已经结婚了。"她不再说下去，低头看着自己的影子，沉默了好久。

那一刻，我恨死了自己，我的自私，把纯洁的初恋埋葬了！原以为她不会收到我最后一封信，没想到，她收到了，而且就是这封信毁掉她最后的一丝希望。我明白，摧毁她爱的防线的，并非隔离审查，而是我的绝情。想不出什么话来安慰，我笨拙地问了一句："他待你好吗？"一下子又触到了她的痛处，让她从抽泣变成了流泪。夫妇之间总有那些种种不愉快的琐事，有时仅仅为了芝麻绿豆的小事，两人就会大动干戈，这让她伤心透了。夫妻之间再有问题，无论如何不能动手的。我看着她微微抽动的肩膀，轻轻地把她搂在怀里。她转过头，伏在我的肩膀上哭。那天晚上，我们就这样坐着，互相倾吐过去这么多年的从来也无处诉说的往事。我那时也已结婚，她问了一些我妻子的情况。最后互道珍重，告别。

第六章 我演"大春"

被选为"备胎"

上海芭蕾舞团从舞蹈学校《白毛女》剧组脱胎而出，1979年正式宣告成立，至今四十年，但学校官网上的正式记录很不齐全，特别是早期的历史，在发展之初很多很重要的事情、对芭蕾舞团的精神建设有重要的作用的事例没有列入。作为亲历者，我们这一代人有义务把所了解、所看到的真实情况记录下来，来丰富芭蕾舞团的历史内容。

从1967年到1976年，是中国历史上一个特殊的年代。整整十年，《白毛女》演出之频繁，与当今任何芭蕾舞团的演出场次完全不在一个数量级上。我们演出的地点遍及中外许多大城市，如北京、上海、广州、杭州、南昌、平壤、东京、大阪、巴黎、渥太华、多伦多；基层的海岛、农村、工厂、部队，也留下我们的足迹。主要演员石钟琴、余庆云、周慧芬、茅惠芳、吕璋瑛、张南、蔡国英、顾侠美、凌桂明、欧阳云鹏和我，都为广大观众所熟悉。芭蕾舞剧《红色娘子军》里吴清华的扮演者吕璋瑛在借调到上海歌舞团期间，在沪东工人文化宫一个月演了十五场，创造了前无古人的记录，至今为止我也不知道是否有别的演员打破这个记录。她即便月事期间，母丧当日，也照样坚持演出。这是一种别样的贡献，是芭蕾舞团的骄傲。可惜，这些事例会随着我们老演员的渐渐离去被人遗忘。

团里的人每每讲到1967年4月24日毛主席观看《白毛女》时，都十分兴奋，但对于余庆云是那晚演出中"白毛女"的扮演者却鲜有提起。1971年《白毛女》拍了彩色电影后，主要演员声名日隆，后来石钟琴与欧阳云鹏在上海展览中心友谊剧院举行的独舞、双人舞晚会，创造了上海芭蕾舞团的历史，前无先例，后无来者，团里的演职员们都以他们为荣，为他们两人喝彩。我特别敬佩欧阳云鹏，他的各方面的能力是我的榜样。这是上海芭蕾舞团一个十分重要的艺术活动，可惜迄今为止，在"上芭"网页上查不到任何有关这方面的记载，颇感遗憾。

1968年夏天，文革如火如荼，空气也与政治环境一样，温度升至摄氏35度，连平日聒噪不已的蝉儿在酷热的天气里也只能偶尔发出近似凄惨的唧唧声。酷暑加上超高湿度，让人白天昏昏欲睡，晚上又难以安眠。剧组响应中央文革的号召，向"文艺黑线""开排炮"，每星期要演出好几场，有时星期天下午加演一场。从主要演员、群众演员到乐队，人人疲于奔命。主要演员虽隔天轮换，但体力上的消耗数倍于群舞演员，在恶劣的天气中，休息不好，体力难以恢复。

初时，饰演大春只有凌桂明一个人，后来增加了欧阳云鹏。他俩是春季班的，业务很好，表演上成熟。1967年4月24日，毛主席在人民大会堂小礼堂观看的那场就是凌桂明演的大春。剧组在毛主席观看演出后，名声日隆，演出场次大增。除了日常演出，还要去广州为每年春秋两季举行的商品交易会献演，到工厂农村演出更是常常出现在剧组的排期表上。于是，增加一组主要角色势在必行。编导们从秋季班里选中了我。在所谓"开排炮"的密集演出前，我已掌握了"大春"的独舞和双人舞，但一直没有正式上台的机会。那时我也没觉得这对我有什么重要，反正我先学着，等正式需要我上台的时候再说。

在一个大型的舞剧中，主要角色就是舞剧的魂。演员除了演好自己的角色外，与其他演员配合也极为重要，他们的默契配合是丰满角色的十分重要的一环。从技巧和形象上看，我与凌桂明、欧阳两位各有千秋，但表演上的差距很大，特别与凌桂明差距就更大，他从学生时期就有了在台上演出《天鹅湖》第二幕王子的经验，到1967年，表演上已十分成熟，我最初的舞台表演经验就得益于他。他给了我不少的帮助，我很感激他。

我在正式排演大春之前，没有当过主要演员，既不曾与群众演员配合过，也没有与乐队合作过，离开上台表演全剧，有很长的路要走。但是一次偶然的突发事件，把我快速地推上了舞台。

集体食物中毒事件

我们的演出地点，主要是福州路外滩210号的市委礼堂。过去，每次演出结束后，都是自己拿团里发的三毛钱夜宵费，自行张罗夜宵。离市委礼堂不远的福州路和江西中路交叉处，有一家饮食店，什么小馄饨、菜肉馄饨、阳春面、大肉面、辣酱面，都现做现烧，价格便宜，团里很多人爱光顾，花一毛几分，吃一碗香喷喷的面或其他点心，顺便聊天。但是，载我们回宿舍的车从不等人，于是大部分人演出后不能去那个店，只好回宿舍后吃干点心或用小电炉煮面条。夏天胃口欠佳，就吃西瓜充饥兼解渴。

我团成"样板团"后，除了公演多，一些重要的市级单位也常来包场。那一天又是包场，演出完后，包场单位为表感谢，在后台大休息厅准备了夜宵。上海的炎夏，冷面、冷馄饨是本地人的最爱。特别是冷馄饨，油锅里煎一下，蘸辣酱油或者醋，是无上美味。眼前的油煎馄饨和冰冻绿豆汤，正对胃口。那天是凌桂明演大春，我演八路军战士。我很快卸完妆，来到休息室，里面一片嘈杂，乐队演奏员、合唱队员一面享用，一面高谈阔论。我碰到欧阳云鹏，他那天轮空，我俩拿了些馄饨，舀了绿豆汤。过了一会儿，凌桂明卸完妆，也和我们坐在一起。因味道不错，大家吃得比平时多。吃完，大客车与往常一样送我们回宿舍。

晚上闷热难耐，我在寝室外面的公共洗衣处用冷水冲过，回寝室强迫自己躺下。手上的蒲扇虽不停地摇，不一会身上又粘粘糊糊的。池塘边，蛤蟆叫声此起彼伏，令人更难入梦。过了午夜，气温逐渐下降，慢慢入睡……没过多久，肚子一阵绞疼袭来，胀痛难忍，头上直冒冷汗，翻身下床跑去厕所，痛快地拉了一阵稀，身上被汗湿透，胀鼓鼓的肚子瘪了下去，感觉轻松了些，于是擦干身体回到床上继续睡觉。

早晨起床，方知事情不妙，原来昨晚上十几个人中招，不少人与我一样，都是痛醒后夜半临厕。集体食物中毒，这在当时的上海屡见于报端，而置我们于不幸的祸首是昨晚变质的冷馄饨。不少人被送到医院里挂急诊，打吊瓶，包括凌桂明和欧阳云鹏，我的病情算是轻的。

早晨，练功时间到了，工宣队领导要所有换好衣服准备练功的演员去201教室集合。到教室后，大家交换刚刚获得的新消息。一会儿，工宣队领导王梅珍推门进来，后面跟着编导林泱泱和医务室的陶医生。大家静下来，等王梅珍说话。王梅珍中等个子，白皙的脸，精炼的短发，是一家工厂的党支部书记，不是一线工人。其实所谓工宣队也就是拿几个工人大老粗推在前面，上面信得过的领导在后面督阵而已。她把昨晚到现在发生的情况一一向大家作了介绍，又叫陶医生报告了凌桂明和欧阳云鹏的病情。等陶医生讲完后，王继续说："从凌桂明和欧阳云鹏的情况来看，今晚他们两个都肯定无法演出的。你们大家想想看，我们是停止演出，还是想办法继续演出？"谁也不出声，你看我，我看你，最后，大家把目光都集中到我的身上。

编导之一的林泱泱，是《白毛女》四位编导中最年轻的一位。他接着王梅珍的话说："医院已经尽力，但凌桂明和欧阳两人病情严重，身体极度虚弱，没有任何药可以让他们今晚上台。群舞演员少一二个，我们可以重新排位，但大春没人，我们就得停演。"说到这里，他停了一下，与王梅珍交换一下眼色，转头对着我："史钟麒，你，可以吗？"导演很客气，并没有那时流行的什么"为革命"口号式诘问。我的心跳陡然加快，脑子一片空白，低头看着自己的脚。其实在林泱泱讲话的时候，我已经预感他会点我的名，因为在那一天，只有我还勉强有条件担此重任。教室里静悄悄的，没有人说话，大家都转过头看着我，时间的秒、分好像被拉得很长很慢，我能听见自己心脏跳动的声音。须臾间，一个过去的场景出现在脑际。

那是学生时期，有一次代表性舞老师朱希垣去南京观看老挝国家歌舞团演出，学了一个节目回来，准备在上海安排我们学生与他们同台演出。时间很急，他回来后，我们上午学习排练，晚上就与来访的歌舞团同行一起演出了。简单的音乐，简单的舞步，我和几个同学都完成得很好。这虽然也是临时急就章，但舞蹈简单，所以没有压力，没有挑战，而今天就不同了，这是一座高山。如果我要答应下来，那绝对是一场冒险和赌博。我要面对的是一个大型芭蕾舞剧，而且是样板戏，绝非简单的小舞蹈可比。我面前的困难很多，个人的独舞和舞蹈技巧固然可以暂时略过，但没有正式的与石钟琴和茅惠芳好好合过双人舞，没有与群众演员配合过，没有走过台，没有彩排过，没有与乐队合过，这些必需要经过的过程，我全部为零，而这又不是轻易可以完成的。如果我畏惧了，摇头拒绝，理由十足，无可指责，而团里也就只剩下向社会宣布停演一途。这样做，于我固然没有问题，但却辜负了大家的厚望，团里领导也会从此对我另眼相看，这对我今后的专业造成很大的损失是不言而喻的。这是一个很重要的机会，放弃还是抓住，全在一念之间。其实团里把宝押在我的身上，何尝不是一种冒险和赌博呢？领导们应该也早就讨论过，做过兵棋推演，分析过我的成功的可能性，并已取得一致意见，就看我能否接受挑战。

那段时间是向"资产阶级反动路线""开排炮"的特别时期，演出，是"保卫毛主席的无产阶级革命文艺路线"。不演呢？被可能别有用心者上纲上线，那就成了"罪恶阴谋"。即使不计政治后果，退一步，停演也会被观众的唾沫淹死。记得那年为保卫样板戏，反对资产阶级文艺路线复辟，人民广场开公审大会，有一个在普通饮食店卖大饼的毛良玉，因为"技痒"，业余排演样板戏，被人告发，定罪为"歪曲样板戏"，死刑，被押出去枪毙了。判词里有一句话在学校里广为流传至今记得："一个卖大饼的,居然也关心起文艺来了"。那年代,区区一出戏,需要用各种办法来"捍卫"的。文革中被允许演出的就八个样板戏,我们的演出场场满座。市委礼堂一千四百多个座位,戏票场场卖光,管票务的老宋常常要躲起来,以免被熟人盯住要票。

当时是上午九点不到,离晚上演出还有十个小时。诸多权衡、比较、激烈的思想斗争,最后,我的好胜心战胜了畏惧心,接受挑战的欲望占了上风。我抬起头轻声回答:"既然领导信任,我想我可以试试。"短短十四个字的回答,决定了我的后来的艺术实践之路。

我这年二十一岁,离现在恰为半个世纪。因为这对我太重要,是我艺术道路上的一个重要的里程碑,所以至今只要一回忆起那天的场景来,就如刚刚发生一样那么清晰。我明白,军中无戏言,只要答应,就无退路。随即,剧组上下立即行动起来,为我做全面的预演配合。

十分钟后,钢琴音乐在排练厅里响起,演白毛女的石钟琴,演喜儿的茅惠芳,演黄世仁的王国俊,演穆仁智的陈旭东,演杨白劳的董锡麟,以及一干群众演员悉数上场,一遍又一遍地和我配戏。第一场,黄世仁的家丁强抢喜儿,大春与众家丁开打。平日排练,演家丁的演员们与凌桂明、欧阳配合较多,已经非常熟练,常常比划几下了事,但今天都是全力以赴。张庆祖的"串猫",赵志权的"背加官"、"趴虎"做了很多次,直到我们配合接手十分顺畅。我们在大教室排练的同时,各自住在家中的管弦乐队的乐手也接到通知,迅速到市委礼堂集中,准备给我合乐。一个多小时后,我们离开排练厅,衣服也没换,上了临时招来的文化局车队的大客车,直奔剧场。

合乐非常顺利,指挥陈燮阳是一个极具才华的指挥,对舞台上每一个舞蹈所需的节奏,拿捏得十分精确。每一段音乐,每一个主要演员完成动作时不同的速度,他都心中有数,配合默契。在合第五场大春三十二个旁腿转的音乐时,陈燮阳还特别停下两次,以确认我开始转的准备动作和中间的速度。他对《白毛女》的总谱已烂熟到从头到尾不用看总谱,拿起指挥棒就进乐池。那次合乐以后,我在团里的演出，不管是《白毛女》还是其他小节目，大都由他担任指挥。从1968年到1988年，我去美国前的整整二十年，剧组里所有演出都在陈燮阳的指挥下进行，这真是我的幸运。在陈燮阳之前，乐队还有一个指挥樊承武，是陈燮阳的老师，当年小提琴协奏曲《梁祝》的首演和《白毛女》的首演都是由他执棒。1967年他被调往上海歌剧院。

临危受命，我有一个比较有利的条件，那就是熟悉舞台。我们团常年在市委礼堂演出，对该舞台的一切包括灯光、位置非常熟悉。如果换一个完全陌生的舞台，情况就难说了。在那以前，我毫无当主角的经验，数小时内要记住那么多动作，记住如何与石钟琴、茅惠芳、王国俊和群众演员配合，记住各种道具，记住表演，真的是手忙脚乱。何况这是举国瞩目的样板戏，更让我倍感压力。从上午排练到晚上演出结束，也许从我的外表看不出异样，但内心的紧张、慌乱难以名状，只有亲历者自己知道了。

走台直至下午一点多钟，全体演员回团里吃午餐，然后回宿舍休息。我在床上翻来覆去，放在平时，因上午练功很累，午睡时脑袋粘上枕头就能睡着。但是，今天发生的事像记录片，在脑子里不断地播映，时而清晰，时而模糊，无论怎么努力，"周公"就是找不到。唯一能做的就是闭着眼睛，默念演出的要点，后来干脆起床比划动作，这是我一生中最长、最难熬的下午。

5点15分，去剧场的大客车开出。

正式演出

剧场后台，化妆师程漪云、闵晓梅替我化妆，负责服装的张师傅帮我检查衣服，一遍又一遍，从他们的细心和认真，我感受到她们殷切的期望和祝愿。在焦急和不安中度过了演出前的一个多小时。

七点到了。开场铃响过，陈燮阳步入乐池，序幕音乐奏起，我从下午起就悬起来的心更为紧张了。程老师在边上看出我的不安，不断叫我放松，安慰我："不要紧张，你一定能演好的！"序幕刚开始，我就在舞台侧幕做准备，一面活动腰腿，一面默念着要做的动作。偷偷地从大幕缝隙望下去，观众厅座无虚席，一个个全神贯注，根本不会知道这场演出差点就泡汤。

序幕飞快地过去，迎来了"北风吹"，朱逢博美妙的歌声在剧场回响，茅惠芳舒展的舞姿，四女友活泼的"窗花舞"，在欢快的音乐声中结束，终于轮到了新鲜"大春"上场亮相。

舞台两侧早就站了一些还没上场的演员，"四女友"吕璋瑛、朱依群、沈芷华、张南，她们在自己的舞蹈结束后，没有像平时那样离开舞台径直去后台化妆室，而是站在舞台边上等着，看我上场，程老师站在了大幕边上的最佳位置，注视着台上每个演员的一举一动。

头扎白羊肚毛巾的"大春"，把腰、腿、脚腕再活动一下，随着音乐，手捧面粉袋，几个快速的台步走到舞台中间，一个圆场转身，推开喜儿家的门，进门，把面粉递到喜儿手上，然后一个潇洒的"大跳"（Grant jete），把一段独舞流畅地跳完。做"二位转"时，稍微有点跳动，紧张所致，但观众感觉不到。接下来，与喜儿的一段抒情双人舞，以表演为主，两人的舞蹈动作都没有什么技巧负担，完成得很好，很流畅，顺利地随着音乐下场。这是我第一次演大春的第一段舞蹈，完成得不错，为我以后的出场开了一个好头。

刚走进侧幕，程漪云老师就快步过来，双手抚着我的两个上臂，告诉我跳得很好，舞台妆也很漂亮，边说边拿出纸巾吸着我脸上渗出的汗珠，站在边上的演员过来给我打气："阿大，蛮好。"第一次出场没有发生大问题就是成功，加上副台上其他演员的鼓励打气，不断告诉我好的消息，我的紧张心情得以缓解。

演出像平时那样有序进行，第一场的开打，第一次与众多演员合作，每个接手时间都在瞬间，不允许稍有迟疑，因上午在教室里排练时，赵志权、张庆祖、程沛然等演员认真地陪我练习过数次，完成得还算顺利。第二、三、四场，都是喜儿、白毛女的戏，我不用出台，有时间休息和调整。趁中场休息，我在台上走位，想动作。第五场，连续三十二个"旁腿转"，是大春一角在整个演出中非常重要的技巧，这正好是我的强项。不过，虽然我在课堂里练习时曾连续转八十多圈，但从来没有在正式演出中转过三十二圈，更没有手持大刀在舞台上转过，所以不敢大意，在台上转了十多圈，确认地板不会影响我的发挥。这个技巧是衡量一个芭蕾舞演员的重要技术指标，外国传统的芭蕾舞剧中常将这样的独舞技巧放在双人舞后面，更增加了难度。中国的芭蕾舞剧的舞蹈编排不以炫技为主，而是以剧情作为主导，为表现八路军战士的勇猛无敌，所以让大春手持大刀转，非常契合人物所需。

第五场开始后，我的三十二圈才完成一半，观众席就响起了掌声，给了我极大的鼓舞。演出一幕一幕地进行，第六场，奶奶庙，我没有独舞，只是过场戏。第七场，大春在山洞里发现白毛女，认出是喜儿，然后有一段独舞和双人舞。大春的独舞中有三个空中旋转盘腿大跳，我做得还算差强人意，但整体看还是显得呆滞。驾轻就熟的石钟琴，形象漂亮，舞姿出众，技术完美，观众把大部分的注意力放在她身上，我的瑕疵和不成熟就被成功地忽略了。"看眼前，是何人？"是相认这场戏的重要转折部分，朱逢博戏剧性的、甜美的歌声把所有需要演员用肢体语言告诉观众的内容，都明白无误地唱了出来。我第一次在台上装模作样的演出，能让观众明白你在说什么，就是因为有这样的伴唱。不然，观众很有可能不明白我在干什么的，因为表演实在是比较差。第八场到了，这一场对于大春的角色来说，几乎不需要什么技巧，不造成任何负担。尾声的音乐响起，太阳出来了，我艺术人生中至关重要的"处女演"也洒满光明。

大幕在观众热烈的掌声中徐徐关上，我傻傻地站在台上，许久才回过神，深深地吐了一口气。没有任何词语可以形容我的心情。多年以后的一首歌，最能表达那一刻："听到掌声响起来，我的心中有无限感慨……好像初次的舞台，听到第一声喝彩，我的眼泪忍不住掉下来。"

转身，我擦着脸上的汗，缓缓向后台走去，与我擦身而过的演员和工作人员纷纷向我表示祝贺。"勿错,勿错,蛮好,蛮好"的上海话一路随我到后台化妆室。镜前,我一面擦拭额头上的汗,一面把被汗水浸湿的演出服装脱去。想起从小到大,每个班主任老师给我的评语:成绩优秀,但是骄傲,看不起人。可是按现代人的说法,我是有东西可以骄傲的,但我敢吗?我那时常辩称自己没有骄傲,总以"谦虚使人进步,骄傲使人落后"来给自己下定论,我每天都在学习,在进步,我怎么就骄傲了?说我骄傲,你找个不骄傲的让我看看?今天一天,我就把这么一个重大的芭蕾舞剧拿下,完成了自己艺术生涯中一个重要的跨越,我怎么可以不骄傲?为了不给人以"骄傲"的口实,我必须掩盖内心的激动,我假装平静,其实心里翻江倒海。我很想大叫,甚至哭一下,把心中的兴奋、骄傲、满足尽情释放,但是没有这个胆量,天知道我这一天是怎么过来的。

剧组领导把这样的重担一下子放在一个还没有任何演出经验的我的肩上,这种压力十分巨大,样板戏,只许成功,不容失败。在最后一次大幕合上前,他们之中谁也没有办法替我打包票。我从化妆室出来,林泱泱和王梅珍正在外面谈事,见我出来,林泱泱对我说我今天演得很好,我很受鼓励。估计她们在下面看演出,比我还紧张,大幕落下,才真正松了一口气。

这突然发生的情况,把我在芭蕾舞团当主要演员的生涯一下子提前了很多。很多年后回想那一天的场景,我真的从心里感谢这个团队,没有他们的熟练的配合,我怎能在一天之内把一个大春演下来。

遗憾的是,凌桂明和欧阳都因为卧病没有来看我的第一场演出,使我失去了听取他们意见的最佳机会。正因为他们前一阶段的无私帮助,我才顺利地完成了我有生以来的第一次。总结第一次演出,感到自己的诸多不足,很多平时得心应手的动作,临场或多或少都会走样,更别说表情,流于僵硬,看起来像一根木头,绝不是夸张的形容。教室里练功,动作做完可以大口喘气,可以趴在把杆上,但在台上,再累也得把呼吸控制住,让观众看起来好像不累。外国的芭蕾舞剧,男女主角的变奏大都属于炫技的安排,跳完一个变奏,演员可以急速下台去喘气。而我们的样板戏,所有的变奏都在规定情境中,都是塑造英雄人物的一个不可或缺的一部分，没有时间让演员下场去喘气。主要演员如何加强感染力，控制气息，分配自己的体力，把所想表达的内容精确传达给观众，成了我后来的主要的努力方向。

从这一天开始，我们团有了三个"大春"。

第二天，凌桂明和欧阳，虽已无大碍，但依然虚弱，我接着再演了一场。从那以后，出演大春成为常态，除了特殊的演出，领导会安排凌桂明外，平时就由我们三个人轮流出演。经常的演出，使我逐渐走向成熟。

这一次"处女演"，有一堪称"奇葩"的细节：不知内情的观众，连"大春"换了人也觉察不出来。除了因为我和凌桂明的身材、长相相似外，还因为演员"没有名字"。缘起于文革开始以后，文艺界掀起批判"三名三高"运动（三名：名作家，名演员，名教授；三高：高工资，高稿酬，高奖金）。为杜绝此路，《白毛女》的剧目单上，只有人物的名字和身份，例如"大春——贫下中农子弟"、"喜儿——贫农的女儿"，没有扮演者的名字。所以，除非对演员十分熟悉，否则根本不知道角色是何许人扮演。。这个奇葩的细节，或多或少地加快了观众对我的认可。

从那以后，我前后演出《白毛女》整整九年，工厂、农村、部队、上海、外地、外国，各种各样的舞台上都曾留下过我的汗水，我的足迹，难忘的故事车载斗量。数十年后，我在异国他乡教学生，还是不断地有机会与我的学妹、学生一起演出《白毛女》。后来我还自己剪辑音乐，一个人同时演大春和杨白劳，受到美国华人的瞩目。《白毛女》陪伴我走过了我的年轻时代，中年时代，也相信它会一直陪伴我走过我全部的人生。

辅导外地歌舞团

毛主席看过《白毛女》后作出了正面的评价，《白毛女》顿成八个样板戏之一。各地歌舞团排着队来上海学习，首先是湖南歌舞团。那时电影还没开拍，又没有录影设备，只能进行一对一的教和学。大春就由我们三个负责辅导，我演过的场次不多，经验不够，表演稚嫩，所以主要执教者是凌桂明和欧阳。我所教的内容则以技巧和舞蹈为主。众多歌舞团中，留下较深印象的，是陕西歌舞团、辽宁歌舞团和浙江歌舞团。排练时，七八个"大春"和同等数量的"喜儿"在教室内同时起舞，蔚为壮观。那时候外地歌舞团的演员无论是主演还是跳群舞的，学馆出身的居多，虽然缺乏系统训练，但条件大都不错，也没有什么条条框框的束缚，还因为经常上台，表演水平都不错，在这方面，他们的确都比我强不少，我教不了他们，这不是谦辞，确实如此，但如果用芭蕾严格的脚下和手的舞姿来要求他们，那他们就差得很远。

  舞蹈种类很多，要求各不相同，而芭蕾与中国古典舞的基训要求差别很大，特别是在跳跃方面。芭蕾要求演员的脚一离地就要蹦脚，而学古典舞的演员在这方面就很差，不善"蹦脚"的演员比比皆是。蹦脚是整个腿的延伸，有拉长腿部线条的作用，芭蕾训练中，芭蕾老师几乎对此一直严格检视，毫不放松，而古典舞的老师在这方面的要求就不严格，所以大部分演员在跳跃的时候，脚背在空中不是松得像挂在小腿上的"鞋"，就是勾在那儿像挖地的铲刀，特别影响美感。特别是那些速成的演员、没有受过系统训练的演员就更差。《白毛女》中的大春，采用了男演员非常重要的舞蹈技巧即四个八拍的旁腿转，这更让歌舞团的学友们的短板暴露无遗。所以我在教他们时，就特别注重这方面的训练，把自己在练这一动作时的体会和心得与他们分享，同时根据他们个人的特点和不足，提出不同的训练要求。

  还有就是如何合理分配体力，他们的问题也十分突出。例如《白毛女》第七场"相认"，不少学员从大春进山洞就开始提气，整整六分钟，到后来独舞的时候，气也接不上来了。在教他们的时候，我特别告诉他们在什么地方可以把整个人松弛下来。

  这些外地省级歌舞团的同行们学习努力，进步神速，其中有几个学员反应极快，在学习结束后的汇报中，都有超级的表现，我十分佩服。其中不少人后来成了我的朋友。1979年去西安拍电影时，陕西歌舞团的几个主要演员在歌舞团招待了我。

"学，然后知不足；教，然后知困。"在教他们的过程中，我也看到了我自己的短板。从他们身上也学到了很多东西，给我以后的艺术实践带来很大的好处。

2007年，已年满六十的我，在美国加州又一次受邀出演"大春"。这是挑战，也是我在向二十一岁时表演的同一角色致敬。虽然动作完成的质量与几十年前不可同日而语，但那是我的艺术道路上的又一个记录，我倍感珍惜。九年以后的2016年1月30号，离我六十九岁生日还有半年，我又在舞台上与我的学生演出了《白毛女》第一场的双人舞。

经常受邀演出，每次想找演杨白劳的演员都无果而终，我突发奇想，我是否可以自己一个人饰演杨白劳和大春呢？说干就干，我马上动手把第一场大春喜儿双人舞后的音乐拉长，让喜儿在家里等杨白劳躲债七天回家的音乐就足够让大春迅速换装成为杨白劳。演出那天，我参考消防员穿衣服的程序，事先把衣服都叠放成可以最快套上身的状态。音乐开始，《北风吹》后，我随着音乐上场送面粉，与喜儿跳了一段北风吹的恋人双人舞，下场后快速换装，当"漫天风雪"的音乐还没有响起的时候，我已在舞台侧幕候场。这样的安排，把《白毛女》第一场中脍炙人口的两个舞段连了起来，让观众耳目一新。有几个对《白毛女》十分熟悉的观众事后对我说，他们非常喜欢这样的安排，交代清楚，安排紧凑。

上海舞蹈学校建校五十周年的纪念册上，我写下了自己数十年来的感悟，题目是《"大春"名片，畅通天下》，我能为《白毛女》付出我的青春，长期担任主要演员之一，是一种无上的荣耀，它是对我整个演员生涯的肯定。舞蹈是我的事业，我为之奋斗，为之留汗，流泪，流血，只要身体允许，我将继续。

第七章 从《苗岭风雷》到《天鹅湖》

又一次临危受命

　　1974年，离开上一次《白毛女》剧组发生集体食物中毒事件，我临险救场，接演"大春"一角，一晃已过去六年。凌桂明、欧阳云鹏俩人的表演各有千秋，对舞蹈的处理都有他们自己的独到的地方，每次他们演出时，我总是在边上认真地看，默默地记，在他们身上学到很多以前从不注意的东西。一个人，当你有心去学的时候，你才能从身边不断地发生的，看似普通常见的事情中学到真正的东西。六年来剧组不断地在各处演出、实践，使我积累了很多经验。我从他们身上学到的，加上自己的经常的研究、实践、充实，与他们二位的距离越来越近。我已从配角、"备胎"逐渐成熟，成长为能独当一面的主要演员，团里也对我充满了信任。

　　又是一个偶发事件，让临险救场的戏码被忘却六年之后，再次上演，命运给了我又一次挑战自己能力的机会。

　　文革中后期的春节前后，上海各级领导机构每到春节期间，都会照例组织春节慰问团，去给上海附近的驻岛部队拜年、演出，以彰显"军爱民，民拥军，军民团结一家亲"的和谐气氛。通常这种"拥军爱民"的活动都是由市委出面，文化局组织实施。剧组常年在各种舞台上演出，经验丰富，节目受欢迎，每一年都不会被组织者遗忘。《白毛女》第一、第六、第七场是全剧的精华所在，加上其他兄弟院、团的各种音乐、舞蹈、说唱节目，整台戏热闹，喜庆，是春节期间最受欢迎的舞台演出。

团里大多数演员都希望能有机会参加这类演出，这除了和战士们接触，同其他文艺团体交流外，"好饭菜"无疑也是极大的诱惑。那时候，社会物资匮乏，购买各种食品都要凭证、凭票，而且量少，很难有机会大快朵颐。而去慰问团演出就不一样了，那些被慰问的解放军单位会竭尽所能，准备最好的饭菜来招待驻地人民派来的慰问团，好酒、好菜自不待言。为了这一天的到来，他们会很早就储备食物。这一年，由市革委副书记马天水挂帅，前往海岛慰问。其时剧组分成了两个部分，一部分留在市里演出刚排好不久的《苗岭风雷》，一部分参加慰问团，演出《白毛女》片段和小节目，三个男主要演员里，凌桂明和我参加了慰问团，欧阳云鹏留在市里演出《苗岭风雷》。

坐船去海岛，夏天吹海风无疑是很好的享受，寒冬腊月却是活受罪，特别是遇上恶劣天气就更是如此。那天载我们去海岛的是海军的比较新的062型护卫艇，长不到四十米，宽五米多一点。我们在吴淞口军用码头上了船，一开始大家很兴奋，在甲板上左看右摸，问这问那，船离开码头不到五分钟，声音小了下去，甲板上只剩几个脸色逐渐变灰的团员，其他人都躲到舱里去了。出发前，海上连续刮了几天大风，海面上不时出现深深的暗涌，一出海又遇上顶头风。护卫艇轻，吃水浅，航速快，被顶头风浪、侧面暗涌抛上抛下，艇身忽左忽右，形如一片叶子飘在水上，很多人早已呕吐不止。船员说，碰到这种天气，他们通常不出海，但我们时间有限，没有选择。驾驶舱里，操舵的战士也是一面吐一面操作。那天我和一个女同学没吐，但也是十分难受，我有几次也差点要吐，但还是忍住了。小船出海最怕就是这种海浪和海涌交替肆虐的情况，结果就是被我们"幸运地"遇上了。

拥挤的小舱里，空气污浊，所有的人平躺在狭小的床上，不断地有人翻转身去吐。他们从床上艰难地爬下来，对着桌上的小桶大口呕吐，喘了几口气后刚想爬回床上，一个摇晃袭来，转过身又回来趴在了小桶边。还有一个人来不及够到桶边，干脆把帽子摘下来对着吐。那些吐的人把胃里的容物吐尽，到后来只能吐出黄苦胆水，让又闷又热又小的船舱里充满了难闻的气味。

近两个小时的折腾，总算看到海岛，但船却不能靠上简易码头，因那有可能会被突然的狂风推向礁石而撞损，所以只能离岸抛锚，等待风浪减弱。船停下，摇晃得更厉害了，乐队的几个演奏员呼天抢地，要朝大海里跳。又过了半个多小时，风势略弱，船才摇摇晃晃地靠上码头。舷梯搭好，岸上的锣鼓声响彻云霄，"欢迎上海人民春节慰问团"的横幅随风飘舞。跳板搭好，很长时间内只有甲板上稀稀落落几个人离船，舱里一个人也没有出来。岸上的战士一看此情况，赶紧丢下锣鼓家什，上艇帮忙。下到舱里，见不少人还躺着，几个好不容易站起来准备下船的人扶着墙，面黄如蜡，耷拉着脑袋，站也站不稳，根本迈不开步子。战士们赶紧上前，把这些步履艰难的人一个个搀扶下船，送往宿舍。雄赳赳的慰问团，霎时成了残兵败将，垂头丧气。到了宿舍里，大部分人还是无法站稳，喝了水就躺下了。海岛战士辛苦准备的美味晚餐成了摆设，没几个人去享用。

第二天早晨，虽还有人感觉在水上摇晃，但基本都缓了过来。大家振作精神，演出时悉数上台演出。我们当天演了两场，下午和晚上各演一场。凌桂明演第六场奶奶庙和第七场相认，我演第一场，大家虽然很累，但都十分尽力，受到海岛战士们的热烈欢迎。

岛上两天，演出了两场，第三天终于盼来好天气，海面风平浪静，大家坐船离开，前往江南造船厂慰问常驻厂内的潜艇部队。潜艇部队的伙食本来就不错，春节期间更好。厨师为了客人，拿出看家本领，倾尽所有，让我们一个个都吃撑了。

那天下午的演出和前面一样，凌桂明和我分演大春一、六、七场。结束后，慰问团带队的工宣队领导王梅珍突然找我，让我尽快赶回市区。她告诉我，欧阳云鹏不小心把脚崴了，肿得很厉害，无法下地，确定无法参加演出。第二天就是春节，《苗岭风雷》的票早已售

1974年春节海岛慰问演出 前左一、二、三：彭佳萱、王庆龙、余庆云（白毛女），五、六、七、八、九：茅惠芳（喜儿）、荣安妮、张南、朱依群、吕瑋瑛；中四、六：朱国良、工宣队领导王梅珍；后左一、四、五、六、七、十二、十三：王国俊、董锡麟、林培兴、黄永生、凌桂明、史钟麒、黄绍江、翁朱法

馨，改期或取消根本不可能，也不可行。假如停演，经济上的损失有限，但信誉扫地却是样板团无法承受的，工军宣队的责任更加重大。没有其他选择，唯一可行的办法是找演员顶替，找谁呢？领导又把眼光转向了我，让《白毛女》突发的状况又一次上演。

《苗岭风雷》是剧组1972年访问日本回来以后，团里根据云南京剧团的现代京剧《苗岭风雷》改编成的芭蕾舞剧。1973年，在我们全体演员去广西苗族地区体验生活的同时，以舒巧为首的编导组就已经开始在上海开始创作，等我们回团后，很快就投入了排练，欧阳云鹏和我担任"雷排长"的AB角，女主角是吕瑋瑛和张南。

故事发生在解放初期的1949年，人民解放军进军大西南之际，国民党的潜伏特务利用地方武装和头人，在苗汉之间制造矛盾，挑起事端。以雷排长为首的解放军小分队开进苗寨，发动群众，消灭反动派的残余势力。内容比较老套，故事不像《白毛女》那样生动，但富于少数民族情调的音乐、舞蹈，加上艳丽的民族服装，以及剧组挟《白毛女》威风，首场演出座无虚席，非常受欢迎。但演出两场后的休息天，欧阳云鹏不慎崴了脚，接下来的演出他肯定无法完成。

主要演员出了意外，领导又想到了我，证明我在领导的脑子里印象还不坏。这次要我突然上台，条件比我六年前第一次演大春要差很多。那次演大春，《白毛女》一剧已上演快三年，各部门配合默契。除了大春自己的舞蹈，其他配合方面根本无需担心。而《苗岭风雷》是全新的，乐队、演员、舞台美术刚刚进入状态，需要时间磨合。去海岛前，主要是欧阳在排练，我只会一些独舞和双人舞，服装也没有试过，和群众演员也没有配合过。因预计演出场次不多，留在市内演出《苗岭风雷》的是欧阳云鹏，所以很少几次的合乐、走台时间都由他来完成。

接到团里的火急通知，我下午演出完就火速离开江南造船厂，连夜回到家中，第二天一早直奔市委礼堂，参加排练，合乐，走台。后来发生的那些事情，几乎是我第一次演大春的翻版。两个第一次相比，此时的我，对在舞台上演出主要角色，经验已经比较丰富，对完成雷排长这个角色充满信心。团里领导也同样，不再像上次那样担心，知道交给我的任务，出意外的情况几率不高。由于大家的努力，一切顺利。不过，服装上倒是出了一点有趣的小小意外。

那年头，具弹力的布料很稀罕，于是裁制演出服，师傅需根据演员动作的特点在大小间作恰当的选择。做得宽大，方便做动作，但不好看；做得窄小，合身，好看，但做动作不便。团里负责服装的张师傅有多年经验，处理"好看"和"合适"的矛盾，炉火纯青。也不知是我春节期间吃多了增重还是其他原因，军裤有点紧，包在屁股上。

演出时，前面几场戏波澜不惊，演到第四场，雷排长带领小分队入苗寨，群舞之后是我的独舞，有一个大跳的组合。音乐起，我从台后斜对台角一个大的劈叉跳，再接另一个大跳的准备动作，抬左后腿成第二"阿拉贝斯"（Arabespue），接单腿"福依带"（Fouetté）。几个动作下来，自觉完成得不错，跳得很高，很飘，可一个转身后发现有些不对劲，感觉屁股那儿的羁绊松了下来，凉风灌入大腿。趁组合间歇亮相时左手往后一模,原来后裆的线缝开裂了。后面的独舞,偏偏有好几个屁股对观众抬后腿的动作。如果被观众看到,定会笑脱大牙,这真的就是"损害英雄人物形象"了。立即下场?不行,还有两个八拍的音乐。此时我在舞台上的经验帮助了我,我并不慌乱,临时在台上把组合中几个背对观众的动作都改成面对观众,尽量不抬后腿或抬得很低。不熟悉芭蕾舞蹈的观众,不会发现破绽,台上的群舞演员因为还没有熟悉舞蹈,也没有在意,只觉得雷排长有些异样。大跳组合后面是一大段苗民群舞,观众的注意力已从我身上移开,本来我应该站在台上看苗民的舞蹈,但此时就顾不得了。我把我的情况告诉了边上的群众演员,让他向张师傅告急。数秒钟后,侧目一看,张师傅已在舞台边上,拿着一根穿了长线的缝被针等在那儿,向我频频招手。

我快闪下台,随他疾步跑入化妆室。如果把裤子脱下给张师傅缝,要先脱鞋,再脱绑腿,可是我上场的音乐很快就要奏响,没有这么多时间可用。张师傅很聪明,早就清理好化妆间靠墙的一个长桌,他叫我趴到长桌上,撅起屁股,我还没有准备好,他已把裂口捏起,快速地在裤线开裂处来回缝了很多针,就像医院里的外科大夫做手术那样。他刚完工,催我上场的音乐已经响起,我快速跑向舞台,在侧幕后略微镇定一下,上场几个亮相,然后装得好像什么也没有发生过。前后不到二分钟,"缝裤"游戏就这样演了一遍。群众跳舞时,我站上了平台,演苗寨中年妇女的徐珏站在我旁边,在群众欢庆的场面中,我轻轻把刚才的遭遇告诉她,她忍俊不禁,当场笑得背过身去。事后演员们谈起还捧腹大笑。类似这样的事情在各种演出中时有发生,就看每个演员临时处置是否得当了。我已有多年在台上独舞的经验,方能避免一场笑话。记得团里有一个女演员在演出《女民兵》舞蹈时,不小心踩空跌到了台下,她居然还合着音乐,踩着舞步沿着阶梯回到舞台,引起观众热烈的掌声。与她的应对能力相比,我还很弱,有待提高。虽然避免了一场笑话,但总有可能做得更好。

《苗岭风雷》在市府礼堂前后公演两次,观众踊跃,反响不错。1975年,剧组被江青调去北京修改《白毛女》,顺便带上《苗岭风雷》去接受审查。文化部的领导看过后,提了一些具体意见。后来上面决定集中力量修改《白毛女》，"苗"剧被彻底叫停，以后再也没演出过。花了那么大的力气，兴师动众，先是主创人员，演员队全体去广西大苗山体验生活，然后是音乐家创作音乐，舞蹈家编舞，舞台、服装设计完成各自的设计。庞大的烧钱的工程就这样无疾而终，令人惋惜。

这两件对我来说是十分重要的转折，都发生在文革中间，那正是样板团鼎盛时期，剧组能平安渡过险滩，当年的领导一定会庆幸在自己的任上没有什么大的纰漏出现，这就是功劳。领导们如走马灯般换岗，朝不保夕，自顾不暇，自然也没有闲心记下这些比较重要的转折，即便记下了，恐怕也早已遗忘，毕竟过去了数十年。几十年后，当年的工军宣队领导已不知去向，即便是参加了那两次演出的同学，估计也都忘了差不多了。可这一切对于我来说，却是永生难忘，刻骨铭心，回忆起来，犹如昨天。六年间两次重要的"救火"行动，对我的锻炼是十分巨大的。一天之内，要把那么多的东西记在脑子里，反映到舞台上，还不能出差错，对我的各方面的能力无疑是一个十分巨大的考验。结果，我做到了。表面上看，它并没有给我什么实质的利益，只是一场演出而已，但是它坚强了我克服困难的决心、信心和毅力，也让我看到了自己的能力，这比任何馈赠要有用得多。上得高山，才知道风景有多美。放眼团里，没有一个演员获得过这样的机会。命运让我独享了两次能证明自己的机会。这个团体，给了我哭和笑的地方，给了我值得骄傲的理由。

常说人生难得几回搏，在值得骄傲的年龄，在舞蹈生涯的黄金时间段，我搏过了，无论胜败，当无遗憾，我用努力争取了最好的结果。我有时候问自己：假如那个夏天，食物中毒事件发生，林泱泱导演问我时，我选择的是退缩，那会怎样？我的舞蹈生涯一定是另一种写法，我会后悔一辈子。这儿我想抄录喜儿扮演者茅惠芳的话："面对机遇也要抱有对上天眷顾的敬畏之心，别轻易让它从掌心滑走。你得下苦功夫，不断超越自我。如果一旦机遇降临，不能胜任，你能怪谁呢？"

舞蹈生涯中唯一的一次获奖

1976年秋，肆虐十年的文革终于结束了，人们奔走相告，犹如套在身上的枷锁突然被打碎，浑身释放出无尽的力量，整个文艺界像获得了新生。作为安享宠爱、普受欢迎的样板团，《白毛女》剧组在文革中获得许多特殊待遇，一旦环境变化，副作用就凸显了出来。

文革十年，偌大一个专业芭蕾舞团，只演出二三个像样的舞剧，不少演员虽然苦练十数个寒秋，练就一身功夫，但区区几个节目需要的演员有限，很多演员根本没有一展才华的机会，他们几乎没有在舞台上跳过一个过得去的舞蹈。如今束缚解除，机会降临，演员队很快成立了数个创作小组，自选题材，找人写音乐，自己编舞。张大为、缪曼玲、赵志权等人合作，创作了大型舞剧《阿里巴巴与四十大盗》，演出很受欢迎，可惜没有演多久就终止了，十分可惜。

我的同班同学，才女沈芷华想编一个双人舞，她在众多可选的题材中选择了陈毅元帅的五言诗《青松赞》"大雪压青松，青松挺且直。欲知松高洁，待到雪化时。"陈毅元帅由于卓越的战功和不凡的文艺修养被誉为"诗人元帅"。五言诗《青松赞》极具画面感，但内涵更深、更广。选择这样的题材来创作她舞蹈生涯中第一个舞蹈节目，挑战非常大。当她与别人谈起她的打算时时，质疑之声不绝于耳，大多数人认为用双人舞来演绎这样内涵极深的一首诗，她是很难把自己的意图用普通的舞蹈语汇说清楚的。沈芷华则坚持自己的想法。她来征求我和荣安妮的意见，希望我们两个能一起来创作这个舞蹈。她说我的形象好，力量大，有较丰富的舞台经验；荣安妮个子小，肌肉素质好，身体轻盈，空中控制力强，有利男演员的配合。在作了比较细致的分析后，我们两个都表示支持。接着，她又去找作曲家陆在易。

作曲家陆在易毕业于上海音乐学院作曲系毕，留校任教几年后被调往上海京剧院。沈芷华把构思告诉他，他也被诗里所展现的意境和画面感所打动，同时也被沈芷华的执著所感动，决定支持她，痛快地答应了她的要求。过不了多久，一份构思完整的钢琴谱就交了出来。

在204教室，他把整个音乐在钢琴上弹奏了一遍，我们边听边比划，对音乐提出了一些建议。他在听取了我们的意见后，进行二度创作，然后写总谱、配器，一个完整的音乐就完成了。作品因其出色的交响手法，丰富的层次感，立体的画面感，获得了1979年上海市文化局颁发的创作奖，以后更作为独立曲目在音乐会上演奏。

按照沈芷华的构思，我和荣安妮开始练习舞蹈中所用到的双人舞技巧。文革中双人舞几被彻底遗忘，如今重拾学生时代练过的动作，还要练一些新的动作，要把陈毅元帅这首诗深层次的意境表现出来，非常不容易，我们经过了各种尝试。为了表现出青松傲然于雪地中的高洁，沈芷华设计了几个十分具有挑战性的动作。幕开，男舞伴已把放好迎风展翅（Arabesque）的女伴举过头顶成一个挺拔的造型，然后在舞蹈中还要加上不少抛、窜、跳的动作，有些难度相当高。有这样一个动作到今天仍记忆犹新：女舞伴从舞台一角快速跑跳接近男舞伴，然后利用惯性做一个双腿跳，打横，男舞伴双手接到后，转一圈，顺势让女舞伴形成"阿拉贝斯"的舞姿，男舞伴双手把女舞伴托起，快速举到最高处，向上抛起，女舞伴借势在空中做直体360°横滚。男舞伴顺势在空中接住，左手托腰，右手抱住右腿，一个弓箭步，把女舞伴横放在自己大腿上，女伴做一个"小燕"的动作，合成一个漂亮的造型。一连串动作在二三秒内无缝对接，中间有几次脱手、接手，时间控制上必须分毫不差。有一点闪失，女舞伴就会狠狠地摔在地上，男舞伴想保护也来不及。这样的动作，以前没有练过，确实有点冒险，靠的是激情和初生牛犊的勇气。为了确保安全，我和荣安妮每天花大量时间练习，她的腰上、腿上，被我的手按出许多红印。有几次同一个动作练得太多，致使她的肋骨下的肌肉严重挫伤，躺在床上不能动弹，连呼吸都带来阵痛。我的腰和肩也在那段时间受到不同程度的损伤。我的腰有旧伤，练习中分外小心。

创排期间，董锡麟老师给了我们极大的帮助，他参加讨论，为我们设计动作，指导我们练习。他是北京舞蹈学校芭蕾舞科毕业的优秀生，双人舞极好，毕业后分到我校当老师，后来演了数十年"杨白劳"。他后来也是我们男班的芭蕾课老师。数月的苦练，我们终于较为熟练地掌握了不少高难度动作。

1978年的春天,上海举行1949年后首届青年文艺汇演,《青松赞》获得了"优秀节目奖"。

这个双人舞,形式新颖,舞蹈语汇丰富,音乐极富层次,有强烈的画面感,一经推出,就受到各方关注。当时整个文艺界从百花凋零的状态刚走出不久,用双人舞来表现一个富有内涵的诗,终于获得了观众的认可。许多年后,我的舞伴荣安妮被调往上海现代舞蹈团,一个学生的家长听到她的名字后说:"噢,你就是当年演《青松赞》的!"可见这个节目给观众留下多深的印象。

说来遗憾,这就是我整个舞蹈生涯获得的唯一奖状。得奖那年,我三十一岁,早已过了舞蹈演员的鼎盛期。舞蹈演员的最佳状态大都在二十五岁左右的数年间,即投入系统的专业训练八到十二年这一个时间段内。我们的黄金年华,正处于闭关锁国状态,与世界所有专业比赛绝缘。国际比赛的任何消息也无处获得,遑论参赛。当年不少外国舞蹈专家来学校参观后,无不被我们学校正统系统的训练,和年轻

舞蹈生涯唯一一张奖状

男舞蹈演员良好的素质、出色的技巧所折服,也为我们从来没有参加国际比赛而倍感惊讶和惋惜。其实不仅仅是比赛,即便是很传统的古典芭蕾舞剧,我们都还没有看过,严重缺课。像欧美各国每年圣诞期间各处都会演的《胡桃夹子》,我直到1989年才在美国第一次看,第一次接触,那可是我学习芭蕾二十九年以后的事了,仅仅用遗憾来形容,完全不足以描述心中的失落。

在学校时,我常会被安排参加老外看课后的座谈,在一次看课后的座谈会上,一个外国专家说,假如你们能让我挑几个男学生带到国外,他们都会成为一流专业舞蹈团体的主要演员。如参加比赛,绝对可以获奖。她还告诉我们,国际上学芭蕾的女演员很多,优秀的女演员竞争激烈,男演员相对较少。前苏联为世界输送了很多优秀男演员,而当时中国完全没有。改革开放后,中国很多舞蹈演员开始在国际比赛上崭露头角,揽金夺银,中国芭蕾迎来了百花盛开的春天。1979年毕业的汪齐风,1980年5月参加了在日本大阪举行的第三届世界芭蕾舞比赛,获第十四名,首开中国舞蹈在国际大赛中夺奖的记录。虽然只是第十四名,但却为中国、为上海舞蹈学校出色的训练作了一个极好的注脚。

作为上海舞蹈学校培养的第一代芭蕾舞演员,我十分羡慕现在的上海芭蕾舞团的新人,为他们骄傲,为他们高兴。我们第一代舞蹈演员走过了前面一段十分坎坷的路,后来者的路就逐渐平坦;前人播下的种子,在我们这代人身上收获了《白毛女》,相信在下几代人将会获得更多。我们虽然失去不少机会,但与文革中饱受摧残的艺术家们相比,我们已算是命运特殊的幸运儿了。

《天鹅湖》的王子

文革十年,我们只有机会演了几个样板戏,无缘世界芭蕾的经典剧目。文革结束后,文艺界才开始进入了多元、内容丰富的年代。

1979年,团里终于决定排演《天鹅湖》全剧,我们都很雀跃。团里安排由凌桂明和欧阳云鹏和我饰演王子，饰演白天鹅的是石钟琴、彭佳萱和余庆云。那时候我刚刚结束在西安电影制片厂《生活的颤音》摄制组的工作。在去西安报到前，我已经知道领导的安排，领导希望我保持练功，回来后就可以参加排练，我没有食言。

其实在1962年时，学校已演过《天鹅湖》第二幕，王子由祝士芳老师和凌桂明扮演。其时，秋季班的学生都瘦骨嶙峋，尚未到发育阶段，而比我们秋季班学生大几岁的凌桂明，人高马大，业务又出色，演王子的第二组就是不二之选了。

戏曲界流传的一句话就是拳不离手，曲不离口，舞蹈演员就更是这样。一天不练，自己知道；两天不练，旁人知道；三天不练，观众知道。在北京拍外景时，我们住在东四，离中央芭蕾舞团有一点距离，但交通方便，只要不出外景，我就会搭乘公共汽车去那儿练功。中央芭团是我们上海芭团的老大哥，很多演员是我们老师吕长立、祝士芳、董锡麟的同学，我几乎都认识。数月前，我又刚在他们这儿向白淑湘等老演员学习了双人舞《曲调》和其他节目，所以就更熟悉了。知道我想去他们这儿练功，团领导痛快地答应了我的请求。那时也没有收费的说法。这样，我就有机会与他们一起练功，除了能让自己保持练习以外，还可以学习到不少东西。有几次去芭团，中国芭蕾舞先驱戴爱莲也在教室里一起练功，那时她已五十一岁，看她还是那么认真地记组合，做动作，我心生感慨。我当时就想，我到她这样的年龄会不会也继续练功呢？

后来回到西安拍内景时，练功就没有这样好的条件了，但每天在拍戏间隙我都会抓紧时间练功，哪怕在招待所外面的空地上踢腿，做些小跳动作也好，总之要让自己保持一种可以随时上舞台的状态。当然，外面的条件终不如在北京和上海自己的团里，运动量上不去，也没有一起练功的热烈气氛。舞蹈练习需要一点"人来疯"，很多人一起练，气氛足，互相感染，练功效果就好。

当然对我来说有失也有得，舞蹈上保持不住原来的水平，但却换来

1980年春节，与石钟琴在上海工厂演出《天鹅湖》二幕双人舞

了表演上的进步，祝士芳老师在排练时也说我的表演比以前大有进步。

舞剧与舞蹈的不同之处在于，舞蹈比较单一，演员主要表现的是一种情绪和展现舞蹈之美，而舞剧中的主要演员主要是塑造人物，它不仅仅要求演员有良好的外部形象，过硬的技巧，更重要的是还要会表演。外部的舞蹈动作，必须借内心的真实感受来带动。舞蹈演员没有台词，但观众能感觉到你在台上每一个动作、每一组舞蹈所要表现的内容。如何在不太长的舞蹈中把人物内心活动展现出来，明白无误地传达给观众，感染观众，是一个主要演员所必须具备的能力。初演大春时，我只是机械地模仿凌桂明和欧阳云鹏，缺少自己理解的东西。加上舞台和观众隔着乐池，有较大的距离，一些细微的地方就完全被我忽略了。例如《白毛女》第七场，大春与喜儿相认，"看眼前是何人，又面熟来又面生，是谁？是谁？他好像……"演员的内心独白，伴唱的歌词已告诉了观众，演员按照音乐节奏的高低、抑扬，做相应设计好的动作，观众就能理解了。如若没有伴唱，那就要演员完全用肢体动作来达到同样的目的，就增加了难度。拍电影之后，我才发现我在舞台上的表演比较肤浅，照葫芦画瓢，不足以让人物形象丰满，更谈不上升华，与凌桂明和欧阳相比，我明显不足。

大春和王子，动作设计的理念完全不一样。我多年演大春，动作滚瓜烂熟，一招一式对我来说已变成程式化的套路。第七场，大春的独舞以及与白毛女的双人舞，融入了不少中国古典舞的元素，虽然把动作做得漂亮也并非易事，但毕竟难度不大，演员在技术上的负担不算很大。但《天鹅湖》是千锤百炼的经典之作，脚下不允许有多余的动作，第二幕王子和白天鹅的双人舞，第三幕王子与黑天鹅的双人舞，都是在全场安静的氛围中完成，演员个人成为焦点，每一个动作都难逃观众的眼睛。特别是第二幕的双人舞，开始在竖琴的引导下，小提琴奏出动人的旋律，然后在木管和竖琴的烘托下，大提琴与小提琴在弦上展开对话，乐句委婉、缠绵、静谧，为王子、白天鹅初识时的爱情制造了温馨的背景。出生在法国的天才编舞家马里乌斯·彼季帕对音乐理解极深，为双人舞设计了令人难以忘怀的舞段，把人物当时所应表现出的情感淋漓尽致地表现了出来。几十年过去，这个完美的组合很难有人可以改动，至今保持原样。

那动作犹如两个互相爱恋的人在那儿倾诉衷肠，缠绵悱恻，每一个舞步，都带着"于无声处听惊雷"的洗练，这些看似十分缓慢，优美的舞蹈，却是对演员极大的考验，技巧、控制的能力和表演，每一个动作都在观众的眼睛里。演出时，观众屏息静气地看着台上两个演员，哪怕是一个小小的、不应该有的晃动都会破坏舞蹈的意境，这也是我在演大春时是从没有体验过的。王子的独舞和双人舞，台上的群舞演员成了观众，没有人"分走"观众的注意力，演王子比演大春负担大了很多。

饰演王子，是挑战也是享受。一个优秀的芭蕾舞演员，如果没有在台上演过《天鹅湖》的王子，会成为终生的遗憾。至今为止，我已看了不知多少遍《天鹅湖》了，每一次看别人演出《天鹅湖》时，会特别注意王子的每一个动作。当第三幕王子出场准备独舞时，演员站在舞台后角上准备起跳，全场屏息静等，乐队停奏，乐队指挥则高举指挥棒，看着演员的脚步。随着演员跳出的第一步压下指挥棒，乐队奏响，何等淋漓酣畅的瞬间！我也曾经历过，也曾紧张过，也曾享受过。王子是我在舞台塑造的第三个人物，也是我从青涩走向成熟，再走向老练的重要标志。但此生演出欧洲古典芭蕾的机会太少，时间太短，是我整个舞蹈生涯的最大遗憾。

双人舞《太阳与月亮》
——与舞蹈家赵青的唯一一次合作

1984年5月到12月的七个月期间，我在广州珠江电视台参加电视剧《一代风流》的拍摄。10月26号，广州举办"羊城第二届诗与歌朗诵演唱会"，我也被邀，与众多著名演员一起朗诵大型诗歌《边城赋》。

演出前两天，举办单位得知赵青也在广州，立即与她取得了联系，希望她表演一个节目，赵青欣然应允。

赵青是中国歌剧舞剧院的主要演员，中国著名的舞蹈家，她从小喜欢舞蹈，受她爸爸著名电影表演艺术家赵丹和妈妈叶露茜的熏陶，在创作和表演两方面都极有建树，主演过很多著名民族舞剧，如《宝莲灯》、《小刀会》等。

她要表演的是她自己编导的双人现代舞《太阳和月亮》，在北京演出多次，很受欢迎，但此时她的男舞伴在北京有另外的活动，无法赶到广州。她的一个朋友是广东歌剧舞剧院的老演员，他把我在广州的消息告诉了她，于是她要求主办单位找我当她的男舞伴。她是声誉卓著的舞蹈家，与她合作，能让我就近领略她深厚的功底，学习她的

与赵青的双人现代舞《太阳和月亮》

1984年10月26日,叶慧贤、陈述、程之、陈烨、汪明荃、秦怡等演员参加表演

长处，岂能错过？一听到主办单位的邀请，我满口应允。按照日程，我们只有上午一次排练，下午连排，晚上演出。

那天我早早到了广州军区后勤部礼堂，换上练功服，开始暖身。赵青进门，我抬头看钟，9点刚过几分钟，她走过来打过招呼，去换衣服。她毫无大牌的架子，说几点到就是几点到，让我敬佩。

双人舞《太阳与月亮》是赵青创作的众多舞蹈作品中的一个，舞蹈将天空中的太阳和月亮喻为一对恋人，通过各种动作来表现爱的互动。以前我只是耳闻赵青的大名，从来没有见过，更没有在一起跳过舞，受邀于她，让我不胜惶恐。但一进入排练，她就把我当成了老搭档，说动作，练习，毫无违和感。我有芭蕾独舞、双人舞、民族舞和其他舞蹈的底子，记组合也很快，几遍下来就学会了。她拿出带来的录音机，打开音乐，我们合了几遍，过程十分顺利。

这是现代舞，以前只听说过，从没见过，作为专业舞者，实在是非常惭愧。那时整个社会刚刚进入改革开放初期，我们见得太少就不奇怪了。排练时，副台上站了不少好奇的工作人员，看着我们"莫名其妙"的舞蹈。

晚上"诗与歌朗诵演唱会"正式演出，秦怡、孙道临、陈述、程之、李家耀、叶惠贤、陈烨、张顺胜以及香港歌星汪明荃纷纷来到舞台。我们的双人舞安排在大型朗诵诗歌《边城赋》演出前。演出时，太阳上身裸露，下身穿一条白色紧身尼龙裤，系黑腰带，披大红披风，眼睛用佐罗式的黑眼镜蒙住，显得神秘莫测，"月亮"则穿一件白色单肩连衣裙，领口和腋下饰以漂亮的饰纹，寓意月亮的妩媚多情。暗场中我们摆好造型，音乐响，灯光起，我们把动作一一展开，最后在双人舞造型中结束。舞台下响起热烈的掌声。一个男子大概看得太投入，看我们演出数分钟就结束了，十分不情愿，突然高叫"再来一次"，大嗓门响彻剧场，引起一片附和声。那时候很少有这样的情况，是以印象深刻。

下场后，见赵青脸上已渗出汗珠，她来不及擦汗就拉着我的手说，希望下一次还有机会合作，我当然也十分希望再有这样的机会。

只可惜她演出后匆匆返京，我两个月后也回到上海，希望终究只是成了希望，没有实现的机会。这是我与这位著名舞蹈家合作的第一次，也是最后一次。

我的舞蹈生涯中，很多第一次的演出都是那么地仓促，也许这就是我的宿命所致。

第八章 外交使节《白毛女》

1 准备

1971年在日本名古屋举行的第三十一届世界乒乓球锦标赛上，中国乒乓球代表队在周恩来总理的安排下，成功出赛。这个世界顶级球队，因为文化大革命，已连续两届阔别世界赛事。在参赛期间发生了一件事，导致了世界格局的改变。

开赛第一天，美国运动员科恩在体育馆训练，忘了出发的时间，为赶上比赛的时间，他急匆匆地赶路错上了中国队的车。中国队员庄则栋站起身来，主动上前和他握手寒暄，并送他一块印有中国黄山图案的杭州织锦作纪念。下车时科恩手持织锦站在中国队车边的一幕被记者抓拍，当天成为世界各大媒体争相报道的爆炸性新闻。第二天，科恩准备了一件印有和平标记和"Let It Be"字样的运动衫，在中国队的必经之路上等待庄则栋，回赠并与他拥抱。其时，中国已经与苏联正式决裂，并于1969年在珍宝岛发生了激烈的武装冲突。毛泽东主席获知这条新闻后，立即抓住稍纵即逝的机会，指示外交部主动邀请美国乒乓球代表队访问中国。这是一次成功的乒乓球外交，打开了与美国二十多年的僵局，小球成功地改变了大球的运转轨迹，从而让中国减轻了来自北方的压力。次年，尼克松访华，1979年，中美正式建交。

对美国体育外交的成功，让中国领导人把眼光转向了中日关系。当时日本与台湾有正式的外交关系，中国在日本的外交机构只能挂驻外贸易代办处的牌子，处处受制。如何改变这样的局面？芭蕾舞剧《白毛女》进入中央战略决策者的视野。

《白毛女》的故事在日本家喻户晓，日本松山芭蕾舞团早在1958年以前就把中国电影《白毛女》改编成芭蕾舞剧，在本国举行了公演。该团第一次访华，带来的节目就是《白毛女》。我们团的大型芭蕾舞剧《白毛女》就是受到日本同行的启发而创作的。经过数年努力，我们团的《白毛女》终在1967年被毛主席肯定，成为受大众欢迎的样板戏，又经多年演出，声誉日隆。日本国内很多人士也相当熟悉该剧。用它作为"文艺外交"的筹码，无疑是绝佳的选择。

1972年春天，中央正式把《白毛女》剧组改名为"中国上海舞剧团"，准备出国演出。现今的人一定会问，为什么不直接改名为上海芭蕾舞团呢？文革中，"清除一切封资修的遗毒"，"把才子佳人赶下舞台"是喊得最响的口号。芭蕾是外来艺术，内容大都表现的是王公贵族、公主小姐的爱情生活，芭蕾就等于王子公主，若以芭蕾舞团命名，与当时的社会精神相悖。于是就以"舞剧"代替了"芭蕾舞"，算是一种不得已的选择。名字固然重要，内容才更重要。第一次出国演出，有很多东西需要注意、学习。我们是一个超大型的演出团体，演员队、乐队、舞美队总共近一百五十人，加上整整一个大集装箱的舞台布景道具，要管理好这么一个大队伍确实非常不容易。那时中国没有纯粹的民间性质的访问演出，我们的出访是文革中中国第一个大型的文艺团体出访，代表的是国家形象。这不计成本的访问演出，今天早已成绝响。

舞剧团带出去的节目中还有一台芭蕾舞剧《红色娘子军》。前几年团里在排练该剧时，我的膝盖损伤，无法做大幅度的跳跃动作，所以团里安排我演"南霸天"一角。虽然我演大反派的先天条件很差，但我很认真地揣摩角色所需要的外部动作和内心活动，演出服装里面再穿上厚厚的棉衬背心，加上化妆师程漪云和闵晓梅的巧妙的化妆技术，整个造型还不赖，在平时的演出中还是很好地完成了演出任务。

出访前，时任国务院文化组组长，主管全国文艺创作的刘庆棠到团里审查我们带出去的小节目和《红色娘子军》。那天没有要求化妆，只是穿服装，这样我的脸就太小生了，刚刚上场就被刘庆棠叫停，说我太善良，于是临时把歌舞团的陆松林调到我们团参加出访。这是我的演艺历史里很有趣的一页。

舞剧团成立后，上海市领导立即从上海各相关单位调集精兵强将，为访日做各种必要的物质和思想上的准备。文革期间，墙里面的我们迫切希望了解外面，墙外的人们也希望有机会了解我们。我们这么大的文艺团体出现在外国街头，上电视广告，定会引来诸多的目光，影响不会很小。为了让我们绝大部分从未见过国土以外世界的人们有一个适应的过程，在访日前，文化部特别安排了先期访问朝鲜作为热身。朝鲜与中国社会环境相近，剧组在那儿出错的机会就比较小。徐景贤被任命为访朝团的团长。

这是形式上的民间外交，但骨子里却认作是正式外交的一个部分。对于如何才能搞好，当时的中央领导是放心不下的。1972年春天，文革已经进入到一个十分关键的时间段。1971年的9月份，林彪折戟外蒙，周恩来主持中央工作。1972年4月，全团抵达北京，做访朝前的汇报演出。其时文革正酣，周恩来总理和江青有忙不完的事情要处理，但还是在百忙中抽时间去北京天桥剧场看了我们《白毛女》的演出。那天看完演出后还在后台大排练厅接见全体演职员，与全体演职员座谈。

排练厅内侧对着大镜子的墙前，四个长桌子并成一排，上面铺了白布。演出完后所有的演员被通知不要卸妆，立即排队坐在了排练厅已经准备好的座椅上等待。一会儿，周总理在警卫的指引下进入排练厅，刚露了一个头，又转过身去让江青先走，后面文化部副部长刘庆棠和团长徐景贤鱼贯进入。座谈中，总理和江青分别讲了话，表示了对我们访问演出的关心，问了一些问题。当得知有个别主要演员准备在访问演出后结婚时，特别让演员站起来，嘱咐要以事业为重，还举了人民大会堂一个女服务员的晚婚例子。我注意到总理的脸色有些苍白，中间警卫员分别送药给周总理和江青，总理的额头上一会儿就冒出了细细的汗珠，数次用纸巾擦汗，看来身体相当虚弱。当时外面盛传他身体不好，看来不是空穴来风。在我们团的十年演出中，总理因为各种外事的需要，来看《白毛女》的演出总共有十一次，这次是我们见到他身体最虚弱的一次。记得他最有激情，给我们全体演职员留下深刻印象的是一次他突访舞蹈学校，在302大排练厅看歌舞团的《长征组舞》，最后还站起身指挥大家唱"红军不怕远征难"。后来江青也讲了几句话，希望我们演出顺利，宣传毛主席的革命文艺路线。座谈会大约半个小时不到就结束了。

中国人做客，总是要换上比较漂亮、体面的衣服。文革期间，我们最漂亮、体面、神气、帅气的衣服就是没有帽徽领章的军装，也就是所谓的样板服。草绿色的军装，训练有素的体魄，看上去的确是很靓丽的一道风景。其实年轻匀称的身躯，穿任何服装都很漂亮。但出国访问，这样的服装就不合适了。于是，在准备期间，市里组织了上海几家服装厂的顶级裁缝师傅来我们集训地替我们量身定做服装，每人两套加一件深灰色大衣，男的是中山装，女的是轻便两用装。其中一套为团服，统一的咖啡色全毛哔叽。另一套为自选，黑色、黑灰色或淡米色薄花呢。这是我们很多人有生以来第一次量身定做衣服，非常兴奋。量身那天，感觉就是过节。我选了黑色的，弟弟选了淡米色的，我跟弟弟说，我们需要的时候可以互换。精梳全毛料，质量极佳，价格不菲，凭我们当时34元人民币的月工资，恐怕绝无可能自己去定做这样的衣服的。

这么高级的服装，引来一些人的觊觎。后来当我们访问日本回国后，对外友协要求我们自留一套，上交另一套服装和大衣。团服和自选服，质量差很多，对外友协让我们在两套服装中选一套，我们的领导理解成自选的那一套。于是，质量极好的团服就上交了。搞了半天，兴奋了好一阵，最后服装等于是借来的。后来也不知道对外友协是怎么处理那些服装的，反正预算已经打在舞剧团身上，他们来了个移花接木，空手套白狼。过些日子，团里有演员看到街上有上海对外友协的人穿了我们的团服，招摇过市。近水楼台风景好，哪儿都一样。

2．暖身——访问朝鲜

  朝鲜的制度与我国相仿，贫穷，但很要面子。朝鲜文艺资源丰富，每年，国家都会投入大量资金培养国民的文艺爱好，少年宫遍布全国各城市，万寿台艺术团的成员大都是从少年宫开始他们的演艺事业的，她们是真正的"皇家团"，大多来自专业院校，都是万里挑一的美女俊男。这个团和我们团，出处不同，性质一样，生长的土壤也大致相同。文革期间，我们无论何时听到毛主席的"最新指示"，即便在半夜，也要敲锣打鼓游行庆祝。朝鲜呢，凡是金日成做过指示的地方，都会被圈起，树一块牌子，成为供人瞻仰的"圣地"。我们每到一处参观，朝方都要先介绍领袖金日成的功绩，要我们表示出十分的崇敬后再参观别的项目。似曾相识的环境，与中国有异曲同工之妙，我们很快就适应了。我一如既往地与同学讨论、调侃、发议论，说如果金日成跑的地方越多，他们可用的国土就越小了。

  在朝鲜，令我印象深刻的是看万寿台艺术团的舞蹈排练，导演对她们的严格，达到严苛的程度。群舞时，导演会站在侧面，只要一个演员的手的位置与其他演员略有不同，或距离不等，所有演员就要一遍一遍地陪着一起练，直到导演认可。朝鲜的集体舞、团体操是那么整齐，在世界上首屈一指，与他们严格的排练要求直接相关。他们的音响、电子设备比我们当时好很多，有些我们从没有见过。我第一次见到日本最新型的雅马哈电子琴就是在万寿台艺术团，朝鲜当局对文艺的投入真是不计成本。我们团的女演员后来向她们学了朝鲜舞蹈"苹果丰收"，带回中国演出后不久，全国各地都苹果丰收了。

  朝鲜方面还安排了我们看他们最优秀的电影《卖花姑娘》。看电影前，我们已从随同的翻译口中知道这部电影在朝鲜的地位和受欢迎的程度。在国内，我们只能看到熟得不能再熟的八个样板戏以及主人公都是高大全的电影，所以对看这部电影，大家都很期待。虽然朝鲜的"主题先行"与我们国内的情况别无二致，但相对有些人情味，所以大家还是被电影的内容深深打动，很多人都是红着眼睛离开影院的，更有人中途就哭得稀里哗啦。电影中出现的四三拍音乐给我们留下极深刻的印象。在那时，国外影视、音乐都被视为靡靡之音，唯独朝鲜的电影和音乐可以畅通无阻。

我们带去朝鲜的歌舞节目中，有吕其明作曲的交响乐《红旗颂》和钢琴协奏曲《黄河》，担任钢琴独奏的是钢琴家李明强和年轻的许斐平，作曲家吕其明也随行。在国外演出，通常由经验丰富的陈燮阳指挥。那一次，当团长的徐景贤心血来潮，要求吕其明指挥第二天演出的《黄河》，令乐队和吕其明本人不知所措。作曲和指挥分属两个专业，即便作曲家能指挥，也需要花时间排练，指挥和乐队有一个互相熟悉的过程，乐队演奏员需十分明白指挥的手势。这点常识，当上大官的秀才居然忽略了。幸亏乐队年轻，训练有素，经过短暂的排练后与吕其明的配合还算默契，要不，在朝鲜的同行面前丢脸，这个事情就大了。

因为带"练兵"的色彩，带去朝鲜的节目，与带去日本的雷同。除了芭蕾舞剧《白毛女》和《红色娘子军》，还有一台《音乐·舞蹈》专场，含钢琴协奏曲《黄河》、交响乐《红旗颂》、独唱、独奏、朝鲜族的舞蹈，还有古典舞《大刀向鬼子们的头上砍去》及中国畲族民间舞蹈。古典舞《大刀向鬼子们的头上砍去》是北京民族歌舞团创作的，我们排练时，他们专门派人到上海来教，其中领舞者在舞蹈当中有一个在舞台中央绕圆、连续的绷子技巧，这是芭蕾专业里没有的技巧，我因为一直比较喜欢古典舞的技巧，常常自己抽空练习，所以完成得还算不错，这样，团里就安排我当了这个舞蹈的领舞。畲族舞蹈是表现一个畲族老头与一群年轻姑娘在溪边嬉戏的场面，我演老头。中间也有一个芭蕾里面没有的技巧：老头一手高举，另一手撑地，腹部往上挺直，双脚轮替往前踢直。这个技巧看似不难，但我也练了很多时间才终于搞定。两个舞蹈在朝鲜演出时，都很受欢迎。

组建访朝、访日团时，政治审查极为严格，团里一个男演员业务不错，只是因为女朋友的家庭成分是资产阶级和有"海外关系"而被除名，他的女朋友是我团的演员，理所当然也被刷下。那年代，"海外关系"几乎等同"里通外国"，是一个相当严重的罪名。出身不好，对自己的事业、前途都会有极为严重的影响。为了确定我和弟弟是否有什么问题，剧组还专门派人去青岛调查，我和弟弟当时完全不知道这件事，直到1974年10月末，在我爸爸的追悼会上才明晓此事。那一次爸爸因脑溢血入院，我和弟弟获悉后当夜坐火车赶去青岛，希望能赶在他最后的日子见他一面。爸爸有多年的高血压病症，此次突然昏倒住院是第二次。第一次只是脑微血管破裂，属于轻度中风，治愈后落下跛脚的后遗症。此次属大面积脑溢血，抢救无效。追悼会上，我们见到一位爸爸所在的青岛纺织品研究所的领导，他把当时的情况告诉了我们。

其时我爸爸正被隔离审查，外调人员是这位领导接待的。来人递上上海舞蹈学校《白毛女》剧组的介绍信。这位领导平时与爸爸关系

1972年5月25日，朝鲜领导人金日成看演出后接见主要演员
从左依次为：吕璋瑛、董锡麟、徐景贤

1972年4月-5月访问朝鲜 在万寿台纪念馆前。前排左起：谭军 杨佩娥 朱美丽 石钟琴 蔡国英 薛佩华 吴惠芬 魏洁雯 彭佳萱 何菊英 沈芷华 吕瑋瑛；二排左四、六、九、十一：宗秀荣 徐景贤 绳树山 朱良怡；后排左起：史钟麟 王月明 赵志权 陈旭东 居涛 董锡麟 陆松林 朝鲜陪同 李晓筠 陈国庭 翁朱法 史钟麒 沈雪雪 詹积民 程代辉 徐明刚 顾建忠 朱国良 张源源

在平壤演出结束后谢幕，中立者金日成

不错，他如实告诉来自上海的外调人员说，双胞胎的爸爸有一些历史问题，但与儿子没有半点关系，研究所里不少人甚至不知道他有一对双胞胎的儿子在上海。他离开上海来青岛时，这两个孩子只有两岁不到。我和弟弟暗自庆幸遇到了这么一个懂道理的人，如果这位领导用另外一种口吻回答外调人员："他爸爸是反动学术权威，又是国民党员，对他的儿子当然有很大影响"，那我们兄弟俩的后来的路就会遇上不少麻烦，演大春就别想了。

我和弟弟从小学毕业后就一直住校学习，生活起居、各种政治、文化、业务课都在老师的眼皮底下完成，简直就是一个透明人，舞蹈学校的十二年见证了我们的成长。到此时还需要去外调，看看我们是否受国民党员父亲的影响，那种形而上学的思维，真是不可思议。但放在那时，这可是天经地义的。

3. 正式访日

访问朝鲜结束后，回到北京，为去日本演出做正式准备。访日团肩负重要的外交使命，中央就更加重视，对每一个演员、演奏员、职员的考查就更加严格。集训时，我们每个人拿到了各种注意事项的文件和简单日语的对话教材，同时还调来一些对日外交和外贸领域的专家，孙平化就是其中最重要的一位。他是著名的"日本通"，中日友好协会副秘书长，以前在中国驻日本贸易办事处工作多年，当过廖承志事务所东京联络所首席代表，在日本政商各界都拥有广泛的人脉。中央把他从"五七干校"直接调来，出任团长，用意十分明显。

那天他第一次和我们见面，给我们留下深刻的印象。他中等偏矮的身材，小平头，顶上的头发已见稀疏，穿着双口袋的浅色宽松短袖衬衣，深灰裤子，脚蹬圆口黑布鞋，左手拎一个灰色人造革文件包，右手拿一把折扇，时而打开时而合上，这是那年代典型的干部打扮。

他往我们面前一站，一口标准的京片子。其实他是辽宁营口人，但我们上海人对北方口音的分辨力较差。他第一句话是："我对艺术表演一窍不通，拜托诸位艺术家们多多包涵，我就管艺术表演以外的事吧！"这"以外的事"，就是外交。后来的情况确实如此，在日本演出的三十六天里，我们很少看见孙团长，说话的机会就更少了。他忙于会客、拜访、带客人来看我们的演出。我们见到他的时候，他不是在剧场的座位上，就是在宴会上的话筒后面。

接下来，他介绍了许多日本人的礼节和我们需要特别注意的地方。他还特别关照大家不要受到外面的干扰，集中精力把演出搞好，对外要"不卑不亢"，碰到问题不要紧张，"可以来找我，我当你们的后勤部长，外事总管"。

孙团长说的"不卑不亢"这四个字，我们并不陌生。1972年开春尼克松访华时，团里准备接待尼克松夫人参观学校，团里就是那么要求我们的，尽管后来尼克松夫人并没来。后来"不卑不亢"成为那个时期与国外接触的基本表情，如何掌握，就看个人了。

1972年7月2号，我们全体成员穿着团服，在孙团长的带领下，从北京踏上了赴日旅途。这是文革期间中国向海外派出的第一个超大型文艺团体，包括领导、译员、乐队、演员队、舞美队在内，总共达二百零八人之多，阵容可谓空前绝后。我们的出行线路分三段：北京—广州—香港—东京。第一段搭乘的是京广线快车，沿线在大一点的车站都要停留，全程速度就降了下来。炎夏的天气，车厢里没有空调，又闷又热，男演员们赤膊，穿背心，湿热的风，带着黑灰从开着的窗户外吹进车厢，粘在裸露的皮肤上，难受异常。从北京到广州两千多公里，停停开开，近三十小时才抵达。我们在广州海珠大桥边的广州饭店住了两个晚上。其间，几个陌生人来到团里报到，后来听说他们分别是外交部、公安部、对外友协和新华社的干部来加强团里的各种工作的。7月5号一早，所有人员分乘四辆大巴士，从广州经深圳前往香港。

深圳那时是一个小渔村，沿途除了散落在农田边沿的简陋农舍外，没有什么好一点的建筑。集训期间，领导时时把"斗争"挂在嘴上，频繁地告诉我们要要有敌情观念，防止敌人搞破坏，给我的感觉并不是去演出，而是去打仗。出发时，我和弟弟被安排在两架飞机上，在启德机场上机前，我们俩在一起嘀咕，我对弟弟说，幸亏我俩分坐两架飞机，一架被破坏掉下来，家里还留下一个，弟弟点头称是。这种"不吉利"的话听起来是那么荒谬可笑，可那时的我，的确是那么想的，这就是集训的成果之一，在我们脑子里形成了一个兴奋灶，同时也那时客机被破坏、坠毁，乘客全死去的故事听多了产生的幻觉。

傍晚时分，微微细雨中，两架飞机先后平安降落在东京羽田机场。

中立者为唐家璇

下着小雨，日本的友好团体，像"日中友好协会"、"松山芭蕾舞团"、"齿轮座剧团"等，来了很多人，还有一些来自朝鲜侨民的团体。他们此来，一是欢迎，二来是受日中友好协会委托，从侧面提供保护，防备右翼分子的袭击。前来迎接的人挤满欢迎大厅，高举"欢迎中国上海舞剧团"的横幅，挥舞彩色小旗，"欢迎"的口号响彻接机大厅。在欢迎者的簇拥下，我们抵达坐落在东京市中心的新大谷酒店（NEW OTANI HOTEL）。

庞大的演出团，除了外交人员，绝大部分成员都是第一次来到完全陌生的资本主义国家，面对复杂、陌生的环境，安全和准时成了重要而严峻的问题。为确保演出成功，团里制订了详细的安全守则。全团人员按所属队组分成若干个班，每个班十二人，又以四人为一个小组，出入必须全组一起行动。乘坐的大巴，每人有固定的座位，男演员靠窗口，女演员靠内侧。其实，在日本的所有日子，都是整个团一起活动，四人小组从没有单独活动过，更别说单个人了。

为全团的活动在日本能顺利进行，中国驻日本贸易代表处派唐家璇全程陪同，其时他是代表处二秘、"中国人民对外友好协会"副处长、中日友协理事。唐家璇是上海人，高高瘦瘦，戴副棕黑色框眼镜，文质彬彬，非常谦和亲切。他常和我们用上海话开玩笑，非常幽默，我们演员队的人都亲切地叫他"小唐"。谁也不会料到，若干年后他成了中国第八任外交部长。他的固定座位在我旁边，每次只要他坐下来，巴士就会启动。他是团里对外事务的翻译，负责对外联络。不久前，清水正夫、松山树子访问我们团的时候，他全程陪同兼翻译，看过我们演员的课，所以与我们演员队就特别亲切，混得很熟。一个朋友告诉我们，日本著名作家司马辽太郎，曾在不同的场合接触过唐家璇，说他非常聪明，约见从不迟到，"这年轻人将来定会成为栋梁之材"，果然被他说中。

我们在日本总共待了三十六天，唐家璇每天有很多事情需要处理，但从来没有让我们大家等过他。每天早晨，我们还没有从饭店里出来，他已在门口等候。上下大巴，他总是最后一个上，最早一个下。在车上，我常有机会和他聊上几句，他也总是不厌其烦地回答我的好奇。在日本的那些日子，我对日语产生浓厚的兴趣，对团里发给我们每人一份简单的日语问候语和对话教材，细心研读，可惜发音不准，单词也记不住。每天上车后，只要见"小唐"有一点闲工夫，一定会请教几个日语单词，他也一定会认真示范。数日后，我们和小唐已混得十分熟悉了。有一天上车后，我问他："你能不能教我们日语的五十音图？"他说："好啊。"说着拿出笔在我那份日语对话资料上写了最初的五个字母，教我发音。第二天上午出发前，他在车外处理好其他事情后，上车落座，从口袋里掏出一张新大谷饭店的便签递给我，上面用圆珠笔工工整整地写上了日语五十音，然后就开始教我，坐前排的同学也转过身来跟着学。对我的某些发音不够准确的字母，他不厌其烦地纠正。

他每天要处理那么多的事情，居然还能记住这件小的不能再小的小事情，而且认真地完成，我暗自感慨。大事情是由许许多多的小事情组成的，一个人如此对待无足轻重的小事情，那大事情就更不用说了，一定会做得更好，对他不由得肃然起敬。

在日本的三十六天里我学了不少日语单词，普通日常问候和餐厅里常用的单词已相当熟悉了。回到上海，正好赶上电台播送日语课程，我立即买了书跟着学，学到第四册后，难度加大。后来，各种事情打扰，日子一长，就把日语学习丢在了一旁。四十多年过去，现在只能记住一些单词了。假如有一天见到这位已退休的外交部长、前国务委员、现任中日友协会长唐家璇先生，只好说声惭愧了。数十年后，我的同班同学张庆祖在上海的一家酒店大厅远远看见他，上前打招呼。他时任国务委员，见到张庆祖，居然立即认出他，与他握手，并让秘书递上名片，嘱咐日后电话联系。这样的记忆力，这样的平常待人，令人敬佩。

在我们下榻的新大谷饭店，设有日本各友好团体成立的"中国上海舞剧团访日事务局"的办公室，负责处理、安排我们团的各项活动。7月

14日，演出团在东京日升剧场举行访日的首场开幕式演出，后来分别成为日本首相的三木武夫、中曾根康弘也都出席观看。团长孙平化和中国驻日商务代办处主任肖向前在剧场分别接触了自民党、社会党、公民党及日本各界重要人物，开展了重要的"走廊外交"，为后续的进一步外交制造了良好气氛。

外面一片祥和，后台气氛十分紧张。为防万一，松山芭蕾舞团派出不少演员来保护我们。松山树子和清水正夫夫妇俩儿子清水哲太郎，一身短打，手拿阻燃毛毯站在侧幕边，另一侧是手拿灭火器的松山芭蕾舞团的主要演员外崎芳昭。日本警视厅的便衣分立后台两个入口，每一个在台上进出的人，都在他们严密的监视之下。那天出演《白毛女》的主要演员是凌桂明、石钟琴和茅惠芳，但第二、第三组的所有主要演员也都化好妆，穿好服装，随时待命。演出《白毛女》前，钢琴家李名强与乐队演出了钢琴协奏曲《黄河》，这个以抗日战争为背景的音乐作品没有受到干扰，令大家增加了信心。

接下来是《白毛女》，前面几场台下十分安静，演到第五场，大春带领队伍回到家乡，舞台上出现了"打倒日本帝国主义"的横幅，观众席里突然发出了一些议论的声音，随即被热烈的掌声所淹没。这是中国文艺团体第一次在日本首都舞台上打出这样的标语，象征意义非同一般。日本各大报章争相报道。记者高峰三枝子撰文，特地写到观众看到这条"打倒日本帝国主义"的横幅后的反应。

第一场演出比较顺利，没有碰到什么意外，但骚扰、捣乱的警告并非空穴来风，我们剧场之外的饭店周围，来往演出参观的路上，常看见右翼分子的身影。每天，我们的大巴在警察保护下出行，即便如此，右翼人士的宣传车常常尾随，有时加速抢道，或贴近我们的大巴掠过。他们的车上，有人手持话筒对着我们大叫大嚷。陪同的日侨林道基先生曾在北京舞蹈学校学舞蹈，他告诉我们，捣乱分子有时候会向中国人的车上扔酒瓶、石头，所幸我们还没有碰到。日中交流协会会长中岛健藏的得力干将村冈久平任我们在日期间的"保卫部长"，东京

舞蹈《洗衣歌》,弟弟钟麟演班长,
与临时参与演出的日本演员用日语对话

1972年8月11日,余庆云、史钟麒在日立造船厂
演出《白毛女》第七场"相认"

《白毛女》第七场 白毛女、大春扮演者：周慧芬、史钟麒

日本民间舞蹈《拉网小调》

警视厅派了两个便衣警察在我们所住的第11、12层两端设岗，不许任何可疑人物走近。保安这样严密，还是有人试图闯关，晚间常生事端，只是我们都在梦中。看到两侧的岗哨这么辛苦，每次晚上从饭店餐厅回房间，我们会带一些点心、水果作慰问，他们含笑收下，点头道谢，但从来没看见他们吃，估计这是因为他们在工作期间不允许吃东西吧。

在日本最受欢迎的小节目是日本民间舞蹈《小花笠》和《拉网小调》。《拉网小调》非常适合我们的男演员，一个男演员说，这是他从艺以来跳得最好的舞蹈。这句话其实很令人心酸，那么多年，团里就演一个《白毛女》，不少功夫在身的演员无处发挥。演出中，朱逢博的独唱最受欢迎，每次演出，一再加唱，还是难以下场。

我们带去的小节目中，还有一个藏族舞蹈《洗衣歌》，弟弟钟麟演班长。为加深两国艺术家的交流和友谊，节目中的小藏女一角，团里请了日本松山芭蕾舞团的演员临时参演。节目中有两句台词，小藏女用日语叫："水桶不见了？！"弟弟演的班长用刚学会的日语在远处大声答道："水桶在这儿呢！"这样的细节安排，一下子与观众拉近了距离，引来台下热烈的掌声。

我们在演出之余还参观了奈良、京都、横滨、藤泽等地，但也有演员为了保证演出而放弃了一些参观旅游的机会。

《红色娘子军》在东京首场演出那天，大部分演职员被安排在白天去富士山和箱根游览，当晚饰演吴清华的吕璋瑛主动要求留在饭店休息，为演出养精蓄锐。在当时的条件下，谁也不知道以后是否有机会再来，也许再也不可能看到富士山，但她为了确保演出成功，放弃了这也许是一生中唯一的一次机会，她对我说："假如我因为去参观旅游而影响了晚上的首场演出，我将会后悔一辈子。旅游可以不去，演出一定要全力以赴，保证成功。"这不是什么高大上，但却是一个专业演员所特有的品质。回来后她告诉我，我们出去旅游的人刚离开饭店不久，右翼分子的宣传车就出现了，绕着新大谷饭店，伴随着高音喇叭的喧嚣："中国人滚回去！"气焰十分嚣张。噪音刺耳，时高时低，她

吕璋瑛扮演《红色娘子军》中的吴清华

根本没法好好休息。有一阵声音特别大，令她恐惧，她能做的只是紧锁房门，祈求他们早点散去。

  没有意外，当晚的演出十分成功，这也是中国芭蕾《红色娘子军》第一次出现在国外的舞台上，受到日本观众热烈的欢迎，日本各大媒体都做了详细报道。作为主要演员的她，拿出了在国内一个月内演十五场的拼劲，交出漂亮的海外首演成绩单，没有白白放弃旅游。首场演出的成功，鼓舞了剧组所有的部门。后来她看到我们在富士山下的集体照片里面没有她，眼里还是透出几分遗憾，毕竟是第一次到国

剧团浏览日本旅游胜地箱根,中立者孙平化,左二为唐家璇

1972年8月16日 东京成田机场 全团分乘日航和全日空两架专机直飞上海

外，以后是否还有机会都不知道，再坚强的吴清华，也是普通的人。

这一次的日本巡演，如旋风一般，在东京、大阪、神户、名古屋扫过，共公演十九场，观众达四万多人次。各场入场券在我们到达日本前已售罄，只好加卖站票。每场结束，多次谢幕，观众久久不愿离去已成常态。各地电视台轮番采访，NHK等主要电视台作录像和电视转播，并制作成立体声唱片。据不完全统计，日本近七十家报纸、二十家杂志作了报道，评介文章数百篇，照片近三百张，赢得了极大的荣誉，给团长孙平化在艺术之外的外交博弈营造了绝佳气氛。

4.成功的芭蕾外交

我们抵达日本前，日本国内政治发生了很大变化。田中角荣在新的选举中击败佐藤荣作，成为新一任日本首相。田中角荣一向对华友好，上任几天后的7月7日，田中就表示了访问中国的愿望，他说"要加快与中华人民共和国邦交正常化的步伐"。他还表示："充分理解"中国政府一贯主张的中日邦交正常化三原则，即：一、中华人民共和国政府是中国的唯一合法政府；二、台湾是中国领土的一部分；三、日台条约是非法的、无效的。大平正芳外相说得更加明确：为实现邦交正常化，首相或外相有必要在某个时期访华。这些信息的传出，让中日友好的氛围更见热烈。

我们抵达日本的第二天，邀请我团访华的包括日中文化交流协会、《朝日新闻》在内的日本八个友好团体在新大谷饭店举行欢迎晚宴，孙团长在晚宴上致辞说，"这次的目的是见见老朋友，认识新朋友"。后来知道，孙团长几乎每天都会把情况向总理汇报，现代版的项庄舞剑——芭蕾舞，意在沛公——恢复中日邦交，就此正式展开。

《白毛女》公演几天后，公民党委员长竹入义胜访问北京，与周恩来会见后回到日本，向田中内阁递交了著名的"竹入笔记"。这位被誉为"日本的基辛格"的竹入在笔记里详述了中国政府希望恢复邦交的愿望和基本条件。从后来的建交公报可以看出，当时的条件就是承认中华人民共和国为中国唯一合法政府，与台湾只保持商业往来，这其实也是中国政府与国外建交的基本原则。

8月11日，外相大平正芳会见孙平化，正式传达了田中访问中国的意愿。孙团长在《白毛女》营造出的良好氛围下，抓住机会，频繁开展外交活动，在日本各友好团体和田中内阁中重量级人物帮助下，将中国政府正式邀请田中访华的信息传给了田中。而那一天，我们团正在日本日立造船厂演出小节目。日立造船厂特别为我们在室外搭了一个很大的舞台。演出中"小花笠"、"拉网小调"受到了极大的欢迎，那天我和余庆云演出了《白毛女》第七场"相认"。

8月15日，田中角荣首相在帝国饭店会见了孙平化和肖向前。孙团长向田中转达了周恩来总理的正式邀请，田中应允访问中国，会谈后双方发表了公报。当田中决定访华的消息传到北京时，恰好我们在日本的访问也已经是最后一晚。

为彰显此次访问演出的重要，周恩来指示接受日本友好人士藤山爱一郎的提议，让全团从东京直飞上海回国。这是在周恩来总理接见全日空社长冈崎嘉平太时，正式把此事定下。冈崎嘉平太毕业于东京大学，对中国友好，很早就致力于推进中日贸易，两国建交前访华不下百余次，而那时从日本来中国是很麻烦的，必须经香港，过罗湖。作为全日空的社长，他的心里一定早就希望能够从东京到上海直飞了。

9月25日，田中抵达北京，正式就中日建交展开谈判。在预备酒宴名单上没有看见冈崎嘉平太的名字，总理立即指示打长途电话联系，冈崎嘉平太即刻从日本动身到北京。

9月29日上午十点，中日建交公报签字。晚上的酒会上总理对冈崎嘉平太一行人说："我国有一句古话，叫做'饮水不忘掘井人'。中国和日本不久就要恢复邦交了。邦交之所以能够恢复，这是由于松村先生、冈崎先生、石桥先生和村田先生等人不畏困难，做出巨大努力的结果。你们也做出了努力啊!"后来中国一代代的外交官对日本政要说的"饮水不忘掘井人",其出处就是周恩来总理对冈崎嘉平太讲的这段话。

从东京直飞上海的这条航线在抗战胜利后的1945年关闭,二十七年后重开,既是首航,也是复航,意义重大。"日本航空"和"全日本空运公司"两家公司为确保我们回程安全,派出了最有经验的机师和乘务员,日航机长曾驾驶天皇专机,并提前一天进行了试航。飞机上特意为我们准备了中餐,菜单全用中文。

8月16号,日本方面在东京羽田机场举行了盛大的欢送仪式,国务大臣三木武夫特别关照政府部门和航空公司,将仪式破例在停机坪内举行。近千人参加,很多人手持中国国旗、写着"再见"的扇子欢呼送行。机场上"祝你一路平安"、"热烈欢送"、"我们永远不会忘记红太阳"等横幅树在两侧。飞机驾驶窗外插着随风飘扬的日本国旗和中国国旗,登机旋梯上还铺着鲜红的地毯,日本政要中岛健藏、小坂、藤山、河野(参议长)、成田、竹内等也都参加了欢送仪式。上午9时,六辆大巴将中国上海舞剧团全体团员直送羽田机场21号登机口,这完全是国宾级的礼遇了。登机前,日本友好团体向孙平化和中岛健藏分别献花。孙平化对欢送的人群致词:"我们马上就要和各位朋友分别了,今后我们将为中日两国人民的友好,为两国的文化交流,为实现两国人民的最大愿望——实现邦交正常化——而努力。"最后特别用日语说:"各位朋友,谢谢,谢谢,萨幺那拉!"河野参议院议长说"让我们发誓为促进日中友好努力!日中友好万岁!万岁!万万岁!"

全团带着荣誉,带着笑容,带着鲜花,带着日本友好人士和团体"再见"的许诺和希望,在两家航空公司的主管陪同下离开东京,告别日本。去东京时走的是U型路线,不算火车路线,单是飞机的总航程就达4200公里。归程走了直线,去掉了下面的"大肚子",少飞了约2500公里。这是"东京—上海"航线中断四分之一世纪后的首航。半年之后,航线正式启用,我们幸运地成了第一批乘客。上海各界为欢迎我们载誉归来,组织了三千人的欢迎队伍,在机场列队近五百米。飞机抵达上海虹桥机场时,锣鼓喧天,红旗招展,为我们的访日演出划上圆满的句号。

孙平化团长与我们一起回到距机场数里的学校，向我们做了简短的告别后，旋即回到机场，登上了另一头准备起飞的飞机，往北京向总理汇报工作去了。第二天，中国驻日代表处的两位秘书江培柱和唐家璇也回到北京。接着，日本外相大平正芳先期访问北京，9月25日日本总理大臣田中角荣访问北京，中日建立正式外交关系。这是继破冰的"乒乓球外交"之后，另一个成功的"芭蕾舞外交"，它已被载入世界外交史册。

1972年中国上海舞剧团
芭蕾舞剧《白毛女》访日记录

日期	剧团活动	外事记录
7月3日	在北京演出	肖向前正式在东京履新，出任中国驻日本贸易代表处主任，结束了因文革而长时间的空缺。
7月7日		日本新内阁成立，田中首相在召开的第一次内阁会议上就公开宣布"要加快与中华人民共和国邦交正常化的步伐"。他还表示："充分理解"中国政府一贯主张的中日邦交正常化三原则，即：一、中华人民共和国政府是中国的唯一合法政府；二、台湾是中国领土的一部分；三、日台条约是非法的、无效的。大平正芳外相说得更加明确：为实现邦交正常化，首相或外相有必要在某个时期访华。同日，日方报道：周恩来在欢迎也门代表团的晚宴上说欢迎田中访华，三原则以外，日方关切的问题，可以弹性处理。
7月8日	全团从北京乘坐京广特快去广州	中国总理周恩来指示孙团长孙抓住时机，争取向田中首相当面转达他的邀请："只要田中首相能到北京当面谈，一切问题都好商量。"

7月10日	经深圳，过罗湖，分乘三架客机抵达日本羽田机场。	松山芭蕾舞团、齿轮座剧团等日本友好团体，以及朝侨友好团体在机场迎接，陪送至新大谷饭店
7月12日		日方邀请单位以朝日新闻，日中文化交流协会为主，在新大谷饭店芙蓉厅举行欢迎酒会，社会各界1700多人出席。新内阁大臣三木武夫、中曾根康弘以及日本友好人士藤山爱一郎、中岛健藏、西园寺公一等出席。孙平化团长致词说：会会老朋友，见见新朋友。并传达周总理的话：欢迎田中首相访华。
7月14日	东京日升剧场举行首演 连续七次谢幕	新内阁大臣三木武夫、中曾根康弘以及日本友好人士藤山爱一郎、中岛健藏、西园寺公一等出席观看，孙平化开展"走廊外交"。朝日新闻写道：舞剧团访问日本的演出必将在日中文化交流史上揭开具有划时代意义的一页。当晚，孙团长把演出成功的消息和其他情况向国内汇报。
7月16日		周恩来在北京会见日本社会党前委员长佐佐木更三时又表示："如果日本现任首相、外相或其他大臣来谈恢复邦交问题，北京机场准备向他们开放，欢迎田中本人来。"
7月17日	全团参观新落成的中国驻东京贸易代表处	中国农业代表团陈抗带来周恩来指示。在贸易代表处正式向全团传达"把荒地化为平地，盖万丈高楼，永远向前进。"
7月18日		日方报道：新内阁在答复外界之一的时候明确表示：充分理解三原则，为了日中正常化，着手政府间的磋商，是日本政府的当务之急。
7月19日	全团参观箱根富士山旅游景点	
7月20日		孙平化会见日本公明党委员长竹入义胜。晚上日中邦交议员联盟会长藤山爱一郎特意安排了超高规格的酒会，招待孙平化团长和肖向前。外相大平正芳、国务大臣三木武夫、通商产业相中曾根康弘等，以及在野党领袖及财界的头面人物，均参加了这次酒会。
7月21日		田中首相接见刚从中国返回的社会党委员长佐佐木更三，向他了解情况并传达访问中国的意愿。
7月22日		大平外相会见了孙平化。孙平化转达了周恩来总理的邀请：如果田中、大平先生愿意去北京直接进行首脑会谈，中国方面表示欢迎。

7月26日	关西地区首演 大阪节日剧场	2810个座位全部售出，加座174个。大阪市长出席，演出后大阪市长向孙团长赠送城市之钥，奈良市长向中方团员赠送礼物。
7月28日	在日立造船厂演出	剧团参观日立造船厂
8月2日	名古屋爱知县体育馆公演	这里是"乒乓外交"的发生地，演出受到空前的欢迎。
8月9日	东京文化会馆告别公演	在观众中间的"日中两国要子子孙孙友好下去"的欢呼声中落下帷幕
8月10日	参加联欢	由日中邦交正常化国民会议部分团体在东京大田区交体育馆举行了联欢晚会，出席人员多达6000人。舞剧团与大阪，关西地区的华侨、朝侨以及从山口县赶来的日本齿轮座全体演员一起联欢，松山芭蕾舞团的演员也表演了节目。
8月11日		大平外相再次会见孙团长并正式表示，田中首相已决定访华，并对周恩来总理的邀请表示感谢。
8月12日	东京新侨剧场	剧团招待日本工人、农民和积极推动日中友好的积极分子。
8月12日		中国外交部部长姬鹏飞通过新闻媒介正式宣布：中国总理周恩来"欢迎并邀请日本首相田中角荣访问中国，谈判并解决中日邦交正常化问题"。
8月15日		田中首相在东京的帝国饭店接见了孙平化，大平外相和二阶堂进内阁官房长官在场，正式接受访华邀请。双方商定，待访华日程确定后，再由中日双方同时发表公告。田中表示，"希望通过访华，一举建交"。并说："我反正这次都摆平了，下决心来了，准备到中国去。"问孙团长什么时候好，孙答：最好是秋天。秋天，秋高气爽，北京的天气很好，红叶很好看。田中说：好，大概在那个时候。后来二阶堂进走进来，拿了一张纸，把当天双方讲的内容都写在了上面，说准备根据这个提纲对日本媒体人发表。问中方是否也可以根据这个提纲向中方媒体发表。然后，他在美浓纸上写了两份，一份日方自己拿，一份给中方。提纲写得比较完整，有几个字作了细微的调整后，中方就向媒体发表了。
8月16日	乘坐全日空和日航两架专机由东京直飞上海	同机抵达上海的还有中岛健藏和夫人中岛京子为首的"日中文化交流协会代表团。"这是周恩来特别批准的，把原先预定的从香港返回的机票、火车票全部取消。说："坐日方包机回国很有必要，这是政治。"

9月21日		中日双方在北京时间上午10时(东京时间11时)在北京和东京同时发表公告:"日本国内阁总理大臣田中角荣愉快地接受中华人民共和国国务院总理周恩来的邀请,将于9月25日至30日访问中国,谈判并解决中日邦交正常化问题,以建立两国之间的睦邻友好关系。"至此,田中访华完全确定下来。访华前夕,田中对大平外相说:"大平君,我们搞恢复邦交正常化问题,不知会怎样。人生一世,花开一季,人总是要死的,要死就一块死吧,我是有这个准备的。"

5．访问法国和加拿大

五年以后的1977年，中国上海舞剧团再次组团，访问法国和加拿大。这次出访又一次创造了中国文艺团体出访的各项记录，可能是空前绝后的。首先是人数庞大，达一百五十人之多，第二，道具布景全部空运，为此中国民航另派了一架伊尔62的货机，拆掉飞机里面部分的隔档和座位。此次访问团的团长是由中国人民对外友协副会长丁雪松担任，上海文化局长孟波和北京舞蹈学校的校长陈景清担任副团长，演出团配备了好几个英语法语翻译。

这是中国在文革后第一个派往西欧和北美的演出团体。关闭了十年，世界迫切需要了解中国，中国也需要用文艺拉近与各国人民之间的距离，建立友谊。通过演出团所展示出来的风貌，可以一窥中国国内的情况，所以我们每到一地，演出入场券都早已售罄。演出团在法国和加拿大总共演出了二个多月，演出十分成功，受到热烈的欢迎，主要媒体都有不少报道。法国的演出承包商在演出团从里昂回到巴黎的时候，中午专门在巴黎最负盛名的元老饭店宴请演出团的部分领导和主要演员。那天演出我轮空，也参加了日宴。宴会非常豪华，所费不赀，可见承包商的高兴之情。

我们对外一片祥和，但内部的纪律还是相当严格，出访前作了很多规定，以防出现当时的苏联同样的情况。当年苏联有不少优秀的演员就是在出访演出时离团，从而展开他们不一样的人生的，其中最著名的就是世界芭蕾史上赫赫有名的两位演员努里耶夫和巴里什尼科夫。努里耶夫在巴黎脱团，后来在英国皇家芭蕾舞团与玛柯芳婷成为芭蕾舞团历史上的最佳搭档。巴里什尼科夫在加拿大脱团，后来加入纽约的美国芭蕾舞剧院，并出演了电影《白夜》，继续他的芭蕾舞的辉煌。这两个地方也恰恰是我们要去的地方。

第一天在巴黎演出的时候，我刚化好妆，忽然，团里的翻译到化妆室告诉我说外面有一个人找我，把我吓得不轻。带着忐忑不安的心

1977年出访前在上海文艺会堂集训。三排左起五、六：丁雪松/孟波；
二排右起一、二、三、四、五、六：韩新、林泱泱，胡蓉蓉，史钟麒，陈燮阳。
凌桂明

演出后谢幕。周慧芬——白毛女，史钟麒——大春

情快步跑到后台入口，远远看见一个打扮入时，与我年纪相仿的女子站在门口，趋近一看，原来是高醇芳，赶紧打招呼。这是一个熟人，和我们家有世谊之交，她的小姐姐高醇莉是我们团的演员，1972年访日演出前因为海外关系而被除名，后来结婚去了国外。她大姐高醇英是中央芭蕾舞团的演员，中国第一个在舞台上演出白天鹅的演员。出访前，每个人的海外关系都调查得清清楚楚，她这一来找我，我立即就有了隐瞒了海外关系之嫌疑，这可是大事情。我片刻也没有停留，让她在门口稍等，找个借口立即去找团长汇报，我必须在她们怀疑我之前撇清关系。好在丁雪松团长多年从事外事工作，不会见风就是雨，她表示理解并说我可以去与她讲讲话，但是要快一点，因为演出马上就要开始了。获得首肯，我这才去与她寒暄。原来她嫁给了一个法国人，早几年就来到巴黎，现在在巴黎教中国画。言谈之中，她热情地邀我去她家玩，我真的很想去，但在那个年代是这绝无可能的，除非你不想继续在团里呆着了。时间很短，有些话又不能讲，匆匆话别。

四十年后的2017年，我们去巴黎度假，终于在她家住了下来。讲起这个四十年前见面的经历，大家相视一笑，尽在不言中了。她毕竟在中国生活了几十年，对中国的政治环境十分清楚，诸事无需解释。

法国老剧场的舞台，为了配合观众的视线，舞台地面都不呈绝对水平，而有轻微的前倾，观众不会有什么感觉，但对舞蹈演员敏感的脚来说，影响就大了，这给我们主要演员带来不少挑战，特别是喜儿的32个小挥鞭转(Fouette)，白毛女的32个大挥鞭转(Grand Fouette)和大春的32个旁腿转。好在几个主要演员都很年轻，适应力较强，所以在完成技巧上都没有出现什么大的问题。记得那天我演出时，我特地在中场休息时，去台上转满32圈，确保自己适应了剧场的特殊的条件。

在法国演出总共三十三天，取得极大的成功。其实这个访问演出早在1967年就应该实行。据上海外事部门的朋友告诉我，在我们刚刚毕业的时候，上海就与数个欧洲国家商讨了访问演出的意向书，但文革开始，意向书就成了废纸。

在法国演出后，我们从巴黎直接飞到加拿大，在华人最多的城市多伦多、温哥华和渥太华演出，总共二十场，盛况空前，每场爆满。

在加拿大的首都渥太华，那天轮到我演大春，茅惠芳演喜儿，石钟琴演白毛女。那天演出前，团领导告诉我们，今晚有加拿大国家芭蕾舞团的演员来观摩。在所在国的"国家级"同行面前演出，任何小瑕疵都逃不过他们的眼睛，这多少会给我一点压力。今天，我虽然演出的还是大春，但意义不同。加拿大同行们没有机会看凌桂明和欧阳的演出，所以我也间接地代表了他们，代表了上海芭蕾。平时像这种比较重要的演出，都由凌桂明出演。我不敢掉以轻心，对一些重要技巧像32圈旁腿转，虽是强项，仍不敢懈怠。平时上台前只是比划几下，那天我特地在后台排练厅重复练习了很多次。大春在第七场还有一个连续踢前腿跳、绕舞台转一大圈的动作，术语叫 Jete Battu，我也是到后台不断地练习，一直活动到第五场开场，我不能让身体冷下来。演出非常顺利，我跳得很高很飘，转圈也十分稳当，32圈旁腿转完全没有移动地方。第七场的独舞、双人舞完成得也比平时好不少。演出结束后，该团的男女主角手捧鲜花上台祝贺，男演员握住我的手，讲了不少话，我虽听不懂英语，但能感觉到那是热情洋溢的赞美。

时隔四十年后，我在美国旧金山邂逅一对华侨夫妇，他们是舞蹈爱好者，在旧金山组织了一个华人舞蹈团，后来我还在这个团里教过舞蹈。他们告诉我，我们在加拿大演出的时候，美国这一边有很多华人驾车去那边观看。他们俩在温哥华也看了我的演出，留下十分美好的印象，至今还保留着有我签名的节目单。

第九章 体验生活

1 金山

从日本归来到家后，邻居、朋友、亲戚来访者络绎不绝。

闭关锁国多年，人们对外部世界极端缺乏了解，对国外的任何信息都充满好奇。交谈中，我讲的任何细小的事情，都会引起他们强烈的兴趣。我有一个在工厂里当工人的普通朋友，有不少海外关系，非常渴望能去外国看看。但那时候"海外关系"是严重的政治污点，避之唯恐不及，他在厂里从来不敢声张。听了我们在日本的见闻，看了我带回去的小纪念品，让他顿生感叹：如果能够让他出去看看，一年后回来把他枪毙了也愿意，他不愿意就那么像个傻瓜一样活在世上。当时人们的渴望到了这种地步，今人无法想象。1976年文革结束后，他去了香港，终于如愿以偿，再也不用担心"海外关系"带给他的负面影响了。

我们还沉浸在访问日本后的兴奋当中，"上面"已给我们制定了一个基于虚无基础上的计划。他们认为，这次日本之行，眼见耳闻，加上住在豪华的大酒店里，一定受了"资产阶级思想的影响"，要去洗脑排毒。其实日本的先进，大部分日本人对我们的友好，都给我们留下良好的印象，大部分都是极为正面的，你指望靠去农村能把这种影响挤出去，一定不会如愿。中国农村我们已经去过很多回了，它的落后，我们都知道，不去也清楚得很。反正不管如何，数星期后，我们被安排了去金山县塘湾公社八二大队。

住在大音箱里

金山县地处上海西南角的远郊，面对东海，有长长的海岸线和宽广的海滩。我们带了简单的行李，坐上了大卡车。其时交通不便，很多土路，走了近两个小时才到达。因为坐的是卡车，即便后面有篷布遮挡，路上被车轮卷起的尘土很多被吸入车厢，下车后，坐的比较靠后的同学都一个个灰头土脸，真的是一路风尘。到那儿后，我们入住该大队的两个仓库，男演员住稍大的一个，泥地，东墙上有一个小窗，角落有农具。女演员的宿舍稍小，水泥地，干净一点。为迎接我们，生产大队已派人彻底打扫过，准备了很多干稻草。

抵达后第一件事是铺床。我们先把稻草均匀地摊在房间两侧的地上，中间留一尺来宽的过道，每个人把自带的铺盖打开，一个挨一个，床单相连，枕头一律靠墙。这地铺就像北方人家的火炕，沿墙而建。北方的火炕离地约两尺许，而我们的"超级大炕"就在地上，十分接地气。晚上睡觉时一个个紧紧挨着，熟睡时一个大翻身，手就有可能搭到别人的枕头上，脚伸到别人的被子里。床，没有东京新大谷饭店的漂亮、整洁，设备就更谈不上了，但舒服程度未必不如。

晚上，待大家躺下后，靠近拉线开关的人把悬在仓库天花板上唯一的灯熄掉，房间顿时漆黑一片，伸手不见五指。不时有人打手电，把光柱射向天花板，栖息在角落的蝙蝠被惊扰，扑翅离开，带下一片浮灰。"黑灯故事会"正式登场，你一句，我一言，这个故事没收尾，另一个已开头。这个故事细节不理想，他人插嘴补充，纠错。练功房、排练场的趣事，舞台的轶闻，看过的书，见过的人，远的、近的，历史的、现代的，素的、荤的，无所不包，每个人都是故事里的主角。陆志浩、陈旭东、张庆祖、赵志权的故事最多，不到唇焦口燥，绝不收口。笑声如潮，退了又涨……直到演员队长朱国亮大声喝止。大仓库空空荡荡，犹如超级大音箱，声音极佳，我们三十多个男演员在里面就成了音箱里为防谐振而衬垫的"棉花"，任何角落的细小声音都会引起共鸣、放大，迅速传到每个人耳朵里。梦呓、咳嗽、翻身时咽吐唾沫的咂巴声、沉重的呼吸，无一遗漏。谁半夜起床小解，谁就成了第二天晚上故事会的主角。这种乐趣，新大谷饭店房间里毫无生气的气氛和看不懂的电视，绝对无法与之匹敌。

全日空

　　此次特意安排的下乡，领导的本意是让汗水洗涤东洋的"污染"，无奈天公不配合，不是阴天就是下雨，把我们都堵在了木板门里面了。秋粮已入库，农活儿大量减少，即使晴天找活干也不容易。本来安排在打谷场上练功，也没法实行，只能在房里压腿，下腰，拿大顶，然后看书，打牌，聊闲篇。从日本回来时，我们分乘两架包机，其中一架属于"全日本空运公司"，简称"全日空"。这次下乡，没有太多的劳动，无法正常练功，成了名副其实的"全日空"，这让洗脑的初衷大打折扣。即便组织老农作报告、讲故事，也没有什么新鲜的可讲，我们在舞蹈学校那么多年，那么多次下乡，该听的差不多都听过了。

　　下乡锻炼，我们其实早已熟门熟路。从学生时期二年级开始，学校几乎每年都安排时间去工厂、农村、部队锻炼，少则两个星期，多则一个月。起初，工人、农民、战士或多或少认为我们"跳舞的"都娇贵，不相信我们能干重活，其实，舞蹈也是体力活，我们吃的苦不比他们少，只是分类不一样而已。舞蹈学校在招生时，特意地往工农兵子弟做政策性的倾斜，所以我们中间不少同学来自郊县农村，从小对那些农活并不陌生。彩色电影芭蕾舞剧《白毛女》中饰演大春、后来当过舞蹈学校校长的凌桂明，原籍就是青浦农村。而来自城市的，也大都是工人、职员和干部的子弟，本属城市贫民阶层。娇贵的学生即使有几个，也因为社会环境和常年与大家在一起成长而看不出什么特殊。1964年，学校为了创作《包身工》，专门安排女生去国棉九厂和纺织女工一起生活，男生就去了部队。数年下来，上海周围的郊县像金山、莘庄、奉贤、横沙岛，部队像江湾机场、上海附近岛屿的守岛部队营房，都曾留下我们的身影。记得在空军地勤部队体验生活时，要求我们早晨起床快速叠被，而且要叠成豆腐干的模样，照样难不倒我们。到农村协助秋收，割麦，脱粒都干过。我们的专业虽属"高雅艺术"，但我们与老百姓有共同语言，甚至有共同的经历，在农民家里三同（同吃，同住，同劳动），不存在什么困难。那时候城市里的人们生活水平普遍低下，与郊区农民相差有限，只是方便程度和形态有所差别。经过一段时间的共同生活，农民、战士对我们的看法就会完全改变。弟弟锺麟在横沙岛部队锻炼时，一个上海籍的战士和他成为了挚友，保持通信多年，逢年过节互相走访，直到这位战士后来在遵义因车祸去世。

在农村，吃任何农家饭都没有问题，有的还相当好吃。上海城市居民吃的米，大都是陈粮。等新粮入库后，才会把在仓库里存放了一段时间的陈粮拿出来卖。而农村吃的都是新收获的粮食，煮熟后带着自然的香味，糯、软，非常好吃，没有菜佐餐，也能让你口水直流，说是改善伙食一点不为过。农村还有用玉米掺和的饭也非常好吃，黄黄的玉米在饭里看上去像炒鸡蛋，我们就干脆称之为蛋炒饭。唯独那个忆苦饭，实在令人不敢恭维。有一年去奉贤农村，为了让同学们体会解放前农民吃糠咽菜的苦况，特别安排了"吃忆苦饭"。这种饭，用菜帮子、野菜、麸皮、粗糠、萝卜樱子、玉米面等猪饲料捏成团子，蒸熟而成。外形粗砺，口味苦涩，极难下咽。一些另有所图的人故意在领导面前大口吞食，有的人稍微咬一口就偷偷吐掉，我就是后者之一。这也算一种反叛吗？我不这么认为，反正我是知道这个忆苦饭实在是太苦了。

当然，我们在农村有时也因为不熟悉情况，闹出很多笑话。把农民随便放在灶台上的桐油当成普通的食用油炒螺丝，吃了后引起拉肚子，也是难得的农村记忆。

奇葩的厕所

下乡，最让人头痛的地方就是上厕所。

农村的茅房，不但简陋，臭气冲天，还有危险。横沙岛的厕所是面对大路，用茅草扎的尖顶小棚，一人高，两个并排，男女不分，没有门。人坐在Π形横杆上，身体要往前倾，若不小心直起腰，或不经意打个哈欠，导致重心后倾，很有可能摔进缸里。本地人上厕所，路上行人一览无余，如厕者甚至大声和路人搭话，闲说东家长西家短。两个尖棚厕所靠得很近，中间只隔一块草席，两边的人还能拉得上手。这边一个男人，隔壁一个妇女，彼此该干嘛干嘛，令人不禁。我们这次去的"八二"大队，类似的厕所就盖在离仓库不远的拐角处，男女同学住得很近，一不留神，容易曝光。为免尴尬，我们大多是晚间找地方解决。

入夜以后，我们一人扛一把锄头，借着微弱的星光，带着手电筒慢慢地朝海滩走去，选好地方，一字排开，看准风向，每人挖一个30公分左右的坑，然后蹲下来，一面排泄废物，一面讲着带有臭味的故事。解决后，每人挥锄回填沙土，如同一群夜猫。等最后一只猫系好裤子，大家才扛着锄头一路说笑着往回走。

在农村的日子没有压力，最多的就是笑话和笑声。三年级时下乡，一个同学因长相略显老成，被农民咬定"有两个小孩"，其实当时的他才17岁，这笑话到几十年后的今天还挂在我们嘴边。如果他真的有两个孩子，今天应该感到十分高兴的，可惜他结婚后碰到的是一胎政策，所以一辈子只有一个孩子。

2 难忘的大苗山

1973年，团里决定投入创作和排练新舞剧《苗岭风雷》，这是反映苗族地区人民解放战争年代的生活和斗争的故事，去那儿体验生活是必定需要的。

劳动节过后，我和朱国良、林培兴共三人，为演员队体验生活前往大苗山打前站。朱国良是演员队长，大气，仗义，办事干练，负责，极富号召力。他喜欢古文，能写诗，有着古铜色的皮肤，结实的肌肉，同学们给他起了一个可爱的外号——"油氽果肉"，把他的身体状况描写得入木三分。他非常愿意助人，同学、同事有任何需要，他都会出现在他们身后。林培兴和我同班，当过我们班长，聪明，业务不错，转圈是强项。团里1974年排演《沂蒙颂》，他演方铁军排长一角。他平时爱开玩笑，大眼睛不时露出狡黠的神情，因反应极快，动作敏捷，被我们班上的女同学冠以"野山兔"的雅号。

我们在南宁与广西文化局联系好，办好必须的手续，第二天赶往柳州投宿，次日一早，由当地文化局的人陪同去大苗山。一路上，朱国良的稳、思，林培兴的快速反应能力，给我们匆匆赶路的行程平添不少趣味。

大苗山全称是广西融水苗族自治县，隶属柳州，地处柳州北部云贵高原向东延伸的部分，聚居着苗、瑶、侗、壮四个少数民族。到处是山，有"九山半水半分田"之说。交通不便，民风淳朴，木材、土特产、矿产是主要经济来源。那天一早我们从柳州坐长途汽车到融水县城，再坐上融水县文化局派的一辆吉普车，一路颠簸，绕行上山，约一小时后，汽车在路的尽头处停下。从下车的地方到我们要去的大队，两条腿是唯一的交通工具，约需一个半小时。我们去的小山村叫翁牛寨，保持着原生态。没有电，各山头之间通话全靠唱山歌加大声吼叫，刘三姐出在这儿就不奇怪了。向导告诉我们，当地少数民族朋友、乡亲相约吃饭，有一方会在早晨隔着山头大声叫唤，唱山歌，另外一头听见后，也是山歌询问，互相明白意思后，一方就要开始下山，到了山脚下再往上走向对面的山，要花一个上午，吃完午饭回家，又是半天。吃一顿饭，来回一天，这还算是比较靠近的。

文革年代，在农村鼓吹"宁要社会主义的草，不要资本主义的苗"，很多只适合种经济作物的地都改种粮食。为了赶"农业学大寨"的时髦，靠近水源的山地大都被开辟成水田。水田种的大都是糯米，产量很低。春天插秧后，灌上水，再放养鱼苗。到了稻米可以收获时，鱼也长大了。收获前，先将田里的水抽干，把鱼抓上来，大家分吃，苗家人管这种鱼叫田鱼，长相与江南一带的鲫鱼类似。可惜苗民善猎不善烹饪，缺少"煮"意。烹鱼不去内脏，不刮鳞，清水里稍微漂洗几下就用白水煮，熟了后连锅带汤端上桌。吃的人自己用筷子扒鳞去脏，味道不乏鲜美，但卫生堪虞。又缺盐少酒，令味道大打折扣。接待干部视我们打前站的为贵客，请我们吃鱼。看他们喝酒吃鱼，非常享受，还不断地往我们碗里夹鱼。我们客随主便，不能不给别人面子，也只能浅尝辄止。其实他们的雪白透亮的糯米饭，非常香糯，更加好吃，只是打开的饭锅上面停着的黑黑的苍蝇就像撒上一层黑芝麻，你手一扬，成群飞起撞在你的脸上。我们抢着自己盛饭，拨开上面一层才敢舀到自己碗里，如果他们给你盛饭，你是吃还是不吃，真是一个不小的考验。

　　因地处偏僻，从外面来这儿访问的人极少，当然这儿不是世外桃源，老乡告诉我们，文革刚开始的时候也有一些红卫兵闯入，但终因交通不便，语言沟通困难，难成气候。村民们虽然对外面的世界了解甚少，但样板戏还是略有所知，在一些农家甚至还看到样板戏的宣传画。几个村民通过翻译，知道我们是演《白毛女》的样板团，为排演《苗岭风雷》来这儿体验生活，都露出十分兴奋的神情。确定我们演员队来的日子后，村干部就当着我们的面，把双手卷成话筒状，朝着附近几个山头大声唱起了山歌，然后掰着耳朵静听对面山头的回音。他唱的曲调简单高昂，我们听不懂他在唱什么，也不知道偶尔的回声是否与他有关。后来知道，他是叫所有的村民后天各送一只鸡到乡公所去，招待我们《白毛女》剧组。以后我们在苗寨的一个多月吃得最多，印象最深，最好吃的菜就是草鸡炖香菇，味道极为鲜美，只怕世界上任何星级饭店的同类菜肴也无法与之匹敌。

　　三天后，演员队来到柳州，稍息后各自带着铺盖卷，乘车加步行，用了比我们打前站多一倍的时间才抵达翁牛寨，一到驻地，不少同学一屁股坐在地下再也不想站起来了。

我们住的是苗家的集体仓库。苗寨没有大炉灶，苗民砍来竹子，帮我们搭棚、建灶、开伙。团里还从学校食堂叫了一个厨师随行，这样大家就不用担心吃饭的问题了。苗家的住房都用山中盛产的竹子和木头搭成，很少用钉子，完全不需水泥。山民自给自足，完全原始生态，世代如此生活。其中印象最深的是一个猎人的屋子，他的屋子依山而建，前门高高的台阶下，用数根粗大树干做柱子，离地约一人多高，楼梯按在一侧，后墙紧贴山坡。台阶下面的空间无遮无挡，放着一些工具。中间一个石头垒起的炭炉子引人注目，原来是他的制作工具的"车间"，他的猎枪就是自己做的，俗称"铳子"。我和弟弟去参观时，他做了一半的枪管还夹在架子上，我和弟弟从来就对这些东西十分感兴趣，问得十分仔细。他常常去外面，所以汉语比较流利，他告诉我们，铳子零件中最难做的是枪管，需好几天才能完成。做的时候，他需预先把长长的圆铁棍垂直固定在木架子上，保证垂直，然后把细长的铁条烧红、淬火、磨利，打造成长钻头，再把钻头插入两根相距一尺的横木上面的洞里。横木上两个洞口必须100%同一圆心，垂直对准铁棍。长钻头上拦腰缠上绳子，两手捏住绳头和绳尾，来回抽动，往下压送。钻头用钝，回炉淬火，如是者数十次、上百次、千次，才能做成一根枪管。看他也没有什么计量工具，完全靠目测保证枪管的垂直，真是太了不起了，正应了古谚："只要功夫深，铁杵磨成针"。猎人家里挂着不少狼、熊、野鹿等风干的兽头，有的叫不出名字，都是他的枪下之魂。他有一只宠物猴，脖上拴着一条细铁链，围着我们转来转去，有时会摆出一副准备袭击的模样，猎人轻声呵斥，猴子马上缩到一边去看着主任。猎人说，他进山狩猎，猴子就是他的助手。

大部队到了苗寨不久，大家很快就习惯了那儿的生活，练功、学习、排练、请人做报告，一切井然有序。忽然学校里传来了不幸的消息，同学洪志明因为心脏病突发离我们而去。他只有二十七岁，太年轻了，大家十分悲痛，不少同学痛哭失声。洪志明，高个子，一脸帅气。同学六年，剧组七年，十三年来每天在一起，他就是我们自己的亲兄弟。多年前他被查出有心肌炎，据说是因为感冒发烧引起的，但控制得很好，舞蹈课除了大跳，他都可以完成，也常与我们一起练哑铃。有时候晚上演出回来，还与我们一起聊天、吃夜点。去朝鲜、日本访问演出《白毛女》，他是八路军列队回到杨各庄的旗手，他高举旗帜威武开路，给观众留下深刻的印象。但从日本回来后，情况就不是太好，所以剧团就劝他留在了上海。没想到，此别竟成永远。每次《白毛女》的演出中，八路军列队回到杨各庄，他高举旗帜威武开路。现在他走了，我们再也无法见到他开朗的笑容了。上午练功前，朱国良把大家集中到一个山头上，北望上海，遥视默哀良久，寄托我们深深的怀念。

厕所里的杂技晃板

又是厕所。在翁牛寨，什么东西都感到新鲜好奇，唯独那儿的茅房却让我们感到恐怖。那是一个约有四米宽三米长的竹房，推门进去，臭气扑面而来。一块宽约一尺、厚约二寸的大木板横跨在房子两侧，犹如当年上海港码头工人卸货用的跳板，走上去颤颤悠悠的。木板离地约有二米多高，下面就是一个没有水的大粪坑。在这儿方便，"中国蹲"的功夫一定要过硬，特别是有胆量蹲在中间的人，两侧没有扶手，更需要超强的调整重心的能力，要不然两端任何一个人突然离开木板，他就要上下晃悠表演杂技了，这真成了茅坑里的杂技团。稍不留意，一个失手，失去重心摔了下去，那可就不好玩了。每天去厕所，总带着几分顾虑和加倍的小心，我从来只敢在靠墙边上扶着墙，小心翼翼。问别的同学，都有一点惊恐之意。所幸大家比较小心，去了一个多月，还没有发生悲剧。

可爱的苗民

不少苗民土生土长，一辈子没出过山，连县城也没去过。有一次，我们第二天要去融水县城办事，几个苗民妇女听说后想搭顺风车去县城游玩。队长对我们一说，我们当然十分欢迎，有机会为苗民做点什么，正是我们的愿望。

次日一早，苗民们像过节一样，一改往日的随意，她们把头发梳得整齐油亮，插上美丽的银饰品，身上穿着漂亮的民族服装，脖子上、手腕上挂上亮闪闪的银项链、银手镯。走在小道上，她们有说有笑，还时不时地唱起了山歌，一个多小时后终于登上停在大路尽头的车子。为让她们更好地欣赏沿路风光，我们把靠窗位子留给她们。她们上车后，手扶椅背，把脚从靠背与坐垫之间的空隙伸出，面对靠背坐下，这儿摸摸，那儿看看，兴奋得像小姑娘。我们笑着告诉她们坐反了，于是她们把脚抽回，转身靠在椅背上，笑得更开心了，有两个特别兴奋，指着窗外，一会儿站起，一会儿坐下，大呼小叫，叽叽喳喳，像一群小鸟。车子开动，苗族小调充满了车里每一个角落。欢快没有持续多久，声音渐渐轻了下去，再后来，此起彼伏的呕吐声代替了歌声。一个多小时后到了县城，她们一个个脸都成了土灰色，伏在椅背，连站起来的力气都没有了，哪里还有心情下车去逛街？有几个勉强下了车，走不多远又回来了，下午随车颠回家，什么也没看到。第一次的大巴之旅就这样结束了，太同情她们了。

送别

在苗寨生活一个月，苗民对我们生活上的关心，很快就让我们适应了这儿的生活，体验到苗民的生活种种，与他们建立了深厚的友谊。

为感谢苗民，我们计划在回上海前的傍晚，为苗民作一个告别演出。这在苗寨是绝无仅有的活动，是一个节日，苗民们高兴极了，很早就以山歌方式通知了各个山头。苗民们住得分散，最远处的苗民，需要演出前两天出发才赶得上时间，路上还要带干粮，带火把。尽管如此困难，也没有阻止他们的热情和兴致，演出开始前他们都早早地出现在现场。

那天下午的演出是在相当于篮球场那么大的空地上举行的，平时看不到多少人，这天来了很多人，把演出场地围了个密不透风。我们除了演出《白毛女》的一、六、七场外，还演了其他一些小节目，每个节目结束，都是一阵经久不息的掌声。原计划一个小时的节目，总共演了一个半小时，快结束时已是掌灯时分，苗民们在周围点起了火把，红光在大家的脸上闪动。

演出结束后，苗民们意犹未尽，久久不肯散去。到他们离去的时候，天色已经全黑了。苗民们擎着火把在小道上前行，犹如一条条金链镶嵌在乌石中，蔚为壮观。住在近处的苗民白天送来山里的土特产，入夜后就在在离我们的住处稍远的地方，点起篝火，围坐一起，用笙箫吹起了特有的旋律，时而深沉，时而委婉，有人随着曲子吟唱，有人踏着舞步。夜深了，人们还是不愿散去，不时从远处传来轻轻的低吟声，催我们入梦。

第二天清晨，告别的时间到了，全村老老少少尽出，拉着我们的手，帮我们扛行李，陪我们走了很长一段路，挥手告别时，好多人的眼泪已挂在了脸上。此情此景，让我们想起了在电影里、书中看到的当年中央红军离开江西根据地，老百姓十里送行的场面。时间虽短，与他们建立的友谊会永远留在我们的心中。

回上海不久，团里正式开排芭蕾舞剧《苗岭风雷》。1974年春节期间，前后两次在市委礼堂演出，颇受好评。后来因为各种原因，我们没有机会去苗岭向苗族朋友汇报我们的学习成果，成为集体的遗憾。

3 河北的原生态

1971年夏天开始，在编导胡蓉蓉和林泱泱协助下，芭蕾舞剧《白毛女》在上海电影制片厂开拍彩色电影。

这年冬天，为进一步修改《白毛女》，文化局组织剧组里没有参加拍电影的编导组的一些主创人员与上海歌剧院的一些编剧、作曲、编导、编舞、舞美设计等部门人员一起，去河北体验生活。整个队里有音乐家瞿维、朱践耳、陈本洪和马有道，上海歌剧院的恽迎世、李家振、周彼、钱志成、赵宝龙、谢烈荣、赵国良，童本一、吕木峰以及我们演员队的朱国良、余庆云、沈芷华、老师祝士芳，乐队的缪陆明，我也有机会随行。

此次河北体验生活，队里有两个大音乐家，一个是瞿维，一个是朱践耳，二位都是令人尊敬的音乐家。瞿维1940年曾在延安鲁迅艺术学院任音乐老师，1942年毛主席召开延安文艺座谈会，他是出席者之一，最早的《白毛女》就是他与马可、张鲁在1945年共同完成的。

芭蕾舞剧《白毛女》在小型扩展成大型的过程中，文化局把瞿维从上海交响乐团调来我们剧组。他为人和气，说话轻声细语，没有任何大音乐家架子，一副长者风范，我们团里所有的人都很尊敬他，没有人叫他瞿老师，都称他为老伯伯，更显亲切。有一段时间我作为演员队的代表参加编导组的工作，常与音乐家一起讨论音乐。他对我们提出的有关音乐的长短、速度，总是非常认真地记录，然后与陈本洪和马有道具体商量。下一次开讨论会时，陈本洪就会把初稿在钢琴上弹出来，供大家进一步讨论。

我们这一对双胞胎在团里比较特殊，他对我们从不缺少关心，在校园里见到他，他总会逮住我聊几句，我和弟弟还常常到他的作曲室里去看他，与他聊天。在与他聊天时我会问起他在延安时的活动，他总是淡淡地数言带过，从不以老革命的口吻自吹。这次与他一起去河北，聊天的机会就更多了，见他总是和颜悦色，笑对每天的活动。在学校里时，他看过我俩打乒乓球，知道我们非常喜欢，还特意买了一副红双喜的乒乓球拍送给我和弟弟一人一块。红双喜是当时的顶级名牌，拿到球拍真让我们喜出望外。不过，我的球技不怎么样，冤了这么好的球拍了。

朱践耳是一个作品甚丰的音乐家，我们很早就唱着他的歌，他工作时间大部分在上海歌剧院，很少出现在我们的校园里。因为他的太太舒群是我校乐队的领导,所以我们很早就对这位作曲家十分关注。文革前,流行最广、最脍炙人口的歌曲《接过雷锋的枪》、《唱支山歌给党听》等就是他的作品,我们几乎是唱着他的歌度过了青少年时期。那时,他还在歌剧院任作曲,后来才调去上海交响乐团。2002年5月,他出版了中国首部个人交响作品集《朱践耳交响曲集》。这两位音乐家那时已都已是五十岁开外的人了,我们都还年轻,外出都会特别照顾他们。

我们去河北的第一站是平山县,也是我们此行的最主要的目的地。那是河北省会石家庄下属的一个县城、抗战时著名的老区,西柏坡是平山县下属的一个村。1948年5月,中共中央机关、解放军总部移居此地,毛泽东主席在这儿指挥了著名的三大战役,并在这儿发出解放全中国的命令。全国解放后,这儿几间重要的屋子被辟成纪念馆。在石家庄,当年河北省委书记李雪峰的秘书,知道我们《白毛女》来河北体验生活,特别给我们开了证明介绍信,要求各地认真接待我们。这封信起了很大的作用,使我们在河北的行程一路畅通。

在平山县,我们去了好几个地方,每到一处,乡民夹道欢迎。因为是样板团,有人干脆叫我们是"江青派来的"。当地驻军特别安排了一辆中型客车和一辆嘎斯69吉普车随行,逢到下雪,车轮就被套上链条。有两次欢迎我们的人太拥挤,连车都没法移动,要靠干部们疏导,才能缓缓开行。有一次,我们去参观平型关后,当天下午离开平型关,因为下雪,我们的车开得很慢,一直到半夜才来到保定属下的涞源县。本以为乡民们早就睡觉了,没想到都没有睡,见到我们的车抵达,乡民们倾巢而出,不下千人,把我们的车围得水泄不通,巨型锣鼓的咚咚声,响彻云霄,街道两旁所有的房屋外墙上都贴满了"欢迎白毛女"的大标语,县委书记还特意上了我们的大车,嘘寒问暖,一直把我们送到招待所。

涞源县下属的南滚龙沟是著名的老区,抗战时期脍炙人口的童谣《歌唱二小放牛郎》,唱的就是发生在这儿的事,当时村里差不多四分之一的人死于日寇的铁蹄之下。这儿也曾经是当年《晋察冀日报》的所在地。现在,那些场景已不复存在,都留在了老一代村民的口中了。

由左至右：作者、部队司机、歌剧院编剧李家振

后排站立者左八起依次为：朱践耳、瞿维、陈本洪、缪陆明、马有道、笔者、李家振

我们大部分时间都是住在当地招待所，平时都在招待所里吃饭，接待单位有时会安排我们到农民家吃派饭，能让我们近距离体验老乡的生活。

所谓派饭就是安排我们到农户家与他们一起吃饭，按我们去吃饭的人数和当地的平均生活水平，农户家会从乡政府领到一定的补贴。那一天，我和祝士芳老师一起去的一户人家，前后三间，都是用石块垒起的，看上去非常坚固。那儿地处太行山麓，生活离不开石头，石头是最好的建筑材料。老乡屋前有一条蜿蜒不平的小路通向村头，屋子后面有一个不算低的小山坡，不远处有山泉潺潺，沿着山脊流进离后门数米远的小池塘，泉水清澈，甘甜。这儿盛产大红枣，地下随处可见枣核和干瘪的枣子。老乡家里的灶台上方，两个酱油瓶也用红枣当瓶塞。老乡们的伙食一年四季差不多，给我们吃的就是他们常吃的玉米糊、山芋、高粱米窝头、咸菜。吃饭时，筷子上还粘着洗不干净的黏米残余。我背过身去想用纸把筷子上的异物清除，但是无济于事，只能用这样的筷子吃饭了，反正也没什么菜，用手比用筷子的时间多。老乡家有三个孩子，个个活泼、顽皮，见到我们两个陌生人也不害怕，只是朝我们看看就继续自己玩开了。孩子手上、臂上都积着厚厚的污垢，犹如盔甲一般护住了手臂，看不见原来的皮肤颜色，只是在"盔甲"开裂处露出白色的皮肤。我十分好奇，问孩子的爸爸，怎么不叫他们去后面的池塘洗洗？他说，今天洗了，明天还是一样，随他去就是了。这倒也简单，十足的原生态。看他家里还有一个很健康的老人坐在炕沿上，我上前搭话，问起他抗战歌曲，他还兴奋地哼起了《歌唱二小放牛郎》，含混不清的歌词，依稀可辨的旋律，仍能感觉到那逝去的岁月的厚重。

这里环村皆山，小路崎岖，运输都靠独轮车。不少山坡已被辟成梯田，"农业学大寨"在这儿还算是门当户对。那天向导带我们去参观他们"学大寨"的成果，走过一条较为平坦、宽阔的路，见老乡们正用独轮车运石块。看到那些不算很健壮的农民推着巨大的石块，轻松前行，很好奇。我们两个舞蹈演员，仗着自己还有一把力气，也想呈勇试试推车。农民在我们的车上装了不大的石块，我摇摇晃晃推出不到五米就翻了车。在农民的指导下，我双臂挺直，只用屁股的扭动来寻找小车的重心，最后总算把石块推到二十多米远的堆积地。我们几个常年有体力活动的舞蹈演员尚且如此，那些作曲、编剧就只能看看热闹了。当地有谚语："好猎手打不中推小车的屁股"，意思就是推小车全靠屁股扭动来维持整车的平衡，没有一刻是停止的。我们的屁股大概只适用于跳舞。

那天我们还看到了放炮，场面十分壮观。远远看见山顶上悬下一根粗绳，装药手把它绑在腰间，然后就见他悬在在山壁上用铁杵打洞，按距离凿出一个个大约一尺多深的洞。洞凿好后，就开始往里面装炸药。炸药是早就做好的，比我们节日期间常见的"二踢脚"长很多，放入后，封口，留出引信。等几个需要爆破的地方装好药后，装药手把几个洞留出的引信用火药线连接。引爆前大声叫嚷，十分钟后，几声巨大的响声伴随着轰隆隆的石块滚动声由远及近。响声过后，山坡的小路一侧就堆了很大一堆石块。这样大阵仗的挖山，使我想起《愚公移山》，这儿的村民正如同愚公，挖山是他们的日常劳动，是他们的生活形态。体验生活让我们学习到很多过去不了解的知识。

最后我们来到保定。保定是北京的南大门，当地驻军是号称"万岁军"的第38军，负有保卫京畿的重任。我们住进了38军的招待所，受到了非常热情的接待。招待所的房间里放了各种水果，那椰子般大小的雪花梨，给我的印象特别深，深褐色的皮，吃起来汁多味甜，我从来没有吃过这么好吃的梨，一打听，那是他们农场自己生产的。

我们入住的当天晚上，招待所就举行了一个欢迎宴会，那天军长刘海青不在，由下属几个师的师长出面招待我们。宴会前，我和余庆云表演了《白毛女》中第一场的"北风吹"和第七场"相认"的双人舞，歌剧院的演员表演了其他一些节目。席中菜肴丰富，特别是端上来的整鸡炖蘑菇，只要稍微动了几下，立即就会被换上另一只整鸡炖蘑菇，等最后宴席散去时，其他菜都已被动过，唯独整鸡炖蘑菇还是完整的没有被动过。我们不知道这是他们的风俗还是仅仅表示一种热情，给我们留下极为深刻的印象。

厕所里舞棍

我们这帮上海人去外地农村，最为头痛的还是厕所，形态各异，臭味一致，而这儿的厕所就更为奇葩了。不知哪个年代起，说用人粪可以喂猪，于是领导们大力提倡，多地响应。开始时，农民用桶把粪坑的粪挑去猪圈，后来嫌费事，干脆把猪圈盖在茅厕后面。我们住的招待所，猪圈就盖在茅厕后面。猪圈里不少黑毛猪，个儿如同家狗，很结实，跑起来极快。那天我们歌剧院的编导就用自己的亲身经历给我们大家上了一课。他不明就里，大剌剌地去茅厕，解裤、蹲下、憋气、使劲、低头……忽然，长方形粪坑洞里伸出一个猪脑袋，正张开大嘴对着他的屁股，他被吓了一大跳，提起裤子，换一个洞，刚蹲下，低头又见一个猪头伸上来。如是者三，他只好憋了回去，系好裤子逃了出来。讲给众人听，不免大笑。后来招待所服务员告诉我们，去厕所要带棍子，边拉边驱赶猪。上厕所需要带纸，这儿却要加上舞棍。

以后很长一段时间，只要看到猪肉就会想起这一情景。看到这样的猪肉，你吃还是不吃？很纠结。

第十章 从舞台走向银幕

1 初识导演吴天明

1979年春节过后的一个上午，我像往常一样，练完功后回宿舍里休息，准备下午的排练。中午时分，我打开收音机收听广播英语课的节目，却听见有人急促地敲房门，打开，是同班的同学。他气喘吁吁地对我说："电影厂来了一个导演，来这儿为即将开拍的影片找演员，说要找演员队里会拉小提琴的，同学们立刻告诉他你们兄弟俩都会拉琴。刚刚有人去找阿二，他不在。导演此刻在业务教室204教室等着我回话。""哪个电影厂？""好像是西影。你快去啊！""要带什么东西吗？""把你的小提琴带过去。"说完，他转身离去。

我立即合上书本，从壁橱里拿出久已不拉的小提琴，关掉收音机，关上门。业务教室离我们寝室只有数十米远，最多不超过三分钟，我就跑到了204教室。推门进去，一个陌生男子背对着门和大家聊天，四周围了一圈等着看热闹的同学。陌生人指手画脚，大家津津有味地听。一个同学回头见我进去，转身告诉陌生人说阿大来了。陌生人停止了说话，把目光转向了我，对我很快瞥了一眼，然后对我点了点头。同学把我介绍给导演，导演上来与我握手并做了自我介绍。

敦实的个头，穿着咖啡色的绒衣，领子略敞，黝黑的肤色，话语中带有浓重的关中口音，肩上还背了一个挎包。这就是吴天明给我的第一印象。他是把我领进电影圈的贵人，我的电影表演启蒙者。

吴天明是中国电影第四代导演的代表人物，1939年10月19日出生于陕西咸阳。平生酷爱电影，年轻时为了买电影票不惜卖掉自己的新鞋子，成为一时佳话。可惜2014年3月4日因心梗去世，其时距离我们初识已三十五年。西安电影制片厂是中国改革开放时期的一方重镇，他1983年独立执导的故事片《没有航标的河流》，获得1984年文化部优秀影片二等奖、夏威夷第四届国际电影节东西方中心电影奖。1984年执导的《人生》，获得第八届百花奖最佳故事片奖。1987年执导的《老井》，获得第八届金鸡奖最佳故事片奖、第十一届百花奖故事片奖等多项大奖。2013年9月，他凭借电影《百鸟朝凤》在第22届金鸡百花电影节获得了评委会特别奖。而他导演生涯的起步，便是这一次——与滕文骥联合执导《生活的颤音》。他来上海，目的是为这一影片选角。他的出现，为我的艺术人生增添了永不消逝的华彩，影响了我以后的所有艺术实践。

文革开始后，培养电影专门人才的机制全部打乱，十年浩劫，让不少正当年华的电影演员失去了在银幕上一展才华的最佳机会，反而让许多与电影毫无关系、八竿子打不着的人有了在影片上露脸的机会。文革结束后，电影厂恢复运作，人们从万马齐喑的环境中解放了出来，发挥出巨大的能量。因为大量的新剧本上马，需要很多男女演员，而电影厂的演员剧团青黄不接，难以物色到合适的，只能到社会各界去找。当时脸蛋漂亮点的年轻男女，只要信息畅通，不难得到试镜的机会。无论你是工人、知青、在校学生都有可能被选上。后来不少卓有成就的演员，像刘晓庆、陈冲、陈烨、张瑜、龚雪、张金玲、程晓英、李小玢等，她们的事业都是起步于那个年代，而这些著名的演员，并没有几个上过专业影视方面的院校。

与我寒暄几句后，吴天明转身往后走了几步，回身叫我过去，一面问我话，一面扫视教室，然后一个人走进我们的更衣室。我跟着他进去，见他饶有兴趣地看着靠墙的两排更衣箱。数秒钟的安静，他要我打开我的更衣箱。我拿出钥匙打开了我的更衣箱，他发现里面竖着羽毛球拍，若有所思，闭口不语。一会儿，转过身来问我，你喜欢打羽毛球？我说是的。然后他要我按照他的要求表演一个即兴小品：一个男舞蹈演员从外面进来，掏出钥匙打开更衣箱，非常熟练地拿出羽毛球拍子，在手上转了几下，然后坐在凳子上准备换球鞋。刚想解开皮鞋带，忽然想起什么事情，猛然站起，把拍子扔进柜子，甩门，大步离开。

他解释得很详细，我非常认真地听。

场景极为简单，动作提示也很清楚，这其实是一个以形体动作刻画心理活动的练习，如果加上前后戏剧的渲染，就会让观众跟随你的节奏进入导演设计好的情节中。这就要求表演者掌握好节奏，一张一弛，交待清楚而又不夸张。这些要求对学过表演的人来说应该是极为简单的，对戏剧学院表演专业出身的演员就更是小菜一碟了。我学的是芭蕾舞，照理也应该学一点表演课，学校春季班曾经短暂地上过这样的课，可是我们秋季班无缘。我们大部份演员，无论在教室里还是在舞台上，表演中都是依据音乐的节奏和旋律，动作有相对固定的模式，剧中人物的互动，也在音乐的氛围里进行，按节奏交代所要表现的内容。而这种哑剧表演，没有程式可循，关注点是带有内在节奏的"动作"，而不是包含心理活动和表情转换的"表演"。

在大家的注视下，我稍微安静了一下，调整了一下情绪，开始了我此生中第一个接近话剧的小品。同学们闪到边上，屏息围观，导演全神贯注。我自认为按要求做了一遍，心中十分紧张。周围太安静了，我甚至能听到自己的心脏跳动的声音，那种僵硬让我连走路都不协调了，节奏就更无从谈起，平时常握在手上与同学对垒的羽毛球拍，那一时都拿不顺手，看上去是那么别扭。导演一言不发，直到看我演完从更衣室疾步走出，才把我叫了回来。

他久经沙场，看到过像我这样儿童学步的人多了去了。我内心的紧张贯穿在每一个动作上，别人也许看不出，对他来讲是完全透明的。于是他给我仔细讲解，特别是几个关键点，边说边示范。在换鞋时情绪突变，摔拍子走人那一瞬，他做了好几次。我按照他的指导要求，重新酝酿情绪，做了第二遍。这一次心中略微有底，至少不再那么紧张了，在快步离开更衣室时，我猜想导演不会满意，可能还会再让我演一次，或者干脆把我给毙了。阅人无数的导演，会不会看中我这个这连菜鸟也不算的小子呢？

出人意料的是，他大概感到我这一次在某些方面和第一次有所不同，算得"可塑之才"，竟没让我出局。当天我的一个邻居曾洪生也因有事来找我们，他成了我的邻居中第一个看我做小品的人，他事后对我说，你前后两次的确完全不同，我看见导演在你表演第二次的时候频频点头。几十年后，他仍能详细地描述当时的情景。

接下来，导演要我拉一下小提琴给他看。

我们学校所有的舞蹈演员中，自己学拉小提琴的只有我和弟弟两个，不为别的，只是兴趣使然，这也是我俩诸多兴趣中的一个。弟弟一直没有中断，琴拉得很不错，如果今天他在的话，就轮不到我来拉琴了。后来我演出渐多，又花时间学英语，琴被束之高阁。多年不练，把位，指法，弓法都已完全生疏，大概唯一可取的是姿势还不赖，这应该是舞蹈演员动作容易协调的关系吧？我把带去的琴从盒子里拿出，调整了一下琴弦，把琴夹在脖子上，调整弓弦，拉了一个简单的曲子，但音准实在刺耳，不忍卒听。我停下来想做一些调整，再拉。导演制止我说："就这样吧。"说着，他拿起背包："我回去和滕文骥商量一下，过几天再与你们联系。"告别时还特别问我："弟弟什么时候回来？如果可以，我要把你们两个都带走，多一个备胎，可以在两地同时开镜。"后来他还真的没有忘记这个玩笑之语。有一次我在北京拍完外景，转西安拍内景之前，回上海稍事休息，几天后坐飞机回西安。中国那时候飞机航班很少，大都不准时，飞机也都很老旧。我坐的那架飞机是前苏联双翼安东诺夫什么型号的，螺旋桨动力，飞得又慢又颠,响声特大,出发的时候因机械故障,耽搁了很长时间才离地。那边西安剧组的剧务按时去机场接不到我,以为飞机出事了,打电话回去报告,弄得剧务主任急得跳脚,吴天明在边上不忘幽默:"别着急,万一老大出事,我们还有老二。"

吴天明导演来后的一个星期,团领导把我叫去,告诉我说西安电影制片厂要我去那儿试镜,团里已同意,让我与吴天明导演直接联系。又过了一两天,吴天明替我买好机票,我们一起飞西安。飞机上,吴导演把此次电影筹备的详细情况告诉我:片名是《生活的颤音》,剧本是滕文骥写的,滕文骥和他联合导演,他负责其中一些场面的拍摄。他为寻找片中的主要演员已数次出西安,日子已不短,去了全国各专业院校、话剧演出团体,挑了很多演员,除了主角郑长河,其他演员大都已定下。郑长河一角虽然有备选名单,但都不是十分理想,会拉琴的,表演略有欠缺;表演专业出身的,不会拉琴,导演最为关注的还是银幕形象。影片中第一主角是小提琴演奏家,"小提琴"在剧中的份量相当重,拉琴的镜头会采取很多特殊的机位来烘托气氛,还有很多特写,如果让一个不会拉琴的演员摆样子,单是持琴、持弓的拙劣姿势,就会使影片大为减色。现代电影,在最后剪辑时,通过移花接木把别人拉琴的镜头接入也不是不可以,但效果会差很多。对此,滕文骥是绝不会通融的。在找到我之前,他有意让"中国第一小提琴"盛中国亲自出演。他和盛中国是很要好的朋友,但出于各种原因,盛中国无法应邀出演,但允诺在拍摄过程中提供尽可能的帮助。吴天明特别强调说,这是滕文骥第一部自编自导的故事片,找不到合适的演员,不到最后一刻,绝不会轻易开机。

说起导演滕文骥,我和他其实能算是老相识。1966年到1975年间,我们团去北京演出多次,特别是1975年,江青把我们团调往北京修改《白毛女》,在西苑旅社住了整整八个月。那时滕文骥从电影学院导演系毕业不久,文革中,电影厂无戏可拍,他有的是时间,常来看我们演出,来我们驻地闲聊,认识团里好些演员,与演员队长朱国良是好朋友,我和弟弟有时也与他们在一起,听他神聊讲故事。虽然他早就认识我们这对"上海舞校的双胞胎",但他不知道我和弟弟会拉琴。

滕文骥是一个对音乐相当热爱的导演,周围很多搞音乐的朋友,也与国内很多顶级音乐家有着深厚的友谊。他自小喜欢音乐,少年时就担任学校合唱队的指挥,对乐曲的演绎要求很高。后来在影片准备拍摄的过程中,他还专门组织整个剧组去看罗马尼亚的音乐故事片《齐普里安·波隆贝思库》,我们主要演员、主创人员还被要求看了两遍。在北京出外景,恰遇享誉世界的日本指挥家小泽征尔指挥中央乐团演出,我们也没有错过。在这部音乐故事片拍完后的第二十年,他又拍了另一部音乐故事片《春天的狂想》,把英年早逝的音乐家施光南在影片中复活,重现了音乐家不朽的人生,由此可见他对音乐和音乐家的热爱。

我这次中选,与其说是因为资质了得,不如说是时机凑巧。我在表演上是新生,但孺子可教,形象不差,碰巧又会"锯"琴。

吴天明在电话里把我的情况告诉滕文骥后,他立即叫吴天明把我带到西安去。

在西安,外地来的演员住在西影厂里设施简陋的招待所。女主角冷眉、男演员项智力已报到。冷眉饰演徐珊珊一角早已定下,但项智力演什么角色一直没有敲定。后来项智力告诉我,如果我试镜不成,剧组就会让他演郑长河。我乘坐的是末班车,最后一个报到。当试镜后确认我饰演郑长河后,项智力就被确认饰演韦力——郑长河的敌人。电影里我们是敌人,拍戏之余还是要好的朋友。项智力的爸爸项堃、妈妈阮斐都是著名的电影演员,也确定参加这部电影的拍摄。因为家庭的缘故,项智力住在北影厂大院里,从小就知道很多电影界的故事,我在和他聊天时获得不少这方面的知识。

试镜的日子,滕文骥每天来招待所,让我们几个集中研读剧本,有时晚上就叫我们去摄影棚练习小品。排演小品,对电影演员而言是基本功,舞蹈演员却缺乏这方面的积累,论水平,我在全组敬陪末座。在学校里，春季班的学生曾经有过表演课，老师来自上海戏剧学院，每个星期有两堂课，从判断—反映—交流到内心读白以及简单的小品表演，前后学了一年不到，对他们帮助很大。我们秋季班干脆就完全没有上过表演课，这方面是空白。在排演芭蕾舞剧《白毛女》全程中，只有"黄世仁"和"穆仁智"两位丑角曾在上海表演大师的指导下，强化过这方面的训练。拍这部电影之前，冷眉已拍过一部电影《并非一个人的故事》，有了一些经验。项智力虽是第一次拍电影，但他出生电影演员世家，家学渊源，耳濡目染，基础比我强得多。我和他们一起演小品，明显感到自己的笨拙，应对僵硬。表演自不待言，语言的不给力也让我深感差距巨大。我的普通话带沪上口音，资、吃不分，前后鼻音不分，而他们俩大概因为是北京人的关系，语言十分标准。为了让我胜任影片的角色，熟悉拍摄的场景，导演经常给我补课，有时晚上叫我单独去摄影棚练习。

熟读剧本后，我明白这个角色在片中的重要性。郑长河几乎出现在三分之二的镜头里。假如我演郑长河，表演上拖后腿是绝对不行的。我既然来了，就不能空手回老家去，不能让别人看扁我。我与其他演员在很多方面都存在着明显的差距，拉近这些差距，弥补自己的不足，是我近期最主要的功课。练习中，导演的每一句话对我都很新鲜，我也都能牢牢记住，回到宿舍慢慢琢磨，把要点记下，还仔细看一些导演嘱咐我看的有关表演的书，时间不长，我渐渐有了心得。我意识到我的舞蹈演员惯有的形体动作，与郑长河小提琴家的形象是格格不入的，是塑造该人物的致命伤，特别是舞蹈演员那种顾影自赏的毛病，必须随时避免。经数日不间断的学习、练习，我的进步还比较明显，算是差强人意。

有一次，滕文骥把我一个人叫到摄影棚去练习小品，他其实最担心的还是我这个舞蹈演员。摄影棚里，剧务、场记都在，他让我表演剧本中一个场景：一个人在家发呆，徐珊珊的话在脑际轻声响起，良久，慢慢拿起琴，拉出委婉的曲调……我背对着他们，站在摄影棚一角酝酿情绪，他们没有声音，默默地看着我。看到我转身，滕文骥低声叫开始。这一次，我不慌不忙，掌握应有的节奏，从外面进门，站到书桌边，然后慢慢在小凳子上坐下，最后从小凳上站起，一气呵成。滕文骥没有像往常一样中途叫停。看到我从矮凳上站起，把琴缓缓地拿起，架上脖子拉出第一个音，他突然大叫一声："行了，过！"这一叫，对我的鼓励是非常巨大的。也许导演早就忘记了这一幕，但对我来说，这太重要了，我到今天还能清楚地记得那天这个场景，这是我重要的转折。这一霎那，我的自信心和成就感油然而生。后来在正式拍这场戏时，果然十分顺畅，摄影师刘昌煦频频叫好。小品的练习确实太重要了。

接下来的几天，读剧本，试镜，导演组最后拍板，由我出演男一号。正式通知我的是滕文骥导演。我听后十分高兴，更多的是庆幸没有被辞退，但并没有觉得它有多了不得。几天后，项智力告诉我，全国各处的电影演员剧团、话剧团，盯住这个角色的不知多少，我这才醒悟到我真的太幸运了！

小时候因为家里穷，很少有机会看电影，有时附近学校在大操场上放电影，才会偶尔去蹭一眼。现在一下子要让我当一部电影的主角，这反差也太大了。

我赶回上海，办好借调手续。然后去西安电影制片厂摄制组报到，投入拍摄。

电影拍完后，不少朋友好奇我拍了这部电影拿到多少额外报酬。这与今天的那些演员动辄天文数字的情况大相径庭了。电影厂借调我，每个月付给团里人民币600元，总共四个月，团里拿到2400元，我当时的月工资仅是69元。拍完电影回到芭蕾舞团，领导不愿意另外给我奖励，理由是史钟麒一直在团里拿工资。那时改革开放之风渐起，吃大锅饭、一律平等已受质疑，按贡献大小来分配所得逐渐为大家所接受。乐队的同事们是我们团里接受新鲜事物最快的群体，团里的流行歌手沈小岑与小乐队常常出外演出，他们获得了较高报酬。他们为我据理力争，终于为我从守旧的领导那里争取到69元奖金，等同我当时的月工资。后来碰到唐国强，他说那时候他们去外地拍戏，自己还要交全国粮票，拍完戏后，没有任何额外的报酬，我看来比他们好多了。

人们对自己的第一次做的事情，往往记得比较清楚。《生活的颤音》是我在银幕上的处女秀，每件事情都如刻在脑沟的褶皱里，虽已过去近四十年，如今忆起仍如发生在昨天。我的琴艺平平，电影公映后居然收到了不少观众来信，信上称赞："琴拉得太好了！"我知道，他们肯定的只是我的"姿势"。以后的九年，我在电影厂、电视台和芭蕾舞团三处度过了影、视和舞蹈三栖交叉的艺术生涯。

2 第一次出镜

我在整片中的第一个镜头，第一场戏，是在北京闹市王府井开拍的。剧情是"我"（男一号）被"四人帮"众打手尾随，我越过栏杆，消失在百货大厦内熙熙攘攘的人群里。经过伪装的摄影镜头安装在不受人注意的地方，剧组的工作人员也夹在人流中。一场戏拍完，很多顾客当上义务"群众演员"却浑然不觉。

同一天晚上，拍了另一组镜头：在躲避跟踪的打手的路上，"我"疾步走着，在一个胡同的入口处与女一号徐珊珊撞了个满怀，我满怀惊恐地道过歉，转身欲离开。徐珊珊向我身后看去，一辆汽车突然停下，有人下车搜索，她立刻明白眼前发生什么，扭头拉着我的手臂，往她家跑去，终于脱险。扮演徐珊珊的冷眉，是中国歌剧舞剧院的演员，已有拍电影的经历，驾轻就熟，但我是"大姑娘坐轿头一回"，拘谨，放不开，顾此失彼。冷眉很热情，配合我排练多次，教我走位，给我讲要点和诀窍，导演更是一遍又一遍地给我说戏。每一个镜头，都经过对光、测距、走戏，才正式拍摄。拍完一个，导演会问各部门情况如何。拍了好几次后，导演终于说了一句："今天就到这儿吧！"低头看手表，已是凌晨三点。

《生活的颤音》是当时西影厂的"重点中的重点",厂里对影片的拍摄寄予厚望,能否让西影厂站上一个新的台阶,全看年轻的导演们如何演绎他们的作品。影片以彩色片的现实开头,以黑白片进入对文革的回忆,最后又以彩色片回到"眼前",艺术上称之为ABA结构,表面上看,那可算是一个令人瞩目的独创,其实也有不得已的原因。整片预算有限,彩色部分用的是美国进口的伊斯曼底片,价格奇贵。同时,这是滕文骥和吴天明的第一部片子,厂里即便看好此片,但也没有百分之百的把握,不敢投入太多。没想到歪打正着,一鸣惊人,最后影片取得巨大成功的同时也成就了两位导演,更让西影厂走上一个崭新的台阶。这是后话。

全剧的第一批镜头都是在北京拍摄的。

那时候不像现在拍电影,有电视屏幕放在导演椅旁随时监控,不管拍几次,直到满意为止;而且是数字视频,后期可做各种调整。那年代受胶片的曝光度和景深的限制,对成焦距离要求很高,演员一个地位没走准,可能会使影像模糊,需要重拍。从拍摄好的胶片到洗成原始影片,又要经过很多工序,任何一处不慎,所拍镜头就会报废,从头再来。为了不超支,厂里严格控制片耗比,整个摄影部门小心翼翼,反复考虑每一个镜头,对一切可能影响最后结果的因素仔细排查。时间的拖沓,间接给演员造成心理负担,特别是对我这个第一次在镜头前表演的演员。

在北京外景地拍完的镜头,底片要送往西影厂自己的洗印车间洗印。第一批镜头送去洗印,摄制组要等洗片的结果出来才能继续往下走。在此期间,摄制组在外景地只能先做另一组镜头的前期准备。所谓结果,涵盖了摄片各个部门,包括演员的表演、灯光的处置、摄影的焦距、曝光度,还有化妆、服装、道具。第一批镜头的好与坏,直接影响拍片进度和厂里领导和各部门对此片的期望值。等得越久,剧组主创人员越是焦虑不安。终于,西影厂传来好消息:第一批的镜头都很理想,不必重拍。洗印车间负责人对我这新人格外注意,告诉滕文骥说，有几个镜头"特别像老戏骨孙道临"，让导演的信心更足，我也大受鼓舞。

影片前后拍了四个月，有几件事情最为难忘。

3 盛夏拍早春

电影的背景是1976年"四五"天安门事件，以郑长河、徐珊珊与"四人帮"爪牙的斗争为主线，穿插男女主角纯洁美好的爱情，表现黑暗年代人民对周恩来总理的无限怀念和对正义的渴望。天安门广场上人头攒动，人们互相交流，抄写大字报，郑长河与徐珊珊就在这样的环境和氛围中相遇。这是必不可少的重头戏。但是，天安门广场是首都最重要的地标，五湖四海的人在这里观光，绝不可能借用它。于是，摄制组联系了在西安附近的阎良机场，获得同意后，在那儿搭出一部分实景台阶和栏杆，进入后期制作时再把天安门广场周围的场景如人民大会堂，用合成的方法拼接在一起。造出这样的场景，今天轻而易举，但是在四十年前却困难重重，摄制组经过多次试验方获成功。当导演得知合成顺利，效果很好的时候，高兴至极，那几天几乎天天挂在嘴边说，其兴奋之情至今记忆犹新。

拍天安门广场的戏时正值盛夏，阎良机场的水泥地被烈日烤得泛白，干燥的空气仿佛点根火柴就能烧着。拍摄的几天中，我们很早来到现场，演员休息处在离场景不远的凉棚。凉棚以木头和竹子搭成，一边靠在小平房的墙上，另外三面透风，靠墙处竖着一台工厂车间常见的大排风扇。风呼呼地吹，风力不小，噪音大，还不会转头。风扇没有停过，棚里面的气温仍高达近摄氏四十度，凉棚唯一的好处是遮阳。化完妆，对着风吹，你根本受不了。不对着风，又解不了暑热。天安门事件发生的时间是乍暖还寒的早春，剧本真实地还原了那时的情景。拍摄时，入镜的人都需要穿厚厚的棉衣。对群众演员的要求低

西安阎良机场盛夏拍早春的北京 徐珊珊、郑长河偶遇

在电影中演奏小提琴协奏曲《抹去吧，眼角的泪！》

一点，因不是近景，只需在开拍时裹上厚衣。我、冷眉以及其他主要角色却无法简化，毛衣、厚羊毛围巾外加大衣，全副武装。一个镜头拍好，内衣已全湿透。出汗多，口很渴，但不能喝水。一喝，脸上就渗出汗珠，灯光一打，闪闪发亮。尤其是纤毫毕现的特写，脸上哪怕渗出一点点汗就会使得整个镜头报废。拍这样的镜头，把化妆师给忙坏了，他们随时在侧，盯着我们的脸，一会儿给我们擦汗，一会儿给我们脸上扑粉。电影演员这个时候真的不好当。

在拍郑长河与剧中另一主角、徐珊珊的舅舅章国梁在广场上会面的那场戏时，差点让我中暑。我在广场远远看见章国梁，大声叫"章伯伯"，然后跑去与他握手讲话。试拍好几次，不是焦点不对就是演员跑位不对。终于拍完，跑进凉棚脱下大衣，脱下那件白色高领毛衣，那里面浸满了汗水，稍微一用力，挤出的汗水就从指缝里流到了地下。如果当天再继续拍，我大概很难完成了。拍一天戏，回到宿舍，整个人近于虚脱。忍受着干、热、渴，花了好几天才拍完。我热，别人也不会凉快的。然而剧组所有人都兢兢业业，毫无怨言，令我十分感动。

4 难忘的长镜头

导演滕文骥对镜头的运用有很多新的主意，非常有他的特点。影片最值得称道的是一个超长镜头，以前他常常谈起日本大导演黑泽明，不知下面这个长镜头是否就是这个实践。

场景：在徐珊珊的舅舅章国梁家里，郑长河拿到了章伯伯保存的曲谱，那是父亲写的最后一首小提琴曲，沉思间，突见韦力闯入，郑长河立即表示要离开，韦力语带轻蔑拦下。两位男主角转身在两张沙发上坐下。此时摄影机转动，导演轻声说开始，两个男主角随即展开了唇枪舌剑的对话，徐珊珊进进出出倒茶、插话。镜头总长1分12秒，融合推、拉、摇的多种技巧，每一句台词，每一个动作，演员都必须准确无误地配合，特别是徐珊珊，入画，出画的节奏要恰如其分，恰到好处。摄影机的马达带动胶片的沙沙声不停地响，我多少有点紧张，导演更是全神贯注，在摄影机旁屏息凝神。一见徐珊珊演完出画，大声转身叫停。由于准备充足，只拍了两条就大功告成。这是滕文骥很大胆的尝试，我后来常听他说起，所以印象特别深刻。这个镜头后来被全部运用在影片中。

5 《一月的哀思》

小提琴协奏曲《抹去吧，眼角的泪》是《生活的颤音》一片的灵魂，由西安电影制片厂作曲家李耀东先生作曲。先期录音担任该曲独奏的，是堪称中国第一小提琴的盛中国，他素有"杰出的音乐表演大师"、"最迷人的小提琴家"、"中国的梅纽因"的美誉，澳大利亚ABC广播公司将他列入"世界最伟大艺术家"的行列。由于导演与盛中国的特殊的关系，所以影片中处处有着盛中国的影子。

用旋律、各种镜头的分切、叠化、组合来表现一位小提琴家的所思、所想，把乐曲的内涵毫无遗漏地呈现给观众，让观众了解、理解那过去的年代发生的事情，是导演从写剧本到分镜头贯穿始终的事情。由于镜头的细分，对我这个初上银幕的人也提出了更高的要求。一场相对完整的戏的场景，拍的时候是按镜头分切，单独拍成的，演员必须保持情绪一致。如若不然，后期剪辑会有不少困难。如果同时有几个机位，几台机器同时拍，有的用全景，有的用中景，演员只需演一遍，所有的镜头就完成了。而我们只是用一台摄影机拍摄，我的镜头在片中占了一半多，我演好了，演对了，会给全片加分。所以导演在拍我拉琴的镜头时，十分用心、仔细。对我来说，无论是特写还是全景，首先持弓都要自然、自如，拉琴不仅仅是动作，更主要的是自己的情感要通过动作来传达给观众。北京拍戏期间，我哪儿也不敢去，一有时间就练琴，琢磨人物的性格和具有这样性格的人在事情发生时应有的反应。我明白，只有把琴拉好了，你在各种镜头前才不会慌，才不会因听到自己拉出来难听的旋律而分心。为了帮助摄制组，也让我尽快进入状况，盛中国干脆把他的自用小提琴借了给我，同时在给我的曲谱上标明了各种弓法。我严格按照他标出的弓法练习，力求动作与音乐丝丝入扣。练习和拍戏用的是同一把琴，这对我的帮助很大，第一段如泣如诉的旋律是我练习的重点，导演在刚开拍的时候就告诉我，这一段有近景和特写。因为不断的练习，等这一组镜头开拍时，我的表现已完全不用导演担心了。电影拍完时，我自觉这一段拉得很不错了。

拍音乐故事片，一般是先录音，拍摄时播放音乐，演员做出相应动作。我们在民族文化宫剧场拍了两天，第一天拍的场景是：郑长河没有预先告诉舞台监督自己要演奏的曲目，报幕员张口之前，郑长河抢先一步报出《一月的哀思》，随后调整好情绪，在琴弦上拉出一个长音。开始的引子还没有拉完，舞台监督忽感不对，立即把大幕关闭，走到郑长河目前，对着他责问："你是想讨点儿掌声，还是想迎合什么？"长河怒目而视，咬牙不语，僵持数秒，突然一甩手，从幕中间撕开一条缝走到台前，从口袋里掏出一朵白花，缓缓戴在胸前，贯穿在这一连串的镜头里的是我自开拍以来常常默念的诗，这是我的舞蹈学校一个我最敬重的同学写的："魂魄动天地，英灵存九亿。声声呼唤你，泪尽四月里。"在那个岁月里，你念起这首诗就会悲从中来。想起周总理前后十一次来观看我们的《白毛女》，想到他的音容笑貌，当我再度架起小提琴时，那种感情就自然流露出来，《一月的哀思》的沉郁旋律和我饱满的情绪在剧场里回响。

我现在要做的不仅仅是在模仿形象，而是在试图"成为形象"，生活在形象之中。我的生活给我提供了大量的感性认识和真正的体验，我能深刻理解郑长河这个角色，把这些东西在镜头里表现出来对我来说是无比重要的。

这一段戏，集中表现了那个年代人们对现实政治的不满和反抗，对周恩来总理逝世后的中国前途的忧虑。导演滕文骥是那个年代过来的人，非常熟悉当时发生在各文艺团体的情况，他用多种镜头烘托气氛，非常准确地显示出当时的沉重的背景。开拍时，他在机旁紧盯，演员每一个细小动作都不放过。第一个镜头拍"我"看到大幕被关上，转头看着舞台监督走到面前，然后怒目而视。拍得不理想，导演走到我面前耳语，面授机宜，然后又调整机位，再拍了两条。"郑长河"在这一场景里，情绪收放的分寸，节奏的转换，是以后情节的展开和深化的重要转折点和铺垫。拍摄从下午开始，很晚才结束，在预定的时间内完成。电影公映后，我反复看了这一段，深感如果舞台监督走到"我"面前反唇相讥时，"我"在怒目而视时如强化轻蔑，把气沉下来，那效果可能会更好。可惜电影艺术总是与遗憾为伍，没有经验，这样的遗憾就不会少。演在镜内，功在镜外，镜外有内容、有积累，镜内才合乎逻辑，才能演得更好。

6　与中央乐团合作

在剧场的第二天，开拍中央乐团的戏。这是整个影片的开场和结束，重要性不言而喻。中央乐团是中国首屈一指的大乐团，每一个演奏员都是科班出身的优秀演奏者，指挥韩中杰更是一位著名的音乐家和指挥家。在我修改这个回忆录的时候，传来了他不幸与世长辞的消息，令我深感悲痛。我能与这样的大乐团，能在韩中杰的指挥下一起拍戏，是我的运气。

拍摄前的一晚，我努力思考第二天在拍摄中需要注意的地方。此时电影中看到的，音乐会上看到的，每一个以前并不注意的细节都会生动地出现在我的脑际：独奏演员如何出场，如何与首席提琴手对音，如何与指挥交流，如何在演奏前酝酿情绪……这些细节，不用的时候只是埋藏在你的记忆中，当你真的需要它的时候，才会被唤醒。第二天一早，中央乐团的演奏员陆续来到，剧场里顿时充满各种乐器的声音。想想我将在这些关公面前舞大刀，心中未免胆怯。开机前，我走到指挥身边，向韩中杰请教。他详细解释了独奏演员上台时该注意的地方和如何与他交流的细节。他的态度是那么地平易近人，好像我真的是一个即将上台与他合作的小提琴演奏家。他解释的时候，还走下指挥台，作了一番示范。见他那么随和，我就好像与他取得了默契，紧张情绪随即得到缓解。一会儿，演奏员全部就座，拉开架势对音。灯光组、摄影部门全部就绪，导演示意可以拍摄了。

这一组总共有三个镜头，一，郑长河拿着琴从副台穿过乐队走到台前，与首席小提琴手对音。二，郑长河调整情绪，深吸一口气，示意指挥可以开始。三，指挥带着凝重的情绪，举起指挥棒，指挥圆号吹响序曲。因为有了不少准备，加上与指挥的交流极为默契，所以几个镜头拍得极为顺利。这里还有一个十分重要的因素，那就是音乐故事片的先期录音。合着音乐做动作是训练有素的舞蹈演员的强项，对我来讲，除了人物内心的活动和所必须流露出的情绪，拉琴就是手臂和手指在琴弦上的舞蹈。影片放映后，我发现有几个镜头在剪辑中错格，显得音乐和动作没有完全同步，留下不少遗憾。

那天还要拍郑长河的手指在琴弦上快速移动的镜头，而我达不到这样的要求，所以那天拍摄以前，盛中国也来到现场。此前，他数次到我们住的旅馆，看过我练琴，指出了我弓法上的问题。他并不纠正音准，而只是强调姿势、把位和指法，都必须准确、贴切。他说，以前曾看到一些电影中演员拉琴的镜头，十分难受，因为演员不会拉琴，所以无论镜头怎么处理都难遮其丑。他嘱咐我，一定要在姿势、把位和指法上多花一点时间，免得给懂小提琴的观众看出破绽。傍晚，盛中国穿上郑长河的服装，拍了几组演奏小提琴的特写。只见他的手指在E弦的高把位上快速移动、抬起、按下、揉弦、双音和弦，轻松自如，看得我目瞪口呆。大师就是大师，再难的技巧对他来说也是如履平地。他的这些镜头后来都用上了，因两人穿同一件衣服，用同一把琴和弓，衔接又流畅，很多观众根本不会想到这是两个人的镜头。感谢大师对我的帮助，这才有了银幕上的郑长河。

很多年后想起这一幕，心中充满了感激。小提琴家郑长河是众多艺术家们的作品，凝聚了众多榜上无名的人的共同创作。电影上映后，与团里乐队的小提琴手们聊天，他们都十分羡慕我有这样的机

在电影中与中央乐团合作

郑长河与徐珊珊。这是文革后中国电影上的第一个接吻镜头

会，也深感导演创作的认真和细致。

在我修改此文草稿的时候，2018年9月8日获悉大师盛中国不幸辞世。我非常悲伤，谨以此文表达对他的感谢和怀念。

7 与"徐珊珊"对话

这场戏是吴天明执导的，由这场戏开始，剧情转入精雕细镂的恋人对手戏。情节是这样的：郑长河在民族宫演出自创小提琴曲《抹去吧，眼角的泪》后，激怒了四人帮的爪牙，当即被开除，失去了上台的资格。"我"满怀不屑，悻然离开剧场，惊见徐珊珊正倚着街旁的大树等候。两人一番长谈，把年青一代的苦恼一股脑儿倒出来，一下子拉近了彼此的距离，带上强烈时代色彩的恋爱就这样由浅入深。

深夜，街上已不见游人，摄制组在民族文化宫外的人行道上铺好轨道，把摄影机架上。徐珊珊背着我的琴，我推着徐珊珊的自行车，两人一面走，一面对话，镜头很长。根据导演吴天明的要求，我们一遍一遍地与摄影机配合，走位，对台词。导演不是在远处发号令，而是站得很近，随着我们的脚步，一边后退，一边紧盯。正式开拍时，导演挥手示意，我们开始。台词已滚瓜烂熟，慢慢走，轻轻地聊。我完全进入了角色，滔滔不绝地向徐珊珊讲述着我的思考，我的向往，我的追求和行动，同时我也十分希望了解眼前的徐珊珊是怎么样的一个人，这是开拍以来我最为放松的一场戏。那一刻，我已完全地融在了角色里，所有的讲和听，都是郑长河所为。

第一条胶片拍完后，摄影部门满意，导演连声称赞说，"就这样演，很好"，给了我极大的信心。为了保险，又拍了第二遍。从这个镜头开始，我感觉到自己变了，不再是为"别人"演戏，"我"就是乐团的小提琴手"郑长河"。想起吴天明导演数月前在芭蕾舞团的教室里给我试戏时，我是那么地生涩、僵硬，所幸他没有看走眼，我的表现没有让他失望。

电影上映后，反响出乎意外的好。第二年秋天，吴导演有事路过上海，他特意从西安带了核桃给我。在我们家小坐时聊起了拍戏过程中的点点滴滴，他对我在民族文化宫剧场的这场戏给予了很高的评价，认为从这组镜头拍完以后，我在镜头前就开始比较松弛了。后来回西安拍内景和天安门广场的戏，很少会因为我的失误而需要补拍镜头的。

8 我的失误

近三十年的职业芭蕾舞蹈训练和演出，使我在举手投足间，或多或少带上了舞蹈演员的习惯动作，这些职业特征如果用于相应的角色，是一个巨大的助力，前苏联演员米哈伊尔·巴里什尼科夫在美国电影《白夜》里成功地塑造一个舞蹈演员就得益于他的职业训练。反过来，如果你不注意控制这些习惯动作，也许他就成了你表演一个普通人的麻烦。记得那一次拍摄在天安门广场看大字报，导演要求演员为了看清楚贴在纪念碑墙上的大字报，在人群中扒着前面站立者的肩膀跳起来，镜头从后面拍我的背影。我跳起后膝盖就自然伸得很直，在空中还会有极短暂的停顿，这是舞蹈演员的积习，或者叫特点，而一般的人跳起来膝盖和脚背都是松松垮垮的，不可能这样。滕文骥见状数次叫停，我也十分注意，但效果不彰，最后在导演的严控下，拍了几次才勉强通过，后来还是被剪掉了好几个镜头。

有一次，拍乐团钢琴手李霖家的戏，我太投入，推门出去时，手穿过门"玻璃"，握住框边，与李霖对话。导演立即叫停。电影布景里的玻璃窗，为防反光影响画面，一般都不会装玻璃。如果是演话剧出身的演员，或是职业电影演员，这样的低级笑话是不会发生的。

音乐故事片《生活的颤音》上映后，受到全国广大观众欢迎。它是我国进入改革开放新时期后，电影史上首批优秀故事片之一，几个特点相当明显：第一，鲜明、强烈的时代特征。第二，真实、自然的生活气息。第三，故事情节和优美的音乐有机地交织，带着浓郁的抒情色彩。第四，采用了新颖别致的手法。西安电影制片厂建厂二十多年，《生活的颤音》是该厂第一次获得全国性奖项，滕文骥和吴天明也因此奠定了"中国第四代导演"代表人物的地位。后来，我陆续参演《丹凤朝阳》、《苦果》、《远方的星》等影片的拍摄，"本钱"就是从此片开始积累的。我非常感谢滕文骥和吴天明两位导演，是他们把我带入影视这个新的天地，拓展了我的艺术视野，让我的艺术生命从芭蕾舞延伸到一个新的领域。现在每年逢周总理的祭日，一看到有人网上晒出影片中悼念周总理音乐会的视频片段，就会想起拍摄时的点点滴滴.我的确是十分幸运的。

9 《丹凤朝阳》

完成《生活的颤音》，回到芭蕾舞团，团里开排《天鹅湖》，安排我演王子之一，凌桂明和欧阳云鹏两个王子已早我数月开始了他们的排练。在排练演出中，我特别注意把拍电影所体悟的表演心得，从角色的形塑，到人物内心的精神世界，融入这一古典芭蕾舞剧之中。因为在外面拍戏，练功时间和条件均无法保证，我的舞蹈技术有明显退步，要赶上前面二位，唯有每天加紧练习一途，特别是双人舞部分，与"白天鹅"扮演者石钟琴、彭佳萱和余庆云交替合排，以及第三幕的王子独舞，每天都是我的重点练习功课。经过两个多月的集中练习，功夫恢复得很快，加上表演的进步，演出收到了很不错的效果。

当我还沉浸在出演"王子"成功的喜悦中时，长春电影制片厂邀请我在新片《丹凤朝阳》中出演男一号，并寄来剧本。我当时非常犹豫，舞蹈刚刚好不容易恢复到演出的水平，如果一去拍戏，舞蹈又会被耽误。但我细读了剧本，感到这是全新的挑战。拍《生活的颤音》，我演的是"自己"，除了拉琴，其他的一切都是我熟悉的、曾经经历过的。而此剧中的男主角周莲，是归国画家，不但年龄跨度大，且具多面性，他是画家，是老师，又是女主角的恋人，分寸拿捏不易，虽然在拍摄中有导演严格监控，但自己在镜头前的表现还是至关重要。长影剧组与我联系的场记尹黎明对我说，导演刘文余看了你的《生活的颤音》，觉得你的"艺术家气质"适合这个剧本。虽然我晓得仅凭"气质"并不能演活一个具多重身份的角色，但好胜心促使我接受它。与团里领导几番商量后，我踏上了去长影的列车。

进长影报到，心里委实发怵。这是中国历史最悠久的电影厂，制作了很多深入人心的优秀电影，它所拥有的许多著名演员，为国人所熟悉。办公楼、招待所墙上的电影海报，我早已在很多地方见过，而这地方就是"源头"。在并不豪华的食堂里，埋头吃饭的人中，从你身边擦身而过的人中，也许有的就是饮誉全国的明星。那个时期，厂里不少电影同时开拍，招待所住了很多外地来的演员，张金玲、张晓敏、朱时茂、程晓英……和这群气定神闲的精英比，我实在是太嫩的新兵蛋子。虽然演过大春，演过王子，担任过《生活的颤音》电影里的男一号，但没有受过影视表演的专业训练，那带着上海口音的普通话尤其让我自卑。人说声音是演员的第二张脸，我的"第一张脸"还过得去，但"第二张脸"有点丑陋。

《丹凤朝阳》摄制组的演员大部分是本厂演员剧团的。因故事的背景是江南的苏州一带，所以导演从外面选定的演员的都属江南女子。女主角文凤的扮演者陈烨是上影厂的演员，她形象、气质俱佳，已拍过一些电影。另一个女主角元凤，是剧中是文凤的姐姐，扮演者是浙江省歌舞团的舞蹈演员顾伟。在厂里，我们一起讨论剧本，设想一些简单的自传体小品做练习。电影中，我和陈烨的对手戏很多。陈烨1974年因参加上影厂的《难忘的战斗》而进入上影厂演员剧团，虽不是影视院校科班出身，但聪明好学，进步很快，与多位明星有过不错的合作，见多识广。她的长处，正是我的不足，她成了我的老师，在讨论表演中的问题时，对我的帮助很大。顾伟是浙江歌舞团的主要演员，与我是同行，我们有很多共同语言可以交流。

我常听说摄制组的导演最不敢得罪的就是组里的灯光、化、服、道等部门，其实演员又何尝不是呢？在《丹凤朝阳》的拍摄中，我真

《丹凤朝阳》中文凤、周莲在无锡太湖鼋头渚外景地

公共汽车内的戏,自己连夜赶做的演出服

的是学到不少。此片的主要外景地在苏州和无锡两地，为了节约住宿的开销，我们出外景时只在苏州住宿，去无锡时就坐大巴士长途奔赴。戏中有几天要去无锡太湖鼋头渚拍日出时分的戏，演员需要很早起来化妆，我、陈烨、顾伟这三个主角更是要先于其他群众演员。本来，除了特型演员，一般的男演员，化妆比较简单，用不了多少时间，但我总是第一个被叫醒，那时才是凌晨三点钟不到，我化完妆后已毫无睡意，只好坐等她们两个，到四点多才坐车出发。

剧组的化妆师有两个——毕泽普、王美华，还有助手马四。我去报到时，外表上还有"王子"的遗留，烫过的头发又浓又密，一卷一卷地呈大波浪状（我演《天鹅湖》的王子时，用自己的天然头发），看上去孤傲，矜持，拒人千里之外。长影这些部门的小伙子们，参加过很多摄制组，见多识广，对我这外表，从心里有些反感，加上我是南方人，更为他们的脾气所不容，找机会就会让你不爽。故意让我很早起化妆，也许就是他们的手段之一。在剧组里，这些人你必须与他们有一种十分融洽的关系，否则在拍摄现场给你穿点小鞋，那是绝对没有商量的。你这儿全部准备好了，灯光部门突然说还不行，你就得等，生气也没用。那些导演们深谙此道，所以通常都会和他们搞好关系。听长春的朋友说，长春的男人佩服能喝酒的，你能与他们一起喝，一起醉，你就是哥们，你就是兄弟。这一点，我是深有体会。

有一次聚会，我准备好一醉方休，只要有人邀我举杯，我一定奉陪。我天生有一点酒量，个别人可以对付，但还没有到可以分别接招的地步，所以我就用激将法，拉别人一起陪喝。我的策略是要醉一起醉，要倒一起倒。这一招果然有效，嚷得最厉害的几个都醉倒了，我外表的不亲和感被我的真诚所代替，赢得了他们的好感和友谊。这一次"斗酒"的聚会中，我迅速拉近了与他们的距离。有一天清早去无锡拍戏，我竟然没有被第一个叫起来，是否与此有关就不知道了。后来回长春拍内景，我们又聚了几次，成为很不错的朋友。

扮演画家，举手投足要有不同于小提琴手的内涵和风格。拍摄前的一段日子，我尽力在自己接触过的画家里寻找记忆，寻找他们身上的特点以及可用的素材。日本著名导演黑泽明说，"创作就是记忆"，我的生活中接触过一些画家，他们都是非常有特点的。其中一位，是文革大串联期间在北京结交的，他从浙江美院版画系毕业，任职于农村读物出版社。还有一位，是国际画坛大名鼎鼎的陈逸飞。认识他的时候，他刚从上海美术专科学校毕业不久，常骑一辆破旧自行车来我们学校。他自嘲，这是他的"坦克车"，除了铃儿不响哪里都响。我发现，许多画家能说会道，个性豁达，小节不拘，虽小事糊涂，但对大事却十分清醒，有自己独到的看法，常有惊人之语。画家面对感兴趣的人或物，会眯起眼睛仔细端详。提笔作画时，更会提着画笔，在白纸旁斟酌、踌躇许久，神情超脱。这些细节，都是我塑造周莲这一人物上的绝佳素材。在镜头前我虽还不老练，但自觉已从完全被动的菜鸟开始了一些主观上的追求。不少镜头在开拍前，我会提出方案主动与导演讨论，取得他的认可后上镜。

俄罗斯的大戏剧家斯坦尼斯拉夫斯基说，在内部情绪高昂时，真正创作的火花可以穿过令人生厌的刻板模式和做作的表演而闪耀。我在拍摄之前，努力寻找人物身上的特点，这样我就慢慢可以让外部的动作成为藉由内心真实的感受而产生的自然流露。这是我通过拍摄所获得的真实的体会。

在后来与文凤在采石场、家里的戏里，我都从中受益。但是在拍老年时的戏，由于准备不够充分，外部形体动作上有不少欠缺，成了终身的遗憾。

赶制演出服

拍电影中，我的一些业余爱好也发挥了作用。1981年，西安电影制片厂在上海开拍故事片《苦果》，导演是刘斌，我被选去扮演剧中人物肖湘，与肖雄扮演的女主角有很多对手戏。演员众多，服装组的任务已够繁重，加上戏中的季节跨度大，场景各异，服装组准备再充足,也难免百密一疏。一次拍春天的场景,导演要求我这个角色穿一件适合时令的外套,但服装部门为我准备的衣服不符合导演的要求,需要另外找。当时已是上午10点,次日上午11点要拍公共汽车上的戏。公共汽车已经借好,群众演员和其他部门都已准备就绪,不能改期。我的衣服还没有着落,这就如前来迎嫁的吹鼓手已到了门前,大姑娘的嫁衣还没做好。服装组组长孟瑜急如热锅上的蚂蚁,把从西安带来的衣服翻了个遍,找出几件衣服,但导演和摄影都不同意。怎么办?衣服,商店没有,又无处可借。焦头烂额的孟瑜把情况告诉我,问我有无地方借或自己有这样的服装。

踌躇间,我忽然想到:我可以自己做啊!大家以为我开玩笑,愣着看了我半天,谁也没看过一个主角自己做演出服。我催她去布店买布料。午饭后,一块淡棕色粗条绒布料交到我手里。我下午回家,立即开裁,然后送到店里锁边,连夜缝好,锁洞,钉扣子。第二天一早,我带着刚完工的衣服到片场,摄制组的人惊讶无比,一时成为美谈。现在影片中出现在公共汽车上的灯芯绒服,就是我的作品。在我去美国后,这一业余爱好成为了谋生的利器。

那以后,我又接拍了一些电影和电视剧,接触到很多不同的角色,认识了很多演员,从他们身上学到很多以前没有的知识,看到了我的不足,丰富了我的阅历,对以后继续我的舞蹈事业帮助极大。

第十一章 难分伯仲的双胞胎

人说配偶是"另一半"，但我不同，比我"年轻"一刻钟的双胞胎弟弟钟麟，才是我人生至关重要的"另一半"。手握手从娘胎里出来，一起吃奶，一起在地上爬，一起在托儿所听阿姨唱歌，一起在幼儿园排排坐，吃果果，又在同一所小学上学，后来又一起被招入上海舞蹈学校学芭蕾舞，毕业后在同一个芭蕾舞团当演员。我们兄弟俩感情很好，形影不离，直到出国大潮兴起的1986年，我俩都三十九岁，弟弟要去澳洲，我们才万分不舍地互道珍重，分道扬镳，各自去寻找自己更大的发展天地。

我从小就琢磨，为什么爸爸妈妈把我们的名字与"麒麟"联系起来？我是麒，弟弟是麟，稍大后查了资料才明白爸爸的用意。传说中，麒麟为仁兽，象征吉祥，能为人家带来子嗣。相传孔子将生之夕，有麒麟吐玉书于其家，上写"水精之子孙，衰周而素王，徵在贤明"，意谓即将出生的孩子是王侯之种，有帝王之德，长大是贤明之人，惜因生不逢时，不居其位。第二天，麒麟离开后，孔子诞生。这就是"麒麟送子"的典故。但我家不缺子嗣，我们上面有哥哥姐姐，我们还有堂姐、表弟、表妹。是不是父母希望孩子越多越好？我不知道，现实是：我们生于战乱中的1947年的上海，妈妈生下了我们兄弟俩后不久就染上肺结核病，后来爸爸妈妈带着哥哥姐姐去了青岛，我们的家不但再也没有添丁，还显出衰败。人世间总是诸多不如意的。

人说双胞胎有很多相同的地方，我和弟弟就是这样。在同样的环境长大，受同样的教育，爱好相同，连许多不经意的动作也一模一样。现在视频互传非常方便，看到他发来的一些视频片段，我暗暗惊叹：这不就是我吗？很多外面出现的文章里，锺麒、锺麟名字串用，照片更是混用。现在看年轻时有些大的集体照里，我们俩自己都要回忆半天才能确认自己站在何处，何况外人？我们两人长得太像，常常闹出许多笑话。我和弟弟个子一样高，学的都是芭蕾舞，穿的衣服一样，长相也都不算对不起祖宗，并肩走在马路上，回头率相当高。常有些陌生人忍不住好奇，截住我俩，问这问那，令我们不胜其扰。后来在舞蹈学校当学生时，举凡我们一起外出，或星期天回家，就会商量好，分别走马路两侧，或者一个在前，一个在相距几米的后面。乘坐公共汽车，一个从前门上下，一个走后门，到了目的地后才汇合，好像搞特务工作那样。

中国第一对双胞胎芭蕾舞演员

我和弟弟外型上像，业务方面也都是十分相像，各有千秋，有的地方我好过他，有的地方他好过我。

学生时期，每逢学校里有外宾来学校参观，学校就会组织一部分同学给他们看我们的练功课，这时我和弟弟就会成为瞩目的对象。学校并没有故意要把我们推出去，但我们两个如此相像的人往那儿一站，别的就不需要介绍了。只要我们一转身，别人就更分不清谁是谁了。

与我们刚进舞校时个矮瘦小不同，我和弟弟在后来都长得比较壮，身高算中等偏高达1.76米，体力也都十分好。有一段时期觉得练

钟麟与石钟琴的双人舞
《祥林嫂》

钟麟与张南的双人舞《曲调》

功的消耗还嫌不够，两人约好每天很早起床练身体，先跑步去西郊公园，一个来回后到操场上练双杠、练臂力。男演员双人舞的基础，除了技巧之外就是身体的负重能力，这点我和弟弟都占有不少优势，所以双人舞都不错，我1978年还因双人舞获奖。1979年开始，团里开排了不少新编的双人舞，弟弟的双人舞特长得以充分发挥，与团里众多的主要演员演出好几个双人舞节目，其中与张南的《曲调》和与石钟琴的《祥林嫂》最为瞩目，给观众留下极为深刻的印象。

在舞校和芭团的数十年中，我和弟弟没有同时在舞台上共演一个角色是我这辈子的遗憾。

彩色的业余爱好

我们学的专业虽然都是舞蹈，但两人的业余爱好却相当广泛，而且非常接近。我们的兴趣是随机而发，我俩的"巧手"却是与生俱来的。我们两人的互补性很强，朋友圈里玩什么，我们跟着玩。小时候放暑假，爬树逮知了、蜻蜓、金龟子，秋天跑到地里捉蟋蟀，都是互相帮助，约好一起出去野。刚上小学的那年夏天，我和弟弟一起去上海控江路北面的农村捉蜻蜓、蟋蟀，我不小心陷入河泥之中，越挣扎越往下陷，弟弟急得在岸上来回跑，想找一个地方拉我上来，但找不到合适的地方，最后我抓住了他脱下的汗衫背心才得以脱身。弟弟把我给救了，但那件背心却穿不上身了。回家时，他光着膀子，我满身淤泥，臭不可闻，路人都避而远之。夏天水分蒸发极快，淤泥在我身上成了盔甲。到家后，弟弟顾不上自己，立即从水龙头处接好橡皮管，对着我冲，帮我洗净淤泥。

刚进舞蹈学校时，市面上流行矿石收音机，我们就去买来有关的书籍，互相帮助，一面读一面实践。然后按照书里的要求，绕线圈，调整矿石的触点，校好天线的方向。当听到矿石收音机里传来广播的声音时，尽管模糊不清，互相串台，我们还是兴奋无比。从前家里因为穷，连最便宜的收音机也买不起，听到邻居家里飘出来的收音机声音，好生羡慕。现在有了矿石收音机，虽然音量不大，但听的是同一个电台发出来的声音，一样的新闻和音乐，这让我们很兴奋。我们耳机往头上一套，摇头晃脑地听上海电台的音乐节目，那种陶醉一似当今的"低头族"。舞蹈学校每天的课程排得密，时间不够用，我们利用午睡玩收音机。但学生中总有喜欢告密的人，不知谁把我和弟弟这些事告诉了老师。有一段时间，每天午睡的钟声响过，管生活的老师就坐镇宿舍，有时干脆坐在我或弟弟的床边，看我们都闭上眼睛，才放心地离开。其实生活老师不知道的是，她的监视只在第一天发挥作用，从第二天起，我和弟弟早已把耳机的一个听筒拆下，塞在枕头下面。枕头中间的填料已被向外挤出一个小圆洞，侧卧时耳朵贴枕头，就能听到轻微而悦耳的音乐。老师刚一走开，我们又把听筒戴上。

有了做矿石收音机的经验，我们开始搞晶体管收音机，买来无线电技术书籍研究，去无线电商店购买零件，根据书上的线路图重新设计出印刷线路板，买来铜膜板，用油漆画出印刷线路，放进三氯化铁腐蚀液浸泡，等裸露在油漆以外的铜膜完全被溶解后，再用氯仿擦去油漆，然后用直径0.5毫米的钻头小心翼翼地钻洞，把一个个元件焊接在线路板后，通电调试，装进机壳内，大功告成。有一年在北京，朋友送给弟弟一个录音机用的机械传动部件，弟弟花了不少时间把电路搞定，让一个光秃秃的录音机机芯发出了声音。

从旧校舍搬到新地方后，宿舍条件大为改善，我们俩与另一个姓张的同学合住，带厕所的寝室很快变为"车间"。万用表、电烙铁、手摇钻、手动绕线机摆满写字台，抽屉里、凳子上都是元件。以前变压器和线圈都是买现成的，如今大部分是自己做。宿舍与对面的农舍隔一道竹篱笆，后面是数尺宽的小溪，我们用扩大机收听音乐，为了享受浑厚的低音部，会把声音调大，同学们戏称为"对农村广播"。后来弟弟去了澳洲，无线电技术也大派用处，赚到不少外快。

年龄稍长，我俩对摄影产生了极大兴趣，借了很多摄影书籍来探讨。买不起照相机，向朋友借。照片自己冲洗，买药粉，配制显影液和定影液，把家里一个不到一平方米的杂物间布置成暗房。底片太小，要放大，自己做放大机。有的零件根本买不到，得自己做。做不了的光学零件，就看书，自己制图，标好尺寸和结构要求，请工厂的朋友加工。最后，用铝皮和其他材料组装成一架放大机。它伴随我们，直到我1988年离开上海。放大机放出来的照片给了我们很多回忆，到今天，它还留在上海的家里。

有一次，我和弟弟去家后面的街边集市闲逛。一个摊贩叫卖上海出品的仙乐牌小提琴，我们两个来了兴趣，趋近问价，一把要十二元，差不多是月工资的三分之一，忍痛买下。从此无论冬夏，练功后我们就躲进一间朝北的空房间拉琴。怕吵了同学，加装了舌音器以降低音量。虽然练了快两年，没有成器，但后来我因"会拉琴"而被选去担任故事片《生活的颤音》的男主角，这绝对是一个偶然的投资所致。弟弟钟麟后来还是断断续续地坚持，现在拉得就更好了。

说到业余爱好，对我兄弟俩的生活起最大作用的，要数裁剪和缝纫。我和弟弟舞蹈学校毕业不久，买了一部蝴蝶牌缝纫机后，就开始替家里人做衣服。成家前给大妈、外婆做，成家后为老婆做，有了孩子后为小孩做。我的女儿，弟弟的儿子，小时候的衣服都不必买。为了节约，我们常去布店找便宜的"零头布"。布店里因染色不匀而卖不出去，整匹卖完后剩下的余料是我们眼中的宝贝。做整件衣服不够，就和别的布料搭配，或通过裁剪拼凑。有一次我替太太做中长大衣，布料用光，欠领子的衬底，我收集了11块碎料，终于拼成，算是登峰造极了，成为同学一时的热议话题。

我和弟弟做任何事情都一起商量，一起行动。刚从舞校毕业时，我们两人不多的工资拿到后就放在同一个抽屉里，谁要用就可以拿来用，不用告诉另一个。说实话，从小穷惯了，从不会去考虑买生活必需品以外的东西。出国潮使一起生活了三十九年的双胞胎兄弟分开了，弟弟比我早两年离开上海。1986年，他在一个澳大利亚人的帮助下，去了澳洲墨尔本。我也想去澳洲，为的是每天早晚能看见弟弟，在陌生的环境里互相有个照应，但因种种原因没有如愿。他在那儿通过努力站稳脚跟，不久把太太和儿子也接去了。弟弟一边当舞蹈教师，一边在制衣厂打工。一次，在当地芭蕾舞团教课做示范，因预热不足，一个大跳，使左膝前髌骨韧带断裂。尽管被舞团的人及时送医院，动了手术，后来恢复得不错，但再也无法在舞蹈教室随心所欲地做示范了。一年后，他的右膝盖前髌骨韧带也断裂了，起因是站在凳子装灯泡后跳下这么一个小动作，从此弟弟彻底告别了舞蹈。每当他说起这一段经历时，我都感同身受，好像自己的膝盖也不灵光了。

弟弟两次膝盖受重创的远因应该是早在1973年就已经埋下，那时我们随团去空军部队体验生活，空军大院里有空军飞行员训练用的大铁滚轮，一人多高的直径。有一次，弟弟在休息时跑去玩大铁滚轮，他双手抓住内置铁杆，双脚勾住里面的踏钩，整个人呈大字型慢慢往前翻滚。一个同学见状，跑上去跟他开玩笑，突然拉住往前滚动的大铁轮。弟弟没有防备，双脚脱离轮内的踏钩，身体重重摔了下来。大铁轮很重，没有被拉住，惯性的驱使下继续往前滚动，弟弟的左膝内侧刚好被钢管撞到，当时就无法站立。送医后经诊断，膝盖内侧韧带撕裂，手术处理后被缠上厚石膏，五个星期无法活动。那一段时间，后来成为他太太的沈小琴每天来照顾他。见到弟弟的左腿绑上厚厚的石膏，无法弯曲，有时只能在寝室里一瘸一拐，艰难地挪动身体，我十分心疼。

同样的服装爱好

做衣服出了名，同学、亲戚、邻居纷纷找上门。我是初生牛犊不怕虎，不管是毛呢、化纤、真丝，薄的厚的，来者不拒。我替人量身，制定尺寸，做纸板。技术熟练后，做裤子直接在布料上画线裁剪。弟弟更牛，他自己托人从内蒙买了碎皮革做皮夹克，家用缝纫机的明线线迹跨度有限，达不到要求，他就研究机器，弄懂控制线迹的原理后把机头拆下，把制约线迹跨度的摆动件的间隔，用锉刀挫大，终获成功，做成了一件非常漂亮的皮夹克。

弟弟在服装上很用心钻研，非常有心得，也走得更远。上世纪八十年代初，社会上各单位为发挥职工的特长，鼓励人员流动，兴起了停薪留职的风潮。1985年初，钟麟因为在芭团碰到了极为恶劣的诬陷事件，令他十分痛苦，毅然从芭团停薪留职，去北京代表新加坡方与"北京纺织品进出口公司"筹备一家合资服装企业。当时各项工作都在草创阶段，困难重重，但弟弟发挥他的聪明才智，与中方一起把合资企业建立起来并走上正轨。受新加坡老板的嘱托，他为合资公司起了中英文名字。中文"顺美服装有限公司"的名字，从合资方北京市顺义区顺义镇农工商总公司和新加坡美都纺织品公司各取一字组成，既代表合资的双方，又能感觉到服装之美，英文名字"SMART GARMENTS"，S代表顺义县，M代表美都，SMART还能隐喻西服的合身和随意的搭配。这个名字起好后受到老板、合资方及北京纺织品进出口公司上下各方的一致赞同，一直沿用至今。

当时顺美聘请了日本大阪文化学院院长杉山等先生做技术指导，他是教授、西服专家，在那儿教授日本的西服打板、制作等各项技术，学员有北京西服厂的数名退休技师和其他有经验的高级学员，弟弟全程陪同。弟弟后来说，他在陪同期间学习到日本人做事的规范和严谨，为他在澳洲从事这个行业打下了坚实的基础。现在顺美已经发展成有2800名员工的大型企业，每年销售收入达三亿元，号称所有的高级技术人员都受到过日本专家的培训，而这一切的开始，离不开弟弟钟麟的最早的贡献。

等到顺美初具规模，弟弟要离开北京去澳洲，杉山通过翻译对弟弟说："如果每个人都象你那样聪明，工作认真，四化不远了"。在澳洲从事服装工作多年后，有一台湾顾客说弟弟就是"一块金子到哪儿都发光"。他

2003年圣诞节期间，兄弟俩在墨尔本弟弟家中的服装车间里

现在虽已退休，但他没有放弃对服装的爱好，自己搞了一个小车间对外营业，小车间里每天顾客盈门，热闹非凡。有时他出门度假，回上海滞留时间一长，回家后门口就会排起长长的队伍，埋怨他怎么呆那么长的时间。

去澳洲后，弟弟在墨尔本办了制衣厂，替当地的服装公司加工服装。我后来去纽约也办过一家制衣厂。那时信息不通，没有商量过，远在地球两端生活的两人居然做着同样的事情，我想双胞胎大概就是这样的。与生俱来的动手能力，让我和弟弟几乎会做同样的事情。在墨尔本，弟弟把家里停车的过道改建成缝纫车间，我把美国这儿的车库也变成了缝纫车间。在墨尔本，弟弟自己动手搭建了后院的各项功能设施，在旧金山湾区的家，我自己设计修建了一个仓库。我家对门的德国工程师看了，赞赏不已，对我说，将来万一与老婆吵架，他被赶出门，他要借我的仓库住。

回首平生，我有时想，如果我和弟弟不跳舞，也许成为不错的裁缝。舞蹈界一位资深演员对说过，培养舞蹈演员最难，上两年舞校，只是入门。很多人跳了一辈子舞，也只能跑跑龙套。而当裁缝就相对容易一点，买些书进修，学会踩缝纫机，就可以出产品了。我和弟弟当时就是这么开始学会裁剪和缝纫的。

　　2003年圣诞节期间，我终于有机会去澳洲，分别十七年后第一次和弟弟见面。在机场我们互相凝视良久，表面看起来还是上海人那种冷静，有分寸的外表，但内心的激动自不待言，互相都有说不完的话要说，问不完的问题要问。当天晚上，墨尔本突降雷暴雨，雨势非常大，高速公路积水，淹没了很多低洼处的汽车，司机站在车顶上求救。弟弟的工作间里，房子下面的仓库，到处都是积水。他家的太阳房建好以后从来没有漏过水，这晚上也开了挂，在里面下起了小雨。第二天看新闻，方知这场雨打破了墨尔本一百多年的短时降雨记录。弟弟开玩笑说，老天爷为我们弟兄久别重逢激动成这样。灯下深谈，我们才知道别后两个人生活的轨迹几乎重合，好像预先商量好的一般，都十分诧异。与妈妈分别十七年后才再见到妈妈，与弟弟分开十七年后才再见到弟弟，宿命使然？

第十二章 舞进美利坚

1 恶补英语

1988年9月17号，经过长时间准备，我终于踏上了留学之路。虹桥机场里，与亲戚朋友匆匆话别，带着忐忑不安的心情，一步一回头地走向海关。办完离境手续，坐在候机室里不断地看表，终于在万般忧虑中，登上了飞机。

机舱内没有一个熟人。在国内数十年，跳舞、拍电影、出国访问演出，到任何地方都会有人打招呼，甚至请签名，这是一个被惯坏了的、内心充满骄傲的男人。而此时此刻，那一切都成了过去式，鲜花、掌声已成幻觉。发动机轰鸣，飞机滑向跑道，加速，离地，升高，把一个对未来充满好奇，满怀焦虑的、不再年轻的男人带向远方。

中国改革开放已有十年，生活在当年的"十里洋场"，有关美国的信息每天从媒体、从人们口中潮水般涌来，说它好的，好到无懈可击；说它坏的，坏到一无是处，美国对我是一个神话般的存在，我太想去看看了。一直以来，我只相信我的眼睛，相信眼见为实，你不往前走，你就不知道前面的风景到底是美还是丑。

坐在机舱里，那些在国外演出时的片段隐隐出现在脑际，断断续续，却又那么清晰。1972年，中国的"文革"内乱未停，民生凋敝，物资匮乏。1977年，浩劫虽已成过去，但贫穷依旧。两次出访，对我们的影响是极为震撼的。我们虽有地方政府的特别供给，又是比较特别的"样板团"，但无论在物质还是精神上，都感到数不清的不足。在国外的短暂日子，得到的只是浮光掠影的印象，但对比已够鲜明。没有对比，就不知道优劣。记得在加拿大访问演出的一天早晨，我起得很早，下楼碰见一位负责接待的加方人员，我随口便来了个"国问"："早饭吃过了吗？"他答道："还没有，只在家随便吃了两个煮鸡蛋。"我暗忖，"吃了两个煮鸡蛋"还说没吃，那怎么才叫"吃早餐"呢？须知，那时候在上海买鸡蛋，不但要人民币，还要"蛋票"，票证分大小户，大户五人及以上，每户每月一斤，小户四人及以下，每户每月半斤。大部分人的早餐是泡饭加酱菜，奢侈点的是大饼油条。两个鸡蛋，那可够得上豪华和奢侈了。见微而知著，发达的资本主义国家物质之丰富，随便一句话就可立判。

不但心动，还付诸行动。"四人帮"被打倒后，电台不再播放那些能让人听得耳朵生茧子的语录歌，不再从早到晚播送样板戏，开办了很多学外语节目。我买了课本，跟着电台学英语，后来又参加榆林路小学为期半年的美国英语口语学习班。我们在舞蹈学校上学期间学的是俄语，三性二数六格逐个死记，稍一疏忽就犯错。英语语法比俄语简单一点，但对一个中年人来说，没有什么东西是容易上手的。

其时，学英语成为我的人生重心，我强迫自己每天花四到五个小时自学，走路，坐车都默念英文单词。坐下来的第一件事，是看英语书。家人在楼下打麻将，我在楼上啃《中级美国口语》，翻字典。为了攻语法，我又另外参加一个学习班，学习许国璋主编的大学英语教材。为了学好美式发音和常用语，我找了一个收讯灵敏的短波收音机，偷偷收听"美国之音"的中级英语，把它录下来，再对照自己的发音，这可是冒险之举。文革中，多少人为了"收听敌台"而被定罪、入狱，我们学校总务科一位爱鼓捣电器的干部就因此被收押。在收听"美国之音"的英语学习节目时我发现一个挺有意思的现象，举凡电台播放新闻时,干扰声就很大,而播放学习节目时,干扰声就会小不少,也许干扰台的工作人员也在学英语。究竟如何,就不得而知了。反正为了学好英语,这点险总是要冒一冒的。万一有人汇报,我也只是学英语而已,问题再大也大不到那里去吧。

半年之后,口语班行将结业,举行随机测验。班里的老师是上海外语学院的英文教师,去美国进修两年后回来开的这个班。她拿出一篇课文来,问谁可以朗诵。我立即举手。作为一个中年学生,我迫切需要检验我的学习能力和半年多努力的结果。班里的同学,都是在校的大学生和高中毕业生,年龄只有我一半,英语基础比我强得多。他们也都知道我是上海芭蕾舞团的演员,拍过电影。大家听我大声地把课文念完,无不惊讶,因为我进班那阵,课本上的单词,认得的少于10%。老师带头拍手,对大家说:"史钟麒半年前的程度,你们都知道。我当时觉得他太差,可能跟不上。可是今天,他交出优秀的答卷证明他的努力。"同学们热烈鼓掌。同学们都知道我是上海芭蕾舞团的演员,拍过电影,我和当年舞台上演出"大春"谢幕时一样,心头泛起满满的成就感。既然要做一件事,就必须尽力做好它,除非你的能力不够。

认真学习英文一年半以后,我申请去美国盐湖城州立大学学习现代舞,第一次因为手续不齐被拒签,后来在该校现代舞系的老师Phyllis Haskell的帮助下,顺利拿到留学签证。

2 学现代舞的老留学生

飞机抵达旧金山国际机场,办好入关手续,走进接机大厅,迎面看见前来接我的上海老邻居陈珏和她的丈夫,一路的担心,顷刻释怀。在他们家住了两天,游览了旧金山后,我飞往目的地盐湖城。

盐湖城,犹他州首府,位于美国中西部,因一个含盐量极高的大湖而得名。我抵达时,正值气候干燥的秋天,阳光灿烂,没有一丝云彩，那深蓝色的天宇，就像深邃的大海。来机场接我的是朋友介绍，先于我在盐湖城大学留学的中国学生，沿路美丽的风景不断在车窗里掠过，令人目不暇接。

犹他州州立大学，离市中心不远，位于较平坦的坡地，校园很大，十多栋教学大楼和其他设施散布在宽大的校园里。设在艺术系教学大楼二楼的现代舞专业，在美国舞蹈界的地位崇高，系主任Phyllis Haskell是前纽约现代舞蹈团的主要演员。我第一次签证受阻，幸亏她陪我去广州美领馆，由美领馆给上海的美国领事写了一封信，那位怀疑我的出国动机的签证官才在我第二次面试时批准了我的申请。

三十年前，盐湖城的房子租金不贵，我与两位已入学的中国留学生合租一个两卧一厅的单位，租金280美元，他们每人一间卧室，我付80美元住客厅。我付的虽比他们少，但对我已是天价了，七倍于我当时在国内的月工资。客厅很大，没有家具，前租客留下的单人床放在客厅一角，空出来的地方可以骑自行车。住处离学校不远，因是上坡路，步行约需半个多小时，回家稍快一些。后来，一个行将离校的留学生送给我一辆英国产的旧自行车，我稍加修理，天天骑车来回，省下不少时间。

就这样，四十一岁的留学生踏进了美国大学的现代舞课堂。

现代舞课程中有舞蹈技术和理论课，舞蹈技术对我这个成熟的芭蕾舞演员来说是轻车熟路，没有任何困难，我完成的比年轻的大学生要好很多，但理论课就是我的特弱项了。现代舞与古典芭蕾完全不同，如果说芭蕾是一个平面的叙述的话，那现代舞就是一个立体了，角度多元，内容丰富、深奥，伴随一些哲学的理念。老师发下来的讲义大部分看不懂，听课就更糟糕，只能连猜带蒙，每次下了课，头脑发胀，夜里睡不着，紧迫感和失落感交替来袭。怎么办？赶。我拿出大部分时间学生词，查字典。虽然困难，但在沉浸式环境里，英语进步还算是很快。

平生第一次接触现代舞的理论，虽为时短暂，但它对我舞蹈生涯还是非常重要的。我看到了更广阔的天地，也明白除了使我痴迷的芭

1988年11月18日，盐湖城大学的住所

笔者在盐湖城大学门口，1988年10月

1988年11月,盐湖城大学。中立者是老师Phyllis Haskell

三十一年后回到当年在盐湖城大学摔倒的地方

蕾舞之外，还有当初基于"反芭蕾"而诞生的现代舞，这种以日常生活美学和形体美学为宗旨的舞蹈，使舞者从古典芭蕾的束缚中获得躯体与灵魂的释放与自由。创始人邓肯的"自由舞"、"赤脚舞"把芭蕾带入另一个更为自由的天地。学习了现代舞，对我以后在海外的表演和教学两方面，都产生了极大的影响。

安顿下来以后，第一桩头疼事是学费。其他理工科的留学生大都会有一些奖学金，我一分没有，完全靠干瘪的口袋。1988年，中国人并不富裕，我的工资就是当时的平均水平，每月七十多元，如欲买包括缝纫机、自行车、收音机的"几大件"，要省吃俭用好几年。这一次来美国，找了不少门路，总算兑换到$1600美元，比起钱包里只有$40美元到美国的的留学生已算"巨富"。报到时，交了学费和其他费用，花了$900多元，付一个月房租$80元加一个月的押金$80元，买一些食物，剩下不多。如果没有其他来源，第二个学期别说学费交不出，连吃饭都成问题，我很紧张。

3 难忘的盐湖城

开学后第一个星期三，我去系里的秘书那儿，查询是否有打工的机会。秘书仔细听了我的陈述，安慰我说，她会尽量替我安排。两天后星期五，秘书叫我到办公室去，告诉我明天星期六有人接我去干活。接着，她拿出一份挂历，上面把我近期打工的日期和时间都仔细地标在了上面。与此同时，她还替我与本校芭蕾舞专业的老师取得了联系，安排我去那里教课，看到这样的安排，我喜出望外，心里悬着的一块石头落了地。稍后我从其他学生那儿知道，她是虔诚的摩门教徒，外表文静，心底善良，总是设法帮别人，一些有需要的学生都受到过她的帮助。有一天她下班，正好我也要回住处，她问了我的住址后说，她可以给我搭顺风车。我坐上了她的八十年代产的雪佛兰轿车，她一面开车，一面跟我聊天，特别嘱咐我，有任何需要和问题，都可以告诉她。我庆幸我真的碰到了一个好心人，从心里感激她。开到半路上，见到路边有一块很大很平的空旷地，没有车也没有行人。她问我想不想开一下试试，她说在美国，每个人都要学会开车的。这样你也可以告诉家人，你在美国已在学开车了。我喜滋滋地坐上司机座，她坐在旁边，教了一些基本知识。我按照她的指示，挂挡，踩油门，沿着空地转了一大圈，好不高兴。这是我在美国第一次驾车。

秘书替我找的第一份工作，是去人家的院子里扫树叶，把树叶装入大塑料袋，然后跟车，把一袋袋树叶搬进垃圾场就可以了。星期六上午八点半，一位花白头发的中年老美按响了我的门铃，我坐上了他的皮卡，十多分钟后到了他家。盐湖城里，居民住房大都是独立洋房，前后院很大，不知名的大树很多，也有一些挂满了果实的果树。进入深秋后，堆满院子的落叶必须在下雪前清理干净，如等到下雪后再处理会非常麻烦。那天去了两家人家，加上吃午饭的时间，总共用了七个小时，老美送我回宿舍前，给了我四十美元，这是一天的报酬。拿到这些钱，我心里的兴奋不可言状。一天的收入，几乎相当于当时国内四个月的工资。以后，每个星期六之前，秘书都会替我安排好活计，加上经常去芭蕾舞专业教课，收入增加，我对未来的忧虑大大缓解了。

又是一个星期六，干完活，老美送我回家时问我星期天有什么活动，我答说没有，他微微点头，没再说什么。次日，有人按响了门铃，从门眼里看出去是两个穿西装、打领带的陌生人，看样子不像坏人，我开门迎客。他们坐下，介绍了自己来自教堂，希望能对一些需要帮助的人提供尽可能的帮助。他们问了我一些问题，对我讲了一些摩门教的故事，希望我去参加教会的聚会。在此之前，我对教会一无所知，更别说摩门教了。我只告诉他们，我很想住进老美家去（美国人称为Live in），既能学英文，又可减轻租房的费用，他们点头，留下一本《圣经》离去。不到半小时，他俩又回来，把我带到教会去。教堂离我的住地不远，到那儿的时候，教会的教友们大概刚做完礼拜，在边上一个很大的房间里聚会，举眼望去，约有六七十人。我刚刚坐下，一位负责人模样的人就站起来把我介绍给教友，把我的需要向教友作了详细的解释。我在他的要求下站了起来把自己的住址和电话告诉了教友，有一个人写在了纸上，还特别递过来让我确认，看他们那么认真，我深受感动。

因在盐湖城的时间短，我没有逮到"Live in"的机会。但自从那次去了教会，就常常有人给我打电话，关心我的情况。有时候，门铃"叮"的响一声，开门出去，不见人，地下却多了一袋苹果或杏子。有时候连门铃也不响，外出时才发现又有人给我送来了水果。这是来自教会的爱，是对一个陌生外国人的爱。在盐湖城，我只在最初两个星期去超市买过水果，后来就再不必买了，老美给我送来的水果我一个人根本吃不完，和室友分享。是这些好心的陌生人，好心的摩门教徒，帮我度过了人生中一段艰难时光。

有一天上完课，我童心未泯，回宿舍时把自行车推上反方向的坡顶，想从坡上滑下来。路上已被落下的树叶盖满，我下坡时猛蹬，一时风驰电掣，好不兴奋。前面一个大弯，我一扭把手，连车带人甩出好远。原来，干燥的水泥路面，厚厚的落叶铺在路面上成了"滑板"，在上面行走尚且要夹紧大腿，轻移重心，何况骑自行车在上面飞驰？瞬间，我脑子一片空白，趴在地上好一会儿。转头看着刚才我摔倒的路面，挣扎着想坐起来，忽见两个老美疾步跑来，一个扶我站起，帮我拍掉身上的枯叶，检查我的小腿和脚踝是否受伤，问我要不要去医院检查。另一个年纪较轻的，把我的自行车竖起，看到链条掉下，蹲下把链条装回，并拎起后轮转了几下，看没有问题，把车朝我推过来。我站了起来，伸伸胳膊动动腿，好像没有大碍。看到小伙子手上沾了一些黑色油污，急忙道谢，想从书包里找一些纸给他擦手。还在翻书包，见他已从地下抓了几片叶子擦了擦手，向我道别而去。我连呼几声"Thank you！"，目送他们走了很远。雷锋就在我的视野内，这就是盐湖城。

正当我踌躇满志，准备在盐湖城大学攻读学位，老师和我的一次深谈，让我打消了有点不切实际的念头。那是第一学期快结束时，我的同班同学徐珏，芭蕾舞剧《白毛女》电影里张二婶的扮演者，从芝加哥地区小城罗克福德来电，邀请我去她那里的芭蕾舞团出演《胡桃夹子》里的魔术师一角，我毫不犹豫地答应下来。因出发的时间离放假还有五天，需要提前向老师请假。

星期五傍晚最后一堂课结束，我去向系主任说明情况，她十分支持。在大楼外面我们聊了一阵，谈到我的学习情况，这位把我领进美国的贵人，对我说的一席话令我至今难忘：

"在美国，学现代舞的学生像天上星星那么多。"她抬起手来指了指天空，说，"毕业后去舞蹈团跳现代舞，必然遇到激烈的竞争。从你的年龄看，胜出的几率很低。不错，你的现代舞学得很好，英语进步很快，我本人十分希望你成为从我们系毕业的第一个中国学生，但你必须考虑毕业后的出路。"谈话中处处表现出对我的处境的关怀。在那一刻，我已经做出决定：先去罗克福德演出，结束后去纽约，不再回盐湖城。纽约有我的朋友和同学，我再差也不至于流落街头，别人能行，我也一定能行的。学期尚未结束，拿不到学分，会影响我合法留在美国。我特地问老师，我的成绩如何计算。老师叫我不用担心，她会给我最高分数。她还叮嘱我，如果找到更适合自己发展的机会，千万不要放过。

背负老师的允诺和期望，我即去"灰狗"长途巴士站买了前往芝加哥的单程车票。

三十年后的十月份我重返盐湖城大学寻旧，想当面感谢我的老师和舞蹈系的秘书，可惜物是人非，她们都已离开学校了，留下诸多遗憾。

3 芝加哥之行

"灰狗"（Gray Hound）巴士即将离开盐湖城的一刻，我回头凝望，思绪万千，却有几分不舍。申请来这里学习现代舞，前后花了两年时间，呆了一个学期刚把各种关系理顺，很多东西还没有开始就要离开了。对这个城市，我还没有来得及领略她的优美和壮丽，连世界有名的大盐湖的水也没有时间去沾过一滴，留下万分的遗憾。景色，印象不深，但这儿的人、点滴小事，却让我一直不忘，数十年后的今天回忆起来，仍像刚刚发生那样清晰。如果可能，真的还希望回到这个校园里来。沉思中，车子早已离开原地。扩音器里传出司机带浓重卷舌音的英语，不全懂，大概是交代注意事项和预报下一站的地名。

"灰狗"巴士在美国，方便，快速，准时，价格适中，深受中下层民众的欢迎。1988年的中国，长途客车还没有带厕所的，看到这巴士内的设施，暗自赞叹。从盐湖城到芝加哥，距离为1397英里，停站，乘客上下，餐饮，休息，换司机，总共需32个小时。沿途山峦起伏，景色壮丽，人迹稀少，许多地方保持着原生态。虽是冬季，山野被积雪覆盖，但依然散发出迷人的气息。停站的众多小镇，人文景色各擅胜场。我到美国时间很短，除了学校和周围的几家超市，连咫尺之遥的著名旅游胜地大盐湖也没有去过。这条"灰狗"，让我从容浏览风光，算是一次价廉物美的旅游了。

第二天的傍晚，"灰狗"在罗克福德巴士站停下，老同学徐珏已站在那儿向我招手。从上海舞蹈学校开始的友谊，至那一刻已有二十八年。在舞校，她是我们的班长，也是少数几个很小就学过芭蕾舞的学生之一。在上海芭蕾舞团，她成功地扮演了芭蕾舞剧《白毛女》中的张二婶，在舞台上下我们有很多交流。我刚去盐湖城学现代舞时，就与她取得了联系。好久没见面，她还是老样子，干事不慌不忙，一副胸有成竹的模样。路上，她顺便去超市买了一些食物。在她家，我们一面吃晚餐，一面聊，很晚才各自回房睡觉。

徐珏来美时间不长，但已在主流社会中开办自己的舞蹈学校，特别是在罗克福德，很少有中国人，学生是清一色的老外，她既是老师，也是主管，每年还组织一些演出。移民潮中，不乏有舞蹈专业背景和专长的中国人来新大陆后开办舞蹈学校，那是后来的事。那年头，她可是开疆辟土的先锋，勇气和能力令我佩服。

在欧美各地，每逢圣诞季，各芭蕾舞团都会演出经典芭蕾舞剧

《胡桃夹子》，这是俄罗斯作曲家柴可夫斯基最为脍炙人口的作品之一，首演于1892年3月19日的圣彼得堡，有"圣诞芭蕾"的美誉。可惜当年的中国，因政治上的禁忌，从未上演过 从未上演过全剧。在舞校二年级时，我曾排演过取自该剧的《牧童》舞，时间极为短暂，还没有闹明白已经消失了。像我们这些专业芭蕾舞者也只闻其盛名，未识其全貌，这真是中国舞蹈界莫大的悲哀，芭蕾舞演员的遗憾。

我到罗克福德的第二天，团里就开始了正式的排练。参与排演的绝大部分是本团的学员，主要角色王子和女主角克拉拉是外聘的演员。我和徐珏是全团仅有的中国人，她是导演，我扮演的魔术师，是剧中最重要的串场人物。

排练的第二天，地方报纸来现场采访，记者问我这个从中国来的"新鲜人"有什么感想，我脱口而出说这儿像是一个小联合国。这是大实话，一个刚来美国不久的中国学生，对任何映入眼帘的东西都会感到新鲜和好奇，都会立即与自己的国家做比较。在上海，同学是清一色的黄皮肤黑眼睛，而这儿的学生、演员来自世界各国的移民家庭，肤色、外表、语言各不相同，只有舞蹈才是唯一的共同语言。次日，报纸把这句话当作标题，配上我的大幅照片，我的艺术生涯简介，整个报道占据了文艺版半幅的封面。照片中，我穿着魔术师的衣服，压低脑袋，眼睛故作神秘。报道和照片，等于为演出做了免费广告。

第二天，经徐珏介绍，我去一位老美的屋子借宿，房东是一位离异的中年妇女，带着一个未成年的女儿一起生活，离婚的丈夫每年会有几次买上礼物来看望女儿。她家客厅里有一架当时最新款的电子琴，就是爸爸给女儿的生日礼物。她女儿是徐珏团里的学员，当母亲的就像时下舞蹈学校学员的家长一样，以给学校作奉献为乐，算得是忠实粉丝。所以，当徐珏把我的情况介绍后，她就主动邀请我去她家住。

她家离排练场地不远，房子很大，她和女儿住一楼，二楼的二房一厅空置已久。我入住前，房东把二楼收拾得干干净净，没有什么令人不快的怪味，连旧地毯的铁锈味也嗅不到。我睡觉的房间里没有什么家具，只有一个单人床垫和一个床边柜。大厅角落里放着一辆看上去不错的自行车，征得房东同意后，我稍加调整，在厅里面试着踩了两圈，非常好骑。这样，我就可以骑车去排练教室，不用人家开车接送了。芝加哥地区的冬天，外面很冷，通常都是零下4、5度，当我穿着冬衣在路上骑自行车时，路过的汽车都会把车速放慢从我边上缓缓驶过。这是个人口不太多的小城市，《胡桃夹子》的演出是这儿每年圣诞节期间一个很重要的活动。开车路过的人大概有人认出我就是报载的魔术师，常有人会把车窗摇下，探出头来热情地与我打招呼，给我带来无限的暖意。

几天后，我们穿服装连排，独舞、群舞都达到应有的水准，但是服装却不尽如人意，特别是一些女孩子的服装，让人感到十分别扭。连排结束，徐珏向我求教。在上海芭蕾舞团，所有的人都知道我和弟弟很会做衣服，徐珏拿来那些最令她头痛的衣服给我看。我一看，原来这些贴紧身体的衣物没有胸折，人体曼妙的曲线被一个"桶"套住，怎能不难看？这些服装是热情的"粉丝"妈妈们帮忙做的，她们有的是热情和时间，但技术实在无法恭维。演出在即，穿这样的服装上台，真的是太难看了。对徐珏的热情相邀，我一直想帮她做点什么来答谢她，此事正好是我的强项，我可以为团里做一点贡献。我拿出当年为电影里的自己做服装的热情，自告奋勇，答应回家后修改服装，徐珏喜出望外。

房东家有一部家用缝纫机，有几个女孩子的服装就是她做的。用的布料很合适，但制作技术实在太差。我挑出几件明显有问题的服装，临离开之前，替几个女孩量好了尺寸。回到家，房东做我的助手，按我的要求帮着拆开一些缝，我连夜按尺寸改好。第二天带到排练场，女孩子们穿上，整个感觉完全不同了，孩子们的妈妈都用惊讶的眼光看着我，不时朝我伸出大拇指。中国来的男芭蕾舞演员会做服装，可让她们长了见识，一时成为团里的美谈。

房东不但提供我免费住处，对我的生活也十分关心，几次相邀，请我和她们一起吃晚饭，还把我换下的衣服"顺便"洗了，住了不到两个星期，洗了两次。每次洗完后都把衣服叠好，放在我的床头，让我十分感激。无功不受禄，我无功于她，岂可安享她的照顾？想了两天，我决定替她女儿做一件节日穿的连衣裙，作为对她的感谢。房东一听我的打算，大喜过望，立即与我讨论，我随即匆匆画出设计简图。我的图画很糟糕，需要做不少解释。确认后，我替她女儿量了尺寸，计算了布料用量。她一刻也没停，立即去缝纫商店里转了一大圈，买回了我需要的酱红色平绒布料和同色拉链。

  我利用排练的间歇，花了两天才把连衣裙做好。那天傍晚，我帮她女儿穿上我做好的裙子，房东对着转过身来的女儿突然愣住，小半天说不出话。须臾，眼眶红了，眼泪掉了下来，转身紧紧抱住我，在我脸上狠狠亲了一下说，她从来不知道女儿竟然这么漂亮。她说，女儿一直在外面买成衣，合不合身，穿上就是，从来没有量身定做过服装。而今天，孩子第一件漂亮的连衣裙竟然出自"魔术师"之手，魔术师不是假的，真的会变魔术，太让她激动了！看到母女俩高兴的神情，我很有成就感，要对别人的无私帮助给予回报，最能拿得出手的就是这个了。在罗克福德演完后，我们要去威斯康辛州阿西卡西演出，她又主动邀我坐她的车前往。与房东结成的友谊时间很短，以后去纽约忙于打工、生活，逐渐忘掉了她的音容，但这一个经历却从没有忘记，它已深深地刻在了我的脑子里，它让我又一次感到了老美的善良。

  《胡桃夹子》在小城上演了三场，后来还去邻近的威斯康辛州阿西卡西演了两场，都很顺利。徐珏以及她的团队对我的表现十分满意，一再感谢，临走还给了我一张一千多美元的支票，那是我此生中拿到的最大的钱了。其实我应该感谢她，是她让我在异国他乡获得一次艺术上的"充电"，让我这个训练有素的芭蕾舞演员在入行28年之后第一次看到，并参演了这部世界著名的芭蕾舞剧《胡桃夹子》。以后当有机会在圣诞节前后去剧场观看这部芭蕾舞剧时，就会想起芝加哥，想起罗克福德，想起徐珏，想起那可爱的房东和她的女儿。

每一次演出结束出场谢幕，接受观众的欢呼，心里自是骄傲。但当帷幕在热烈的掌声中落下时，我心里很清楚，这一切都是暂时的，像以前数不清的演出一样，明天得从头开始。临行前犹他大学现代舞系主任的一席话又在耳边萦绕，以我的年龄，无法与年轻的舞蹈演员争一日之短长，下一步怎么走？

纽约有我的朋友，可以让我暂时安顿。纽约有的是机会，但它善待我这样一个从中国来的又穷又老的学生吗？带着忐忑不安的心情，我登上了去纽约的"灰狗"巴士。

第十三章 车衣厂生涯

1 当上技术工

电视剧《北京人在纽约》中的经典台词如是说："如果你爱他，就把他送到纽约，因为那儿是天堂；如果你恨他，就把他送到纽约，因为那儿是地狱。"

坐在长途巴士上，演出《胡桃夹子》的兴奋的余温尚未消退，柴可夫斯基所创造的优美旋律还在脑际回旋，一切都还没有好好回味，我马上就要面对的却是另一个世界，我知道我必须暂时把这些都忘掉。在前方等着我的是一个大大的问号：纽约对我，是坏还是好？心中诚然充满憧憬，但是，生存、求学、工作三事如何协调？如何保持留学生身份？如何找工作……都是未知数，不由有些战战兢兢。高速公路两侧，白雪皑皑的山野呈现出柔和的线条，形状各异的景色从窗外快速掠过，我视而不见，头靠着窗户想着心事。耳边偶尔响起司机与乘客的对话，才会把我从冥想中拉回来。

纽约渐近，灯光越来越多，车上的谈话声大了起来。曼哈顿的高楼，巨人似地耸立在高速公路尽头，蜂窝一般的窗户透出来的亮光，把大楼的轮廓清晰地嵌在夜幕上。这是我第一次看见纽约，居然没有任何欣喜，就像看到上海外滩的大楼那样，我为自己此刻的冷静惊讶。芝加哥距纽约790英里，巴士沿路停站，用了二十几个小时，才让我在纽约的雪地里踩上第一个脚印。

头两个星期，我住在朋友章君家。他是我文革大串联时在北京认识的温州人，待人热情、真诚，毕业于浙江美术学院版画系，有不错的美术造诣，和我有的是共同语言，所以多年来通信不断。在他家，我们海阔天空聊了好几个晚上。数月前，我刚到美国时，他写信问我有什么需要帮忙的，我担心下一学期的生活，把我的困难讲了给他听，他立即汇了500美元给我。我住在他家的一间空房里，与他和他母亲一起吃饭。朋友老说不介意，但我知道，朋友可以济急，不可以救穷，必须适时尽早搬走。在纽约待久了，才知道朋友接待我这么多天是何等不容易。

纽约确实如传言那样，工作好找，只要你有本领。我对服装有兴趣，一来到就把眼光集中在制衣业上。几天后，在曼哈顿一家台湾人开的制衣厂找到工作。我的缝纫技术本来就好，开始几天因不熟悉工业用缝纫机，做起衣服来很不顺手，数日下来，很快就熟悉了，成了专门做样板的技工，半个月后我又找到更好的制衣厂去混日子了。在不同的车衣厂混过日子之后，我萌生了自己开车衣厂的念头，因为那看起来那比较容易，搞几台缝纫机，找到订单就可以迅速开工。

在美国，保持合法的身份十分重要，这是我出国前就有人告诉过我的。于是到纽约的第一个星期，我就去曼哈顿一所舞蹈学校注册，成为一个合法学生。注册交费时我告诉女的行政负责人，以我的经历和技巧，在任何舞蹈学校当老师都绰绰有余。但在美国当老师要考很多执照才具备这个资格，而短时间内我绝难办到。我入学为的是保持学生身份，我愿意按时交学费，尽量抽时间来上课，但恐怕不能如期拿到学分。本以为这近于无理的要求会遭拒绝，但出奇地顺利。负责人当即从身后的文件柜里拿出文件，在I-20表格上填上了我的信息，打上硬章，给了我一张副页。告诉我，他们会把正本寄到移民局去。简短的程序，前后不到半个小时，让我得以维持合法的学生身份。他们要求我每个星期至少去学校二次，否则，如果移民局来检查，他们会如实报告，不会隐瞒。后来知道，那时有不少从中国去的舞蹈演员都曾在这个学校注册当过学生，但像我这样单刀直入的人，应该不多。

注册后，我因工作忙，每个星期只能去一次。穿上练功衣，练练功，出出汗，让久坐在缝纫机前的身体舒展一番是非常需要的。在纽约时间呆长了才知道，纽约很多专业学校缺乏经费，有人愿意付钱，学校自然乐意帮助，只要别太出格。

在开制衣厂之前还有一件事曾给我很大的教训，让我明白什么是商场。

2 投资被骗

1991年年初，女儿和太太来到美国和我团聚，我们一起打工，教育女儿，度过了一段艰苦、清淡、快乐的日子。这年底我拍完电视剧《新大陆》从芝加哥回纽约不久，终于拿到了梦寐以求的绿卡，全家都十分兴奋，对未来的生活充满仲景。

第二年的夏天，一个越洋电话从香港打来。那是1983年我在广州拍电视剧《一代风流》时认识的一个朋友H。她在电话那一头说，她在大陆东北有一个前景十分看好的化工投资项目，前期运作得不错，需要找一个真诚可靠的人去管理那个项目，也就是现在所说的项目经理。因为以前认识我们，知道我的家庭，我的为人，她从我上海的朋友那儿知道我已获绿卡，这正好是她们需要的人，所以第一时间就想到了我。

此人与我们家交往多年，改革开放后她在广州开始做生意，迫切需要在上海有一个落脚点。我认识她的时候，她正在申请去香港。

我和太太在上海接待了她,那时我大妈还没有去新疆。她住在我们家里,我们全家对她都很好,她待我们也都还不错,从香港那儿托人买了女儿穿的衣服送给我们。她很喜欢手工编织的毛线衣,我太太手工极佳,替她打了毛线短上衣,毛线大衣,后来她成了我们全家的朋友。她去了香港后在那儿利用香港和内地的价差,继续做一些生意,期间到上海来过几次,尽管已不缺钱,但还是喜欢住在我们家里。

因为有这样一种不同一般的关系,所以她电话中的任何话都让我们笃信不疑。电话中,她要求我们投资五万美元,去那儿上班后会每月付我工资,年底分红,一切听上去是那么诱人、合理。我们在纽约打工十分辛苦,有机会改变当时的现状,任谁也不会拒绝,何况她又是家里多年的朋友。这个电话的出现,给了我们又一个希望,我和太太商量后,决定去她那儿上班。

纽约消费奇高,存下一点钱殊为不易,受希望的驱使,我还是毫不犹豫地把银行的存款加上一些现金,找朋友换了一张支票,飞抵香港。

她先生是一个前香港银行职员,负责投资管理。到他们家的第二天,她带我去一家银行,在一张我还没有完全看懂的文件上签了字,我把五万美元的支票交了给她。在他们家小住几日后,了解了一些情况,她很快就叫我去长春履新。

这是一个化工项目,对方是一家化工厂,牵线人是长春化学品进出口公司。如果按协议投入资金让项目正常运作,前景应该不错。与合资方中方接触了几次,谈了一些事情,才知道项目的启动资金都还没有到位,互相还在那儿扯皮,项目何时启动,根本没有数。在谈的过程中我明显的感觉到双方不一样的目的,中方想利用外方的资金获得额外的好处,香港方面想利用中方的地盘和国家的资金营利,不说是欺骗,至少心怀鬼胎。在与中方接触的过程中,她经常打电话给我,秘授机宜,叫我在与对方接触时如何谈,他们两个自己并不露面。我按指示与对方谈,很多话欲言又止。反正资金不到位,谈也是白谈。我从小受的是艺术方面的教育,这些鬼斗我实在难以应对,于是在电话中把我心里的感受如实相告。二十多天过去，情况没有任何变化，她叫我回香港。

回去后，她没有让我住在她家，拿出一堆借口。我于是住到了另一个朋友家。逗留期间，我与他们夫妻两人谈了几次话，他们认为我在与对方接触中讲了不该讲的话。我还能说什么呢。

与太太联系后，我离开香港回到美国。回美国后，她还打了两次电话安慰我们，两个月后，她就从我的视野中消失。

半年后，太太委托香港的律师去查询她的公司，最后发现，当年我签的文件就是买她的空头公司的股票，她曾给我开的一张1.6万美元的支票也是空头支票。事情已经非常明白地告诉我，自己是陷入了一个熟人精心设计好的圈套之中了。常听说，骗术往往出自熟人，此事不假。这件事情对我的打击不小，所幸我一直就是随遇而安的人，只是从此对家人有了很深的负罪感。

这是我人生中的一个插曲，我从里面获得很多教训，人生就是一个不断经历痛苦的过程。

3 与朋友合开制衣厂

纽约有大大小小的车衣厂七千余家，散落在它的五个行政区，其中最密集的是曼哈顿中城。它位于繁华的曼哈顿区腹地，多条地铁线路汇集，交通方便。在此地各家衣厂打工的，大都是来自世界各国的移民，华人占了绝大多数。服装区西起第十大道，东至第六大道，南起34街，北至41街，里面卧虎藏龙，什么人都有。全世界顶级的名牌公司——Ralph Lauren, DKNY, Tommy Hilfiger, CK, Jones NY……都把总部设在在这儿，相距不超过一两条街。第五大道上，全世界著名的百货业巨头都在这儿有豪华的大商店。服装区域里高楼鳞次栉比，特别是第七大道，一些比较好的大楼被大大小小的服装公司所占据，其他一些稍次的大楼里，很小部分是办公楼，其余的不是制衣厂就是与制衣业有关的公司和商店。在这个区域里，凡是服装需要的，大到机械、布料，小至饰品，哪怕一个亮片、一根细针都可以在这里买到。

为了将制衣工业留在相对集中的地区，纽约市政府制定了不少税收优惠政策。第七大道夹38街的宽阔人行道上，有两个数米高的巨型铜质雕塑：一个是工人伏在缝纫机上车衣服，还有一个是一根巨针穿入一个大钮扣的洞眼，把该地区的特点形象地展示在来自世界各国的游客面前。雕塑后面，就是大名鼎鼎的第七大道1411号，很多著名的服装公司设在里面。第七大道还有一个别名："时装大道"，凸显服装业的鼎盛。

这一带的咖啡馆和快餐店，中午总是人满为患。休息时分，在六大道闲逛，耳边传入的是各种不同的语言，行色匆匆的漂亮的时装模特可能与你擦身而过。纽约市长朱利亚尼当年夸口说："纽约的经济总是很好"，就因为有"秘密武器"，这就是规模巨大而成熟的服装工业和数十万熟练的车衣工人。

在这儿，我除了每个周末教舞练舞外，大部分时间泡在制衣行业里。因为很早就喜欢搞服装，所以刚到纽约不久，就去多个制衣厂混过，从普通的单针工，到专做样板的技工，再到服装公司的生产经理，各个环节所需的技术和知识均了然于胸。同时，我在纽约最著名的服装学院（Fashion Institute of Technology）也选修了课程。我上课特别用心，对于课后作业从来是加倍认真完成。课后作业多半是做衣服样板，我做的好几件成衣都被老师拿来做范本，让同学们传看，学习。有一次的作业是双明线女式衬衣，我用单针车做好，老师看到，不单是点头，而是惊讶不止，问我几次：是不是用双针车做的？

后来，我受聘于一家韩国人开的衣厂，不到一个月，老板就把高档衣服交我包办。厂里有好几个技术高超的韩裔和波兰裔工人，他们已工作多年，我才去不久就超过他们，令大家刮目相看。老板对我欣赏有加，常在休息时和我聊天，付给我的工资比一般工人高。当他知道我以往的经历和星期天的活动后，特地买了门票，请我和太太去欣赏百老汇歌剧《蝴蝶夫人》，以表示尊重和感谢，这也是我在纽约第一次欣赏百老汇歌剧的演出。

一段时间过去，我不满足于打工了，私忖，别人开工厂，我为什么不可以？开车衣厂门槛不高，所需资金不多，便决定和朋友合开。经过数月奔波，找地方，注册，请工人，筹备就绪，终于在第38街，介于第九和第十大道间的一个大楼内开始运作。

在中城打工的，华人居多，操西班牙语的拉丁美洲人也不少，涵盖墨西哥、波多黎各、厄瓜多尔等国家，华人统称他们为"老墨"。不管老中还是老墨，在技术上都是一样的良莠不齐，有的在这个行业浸泡多年，有丰富的经验；有的只在母国用过家用缝纫机，有的才学会，还有的连缝纫机也没摸过。他们中有的具合法身份，有的是非法居留。纽约当局对非法移民较能容忍，这是心照不宣的秘密，只要不惹麻烦，没有人告发，不会有事，因劳工局和移民局从不交换信息。但有时候移民局会发动突然袭击，一旦查获，非法移民即遭起诉甚至遣返，老板就会被罚款。好在当地劳工需求量太大，管你什么身份，只要能上岗，连只会剪线头的也不愁没饭碗。

一件衣服从设计，定型到成品，摆上商店的货架，其间经过很多环节。大公司把设计稿定下后，开始制版，打样，再花很多时间调整，获得设计师和主管认可后，便定下数量、完工和推向市场的时间。纽约的车衣厂分工精细，有打板的，放样的，裁剪的，大部分衣厂只做后两道工序，即接受裁衣公司送来的衣片，按照要求缝合，整烫，成品交给服装公司。为了节约成本，所有上游服装公司都把后两道工序的价钱压得很低；且要求苛刻，出一点岔子，后果就是白干。由于下游各厂之间的竞争日趋白热化，即便利润微乎其微，也无奈接受。

我开的车衣厂，实际上就是一个简单的"车间"，一共三十多人。为了留住工人，我这个"老板"得绞尽脑汁，保证每天有活儿干。而上游公司是否有订单，能否按时把裁剪好的衣片送来，是最为头痛的日常问题。我们的衣厂冬天开张，刚开始时，我每天到附近各个大楼去，浏览门厅内的资讯板，寻找可能发订单的服装公司，然后与该公司的生产部门接洽。冬天，路面的积雪被众人踩踏后，有的地方很滑。有好几次我急着赶路，连打趔趄，赖于跳舞练就的平衡功夫，才没有摔倒。有时一天跑二三十家公司，什么收获也没有。有些公司连门都不让进，主管更见不着。接待小姐看见你在大玻璃门前停下抬头看房间号码，就知道你要干什么，立即摇手示意你不要进去。如看见大玻璃门被推开，她会懒洋洋地抬眼看一眼，心情好时客气地问："有什么可以帮你吗？"看了你递上的名片，冷眼甩一句："告诉你，主管不在，订单也不会有。"把你的名片往边上一推，埋头修她的指甲，或把脸转回电脑屏幕。有时运气好，碰到有点礼貌的接待员，她给你的最好回答是："把名片留在这儿吧，有订单时给你打电话。"其实绝对没戏。面对这样冷酷的场面，我感到难以言状的彷徨，真想拿起桌上的钉书机向她砸去。从前在"样板团"春风得意，处处受欢迎的片段，时时浮现于脑际，我问自己：你这是在干嘛？何苦呢？饱尝人间冷暖，吃尽苦头后，我倒想通了：这儿没有乐土，有的只是坎坷。聪明、努力，不会与"成功"画上等号，荆棘丛生才是人生的常态。舞蹈演员开衣厂，就是现实版的《北京人在纽约》，我就是王起明。

费尽心机，才与几家服装公司建立了比较好的伙伴关系，订单算是有了着落。接下来是另一种烦恼，因实行按件计酬，工人们为了多出成品，只顾快，不顾质量。雇请的工人，如果技术过硬，算是老板的运气。碰到技术差的工人，老板只好自认倒霉，忙于为他们善后。

4 与服装公司打官司

纽约众多的大服装公司，老板大多是犹太人，他们极为精明，对市场信息了如指掌，全行业基本被他们控制。下游的工厂，从他们对待自己的态度可推知市场的盛衰。市场兴旺时，他们的要求较宽松，检查不那么严格，把衣服快些做好后送入商场是唯一的要求。反之，则挑剔诸多，市道越差越是吹毛求疵。

通常，工厂接下订单后，会以最快速度做一件样板送给公司，让对方确认，业内称之为"批版"。因这"第一件"直接牵涉到后面的订单，通常交给厂内技术好的样版师傅做。办厂之初，我找不到信得过的师傅，很多样板由我自己做。有一次，工厂接了一批订单，我立即根据要求做好样板，很快被公司确认，工人们加班加点，按时完成，但在出货的环节出事。原来，这一款式前一阵热卖，各服装公司一窝蜂地生产，导致市场迅速饱和，仓库堆满存货。上游公司如果照单全收会加重财政负担，影响现金周转，所以能把产品的风险留给衣厂是最好不过的选择了。当然，这种情况他们不会让我们晓得，他们的策略，是验货时横挑鼻子竖挑眼，过去根本不在话下的瑕疵也成为拒收的理由。按老规矩，如果整批衣服的不合格率在5%以下，公司要把合格的衣服拿走，被检出问题的那部分，修改后再交货。但此次公司检验员剔出的不合格品远远超过20%。我们忍气吞声，只能按照公司的要求按时修改好，但公司还是从鸡蛋挑骨头。我主动降价，公司仍不肯收货。

多方协商，难以奏效，只好向法庭提出控告。

服装行业在纽约规模大，讼案多，专业性强，法院为此设立专门的法庭来受理服装业的诉讼。诉讼不用请律师，控辩双方各自包办。如果牵涉的金额不大，初审就是终审。一个星期后，接到出庭通知，我带上所有资料，包括原样板和产品样，按时来到法庭，对方应诉的是经手该款的管理层人员。因为我准备充分，证据无可辩驳，法官判决：公司立即付款提货。我第一次打官司就赢了，心中好不痛快。

后来又碰到了一个官司，与上述情况类似，但我不再走运。那是上游公司提告，我们是被动应战。案情是这样的：300条裤子全部在规定时间内做好，请公司来验货。公司的检验员脸色难看，说我们把裤子做坏了，不但拒收，拒付加工费，还要我们赔偿原材料费用和裁剪工厂的加工费。在内行眼里，服装这种手工产品，不管是名牌还是非名牌，如存心挑毛病，必然可以找到。这300条裤子，我们在生产之前，样板已被确认，基本上是不扣不折地根据样板完成的。当然我们也不是没有一点问题，一些新手贪快，有的地方做得粗一点，跳线的地方没有补缝，但再坏也不至于全部拒收。我据理力辩，并指出送来的衣片的各种毛病，对方根本不听。第二天，他们的老板亲自上门与我争辩，态度一如昨天。这家公司很小，资金有限，不像大公司那么大方，愿意收货后降价出售。考虑到这个公司的实力，我主动作了让步，愿少收加工费，但对方仍不接受，并留下话给我们两个选择：1 工厂留下裤子，赔偿全部公司的花费。2 把裤子送到公司，公司不付加工费，工厂还需要赔偿部分损失。两个选择工厂都是赔钱，我岂能接受？我知道他们的猫腻，就是把货压住不发。原来此时同款裤子已在市场上大量出现，出货极慢，他们只是想拿了我们成品去批发给下游市场，然后再在我们这儿拿一些赔偿费用以弥补市场不景气带来的亏损。我不会那么束手待缚的。僵持一个多星期后，该公司把我们告上了小额法庭。

庭上，法官听了双方的申述，检查了我们各自带去的样板，判决是我们的失误造成公司的拒收。但公司也没有理由让工厂全赔，因为公司本身也有不少责任，须接受成衣，不用付加工费；工厂也不需要赔偿其他部分。两相比较，我们的损失大于公司。我们不但要付工人的工资，还有裤子在工厂运转中各种消耗所产生的费用，这是净支出。而他们可以降价出售，至少拿回成本。纽约服装业在繁华的背后，就是小手工业者和工人的汗水和不平的待遇。这就是市场的规律，没有对错可言。

两场内容几乎相同的官司，只是因为大环境的不同，一胜一败，让我从中学到了很多东西。北宋文人吕蒙正在他的奇文中说："人道我贵，非我之能也，此乃时也、运也、命也。"如果我的第二场官司碰到好的市道，也许就不会输。时不予我，再牛也没用。当然，如果你能在任何时间做好自己，结局恐怕就会不太一样。

5　被工人告上劳工局

纽约的制衣行业，把裁剪好的衣片缝制成成衣是生产链的最低端，业内竞争残酷激烈，有时一份订单，好几个工厂抢，这样就给上游公司压低加工费一个绝好的环境，反正你不愿意做，做的人有的是，这样导致的直接结果就是工人的报酬很低。如果完全按照纽约市政府的规定付给工人最低时薪，新厂断难生存，除非后面有大服装公司固定的订单做支撑。为了自保，绝大部分成衣加工厂，工人都是按件计酬。这样做，虽不符合纽约市政府的法例，却可保证工人有工做，资方有微利。

有一次，一家大公司送来大批衣片，要在较短时间内完成。我估算过，现有工人无论怎样加班，都不可能按时交货，需要尽快增加人手。我一边在销量最大的华文报纸《星岛日报》上登招人广告，一边出外亲自物色。

曼哈顿区第八大道和38街交界处的大楼前，每天有不少服装工人在那儿等待工作。这是曼哈顿区相延多年的传统，情形一如电影中所展现的上世纪三十年代劳工市场那样，华人和老墨都有，后者居多，附近需临时工的车衣厂老板都会去那儿找人。只要老板往那儿一站，人们便围上去，老板会把需要的工种和人数大声说出，认为自己合适的人会举起手，发出各种自我介绍。"老板，我会，我有多年经验""我单针、双针车都会"，然后雇主挑好人，把工种、工时、计酬办法、金额当面谈好，接着工人就跟着雇主前去开工。曼哈顿的车衣厂，老板大部分是华人，无语言隔阂的同胞很快被挑走。我那天到得稍晚，只剩下一些年纪较大的，熟练工一个也没有，只找到一个操西班牙语的可以剪线头的女工。

剪线头是最后一道工序，没有什么技术门槛，只要能拿小剪刀把成衣露在外面的线头剪干净就行。新雇的工人，是四十多岁的妇女，名叫玛丽亚，不会说英文，一个略会英语的"老墨"替她翻译，我借此知道她不久前刚从波多黎各来，住在朋友家。我问她做过这一行没有，她说做过。我给她一把剪刀，让她特别注意重点部位，她点头说明白了，坐下就开始了她的工作。

傍晚收工时，我去检查，那些熟练的剪线头工人已完成很多，成品装满边上的箩筐，玛丽亚面前堆的衣服屈指可数。看她可怜的样子，我不好意思立即解雇她，只告诉她，以后动作要快一点，清点后付了她当天的工资15美元。如按计件付酬，她只能获得9美元不到，我多给了她6美元。这点钱连好好地吃一顿饭都不够，确是很可怜，但我又有什么办法呢？曼哈顿的衣厂，中国工人都是每个星期结一次账，老墨的临时工都是当天计酬，因为你不知道他第二天是否还会出现在工厂。第二天，她来了，还是老样子，笨手笨脚，一个中国工人实在看不下去，把着手教她，可她的手就是不听使唤。一天下来，产量略有增加，但比起每天挣40元的中国工人，还是差得远。第三天，我清点她面前已完成的衣服，实在太少，"工资"开不出手，只好偷偷多给了她差不多一倍的钱。那天以后，她再没有来过。一个多星期后，工厂的信箱里出现一封纽约劳工局发来的公函，我很觉奇怪，打开一看，才知道被人告了，罪名是没有按规定付给工人最低时薪，马上让我想起玛丽亚。

纽约劳工局对辖区内衣厂的内部运作情况心知肚明，知道很多工人没有合法身份，但只要没有人投诉，没有工会出面干预，它就假装看不见，睁一只眼，闭一只眼，彼此相安无事。如果有人提告，他们就会严肃对待。劳工局不是移民局，从来不问投诉人的身份，只问案情。

我按时到劳工局应讯，负责人确认我的身份后，开始讲我们工厂没有付给工人最低时薪的违规行为。我呈上了近期工厂的收支明细表，作了说明，并指出玛利亚所完成的，只相当于别的工人的四分之一或更少，如果以时付酬，等于其他工人替玛丽亚打工，工厂别开了。这等说辞，劳工局估计耳朵都听出茧子来了，他们才管不了那么多。几天后，收到劳工局发出的裁决书：必须在一个星期内汇款850元到劳工局，劳工局把一部分转给玛丽亚。当时纽约的最低时薪是六美元，玛丽亚每天上班十小时，八小时是正常付薪，两小时算加班，工资加倍，三天可得216美元，其余的634美元是罚款。我明白，我不是不可以上诉，但那是自找麻烦，乖乖地付钱是唯一的选择。

在纽约还有一件事情也很奇怪，工厂的这些黑工从来不收支票，我们都必须付现金给他们。每次从上游公司拿到的支票都可以去附近大楼里的一些现金公司换现金，手续费极低。这些公司大都是韩国人所开。不知他们是怎么运作的，直到我离开这个行业我也没有搞明白。

6 关厂

在纽约开衣厂，特别是新开的衣厂，老板必须是"什么都拿得起来"的"超人"。我每天工作十个多小时，面对数不清的问题。没有休息天，没有假期。最困难的工作，自己做；样板，自己做；机器坏了，自己修；电器故障自己排除。为了不耽误工人的工作，我经常不拉总闸，冒险带电修理。连烫衣服用的蒸汽锅炉发生故障，也要自己去排除。虽然可以到外面请专门的技工来修理，但要价奇贵，只好自己试着干。雇员可以拍拍屁股走人，老板却必须对衣厂的一切负责。为了在规定的时间完成订单，加班加点成了家常便饭。

这一切，对在文艺圈内长大，有着丰富从艺经历的我来说，实在是巨大的折磨，每天晚上，我都会责问自己，到底想要什么，这《北京人在纽约》的王起明真的不好当。凭着舞蹈演员吃苦耐劳的精神，持续了两年，再坚持下去也不是不可能，但骨子里早已产生深深的倦意乃至敌意。我相信自己属于舞蹈，属于艺术，"男怕入错行"，考虑再三以后，决定关厂。

开厂不易，关厂也有一大堆的事情要处理，但毕竟比开头好办。经过快一个月的清理，终于关上车衣厂的大门。离开时的一瞬间，感到了从未有过的轻松。回头看熟悉的环境，熟悉的机器，想想熟悉的工人，竟然没有一丝不舍。我知道，两年误入歧途，我损失了很多，但也知道了我以前从来不会知道，也无意了解的世事，阅历变得丰富。从这一刻开始，我可以自行支配自己的时间了，这总比挣辛苦钱重要得多。

第十四章 一日舞蹈，终生相随

三十年来，从美国中部的盐湖城开始，到北部的芝加哥，东部的纽约，西部的旧金山湾区，都留下我中年以后的"舞步"。谋生之外的绝大部分时间，我都献给了舞蹈以及相关的文艺活动。谋生，只是活命，什么都可干；舞蹈，才是生命，唯跳舞是从。

1 异国第一个中秋

回到刚来美国的时候。

到盐湖城那天是1988年9月21日，第二天就到学校报到，穿梭于各个办公室之间，忙于办各种手续，搞得昏头昏脑，忘了今夕是何年。第三天早晨，室友A对我说："你来得正好，过几天，我们不愁没好节目了！"A是江苏人，来自南京，他的远房亲戚是我以前在上海的朋友，对我的背景了解得十分清楚。我到盐湖城就是他去机场接我的，后来我还几次搭坐他花一百美元买来的老式福特小汽车，出去购物。他说，后天9月24日是中秋节，大学里的中国留学生要举行聚会，想请我表演节目。他要不说，我都快忘了这个中国人视之为家人团聚的节日，说实话，离开家人才不到一个星期，乡愁已生。那时女儿才九岁，上小学二年级，抱着长大，每天倚在我边上，突然不见，万分想念。海上生明月，天涯共此时，我当然愿意与他们一起庆祝，聊慰我的思乡之情，还能认识一些新朋友。

A打了一个电话出去，筹办中秋晚会的学生会负责人火速来到，和我谈后天演出的节目。她说："我们当年只看过电影《白毛女》，真人在眼前，说什么也不能放过。""电影不是我拍的"。"那也一样，只要你是上海芭蕾舞团的就行，更何况你就是演过大春的"。推脱和解释中，我答应表演一段大春的独舞和与喜儿的双人舞，但"喜儿"上哪儿找呢？我以为这是个难题。不料她告诉我，留学生中有一个学建筑的女生跳过"喜儿"。我暗暗惊道：哪有这么巧的事！原来，这位女同学在国内上中学那阵，是文艺宣传队的积极分子，唱歌，跳舞，样样拿得起来。文革中，全国上下各文艺团体，各宣传队，无论是专业的还是业余的，都以学演"革命样板戏"为时髦、突出政治的第一选择。不少团体还真的是在没有老师的情况下，自己把"北风吹"排了出来。虽然舞蹈一塌糊涂，足尖舞更没法看，但对大部分观众来说，听到音乐，有人在台上比划就足矣。那时候内蒙的乌兰牧骑还能穿足尖鞋在沙地里转圈，一转一个洞，简直就是超高技巧了。

时间紧迫，第二天上午是星期六，"喜儿"来我的客厅兼卧室排练。客厅里虽然无法大跳，但走位，比划动作还是绰绰有余。我前后演"大春"9年，动作组合已深深地刻在了我的脑沟里。我可以毫不夸张地说，即便半夜把我从床上拉起来跳，动作也一个都不会做错。"喜儿"的身体条件不错，依然苗条，中学时当了许多次"喜儿"，但早已忘得差不多了。我拿出从国内带来的卡式磁带，在我的学英语的小录音机上播放。她毕竟有底子，脑子灵活，我辅导她不多的时间，她就记住了动作，很快就能在我的不断的提示下，合着音乐做完。动作当然不怎么样，但在同学聚会上表演，一定会大受欢迎的。

联欢会在建筑系一间大教室举行。黑板前的讲台，宽约八尺，很窄，无法用来跳舞，好在教室里带小桌的椅子可以移动。我到那儿的时候，中间已被清出一块空地。一侧墙下的长桌上，放了留学生和家属做的简单的菜肴。这儿没有中国超市,只能吃洋食品。

留学生们知道我会在聚会中表演《白毛女》片段,早已互相转告,能来的都来了,一共四十多人,大家一面寒暄,一面吃东西,不久节目开始,唱歌、朗诵,主持人插科打诨,笑声不断。轮到了压轴节目《白毛女》了,主持人用极为夸张风趣的语言介绍了我和新舞伴。就这样,在异国他乡第一个月圆之夜,我和才"相恋"半天的舞伴,表演了"大春与喜儿"。录音带播出的"北风吹"音乐,音质不理想,但熟悉的旋律立即把我带进亲切无比的世界。喜儿的"北风吹"完后,我出场。我忘了这是盐湖城,忘了是来留学的,忘了"今夕是何年",我仿佛回到早已消逝的青春年华,起跳,旋转,身体与灵魂融为一体,在节奏中尽情地释放乡思。这一刻,舞蹈就是我精神的庇护所,是我的教堂,是我的一切。这段舞蹈,我已记不清上一次演出的具体时间了,少说也有10年了,充满了久违的感觉。舞罢,响起经久不息的掌声和欢呼声。我和舞伴携手,向大家鞠躬致谢之际,不知谁领头唱起了"妹妹你大胆地往前走啊,往前走,莫回头……"其时,张艺谋的电影《红高粱》正在热播,大概这帮学生太羡慕大春喜儿的纯洁的爱情了,情不自禁地要"妹妹"大胆地往前走。我也扯着嗓子,与他们一起唱了起来。

不知疲倦的学生又唱起《酒神歌》,更是把大家的情绪带到高潮:"喝了咱的酒,一人敢走青杀口。喝了咱的酒,见了皇帝不磕头。一四七,三六九,九九归一跟我走。好酒!好酒!好酒!"联欢聚会在近乎吼叫的嘶哑歌声中结束。"一人敢走青杀口"正是为我以后一人闯荡江湖做了一个注解和预言。

2 新苗艺术中心

在芝加哥边上的小城罗克福德演完《胡桃夹子》后,我很快来到纽约。在纽约,各种艺术人才多如过江之鲫,他们来自世界各地,从自身民族和专业特点出发，成立了很多业余或半专业的团体。华人艺术圈内，设在曼哈顿区中国城的"新苗艺术中心"享有很高的声誉，经常在主流社会表演。上海歌舞团的优秀演员、我的同届同学顾蓓蓓，是最早来到该团的许多演员之一，最后成为该团主管。此团1973年成立之初，它只是一个很小的舞蹈团，由一群当地著名华人艺术家、留学生、家长和热心的社会工作者创立并管理。因为地理位置优越，汇集了众多的艺术精英。艺术家的流动性很大，"新苗"每次演出，会聚集很多从大陆专业团体退下来，来美留学或短期停留的演员，涵盖戏曲、音乐、杂技和舞蹈。

我因为一直保持合法身份，在1989年申请绿卡时没有遇到什么麻烦，自己填表，寄出证明自己的文件，花了不到二百美元的手续费后就获得了批准。取得绿卡后，我离开了为保持合法身份而入读的乔佛瑞芭蕾舞学校，去韩国人开的成衣厂当样板师傅，工余时间在"新苗"教课和排练。

"新苗"有包括美术、书法、舞蹈在内的很多课程，学生中有在学的学生，也有很多成年人。每年有两次演出，一次在暑假前，一次在春节前后，每次演出都会有新演员、新节目。这个中心卧虎藏龙，上海民族乐团的王昌元、汤良兴，原上海歌剧院舞蹈队的王意良，上海歌舞团的许铜山、顾蓓蓓，中央芭蕾舞团的毛节敏，中央歌舞团的陈帼，上海京剧院的齐淑芳、丁梅魁，上海芭蕾舞团的张大为和我，还有南京军区、北京舞校的专业演员都是曾在该中心演出的主要成员。那时，齐淑芳已创立了"齐淑芳京剧团"，不时有她的老外学生参加我们的演出。她那时演得最多的就是《白蛇传》里的小青"盗仙草"一段，踢枪，身段，功夫不减当年。这些在国内都属一流的演员，各有所长，我有幸常和他们联袂上台，持续多年，学到很多东西。

在这儿演出最多的是中国民族民间舞和中国古典舞，演芭蕾的机会就比较少。

在"新苗"演出小刀会《弓舞》

1996年纽约参加"新苗"演出,作者为左六

3 演《梁祝》受伤

1990年,"新苗"酝酿排演"梁祝"。这是以小提琴协奏曲《梁祝》所叙述的故事为蓝本的民族舞剧。我演梁山伯,饰演祝英台的是经多年训练,功底不错的业余舞蹈演员。她在新苗很多年,上大学时也没有中断。毕业后她受聘于纽约一家银行,任柜台员,每个周末仍来练功和排练。

毛节敏老师和我编排这个舞蹈时,顾及很多演员的实际情况,独舞、双人舞没有采用难度太大的动作。我的双人舞还算差强人意,1978年曾在上海青年汇演时得过奖,但那是十二年前的事了,后来训练不多,到美国后干脆没有练过。动作简单一些,我和"祝英台"能藏拙。与我搭档的女演员十分努力,每个动作都不断练习,直到筋疲力尽。我平时在工厂打工,没机会锻炼身体,每个周末的排练,活动筋骨,出一身大汗,实在畅快。历时二十多分钟的舞剧,排练了三四个月。

演出那天,《梁山伯与祝英台》是压轴节目。

音乐开始,一切顺利。情景转为第二场时我上场,先与祝英台跳一段缠绵的双人舞,结束后目送她退到侧幕。静场时我走到舞台左后侧,准备独舞。音乐起,我展开双臂,往前一个大挫步(Pas Charsse),左脚蹬地,(Coupe)发力,右腿同时往前飞起,一个大跳(Grand Jete)。这是芭蕾里的常用动作,这辈子不知跳过多少遍了,今天起跳,小腿像被什么东西绊了一下,发出奇怪的一声"啪"。落地后,左小腿根本使不上劲,稍微用力就感到疼痛。有一阵功夫,小腿好像不见了。放在平时,我一定坐下来检查,可舞台上只有我一个人,观众注意着每一个细小动作,不把动作做完,演出就毁掉。毁了我事小,砸了"新苗"的牌子事大,我给自己打气:挺住!尽管观众席没有什么大人物,但多年养成的责任心帮我克服了疼痛。余下的动作我都放到右腿去完成,左腿成了摆设,连走台步也一瘸一瘸的。

在舞台边等待出场的祝英台和其他演员以及工作人员，注意到我的动作和排练时完全不同，但不知道发生了什么。独舞完了后，阵痛变成持续的剧痛，左脚在地上完全成了舞蹈中的"虚步"，所幸已到尾声。我完成独舞，祝英台上台，观众的视线集中到她的身上，让我有机会把左小腿略微提离地板。最后，我咬紧牙关，迎上"祝英台"，做了一个迎风展翅的托举，全身颤抖，忍耐力到了临界点。把她放下，再做一个造型。音乐停止，台上掌声响了起来，满头大汗的我牵着祝英台的手谢幕。大幕落下那几秒钟，太漫长了！

大幕一落，我一屁股坐在地上，双手护着左小腿，再也站不起来了，演出服早已被大汗浸透，一半是累出来的，一半是痛出来的。演职员们都围了上来，帮我擦汗，七手八脚把我从舞台上抬到剧场外已准备发动的汽车上。进医院检查，结果是左小腿肚下肌腱大面积撕裂。医生讲，如果继续做负重动作，就彻底断离，那就要做手术。这次受伤，远因是在打工辛苦，疏于练功；近因是上台前没预热，骤然发力"大跳"，受伤乃是势所必至。包扎后，团里的人把我送回了住地。

其实舞蹈演员常会发生这样的事情，原因尽管各不相同，但在剧痛的情况下坚持把演出完成的精神却是一样的。学生时期一个同班同学考试时一个大跳，小腿胫骨骨折。我敬重的同届演员欧阳云鹏，1990年随团去新西兰访问演出《吉赛尔》，在台上独舞时，因为台上缺乏明显的指示，跌入两米多深的乐池里，跌断了右手骨，可他愣是从乐池里爬回到舞台上坚持跳完自己的独舞。那种疼痛，非常人所能忍受。面对如此的痛苦，他只淡淡地说了一句："演员的职业道德"使然。好久以后我才知道他发生过这样的事情，非常敬佩。受伤以后，我能在舞台上坚持演完，也是基于"演员的职业道德"，虽然与他相比，我的伤轻了很多。

接下来的日子，更加难熬。那时我在远离曼哈顿的布鲁克林租房独居，每天需要照常打工来赚钱付房租，买食品和日常用品，没有条件卧床。我在家歇了一天，第二天就上班去了。因左脚无法落地，只能用右脚一蹦一跳的走路。从家里去地铁站平时要走十分钟，现在时间需加倍还不止。白天上班坐着不觉得太痛，晚上睡觉时小腿会随着心跳一阵一阵地刺痛，一个多月后才逐渐恢复正常。我伤的是左脚，在衣厂打工时是用右脚踩缝纫机踏板，影响有限。其实假如是右脚受伤，我可能左脚的功夫也会练出来了。那么严重的伤痛都可以克服，还有什么困难可以难住我们的呢？这就是职业舞蹈演员。

腿痊愈后，我回到了"新苗"，照样参加排练和演出。我知道，为了维生可以做其他事；但舞蹈是我生命的一部分，不能，也无法放弃。以后数年，我还是每年参加"新苗"的演出，对我来说，这就是我的节日。

4 教舞蹈的大咖

"新苗"每年要推出新节目，除了自己编排以外，也邀请路过纽约的国内舞蹈家来指导。好几位名重一时的"大咖"，都曾受邀来教新节目。他们大都是来纽约观光或专业访问的，一旦他们答应，我们就放下其他节目，专心受教。那年代没有网络，没有视频，舞蹈的教和学，只能面对面，有几位给我留下的印象特别深刻。

金星教蒙古舞

1990年底，"新苗舞蹈团"正为春节演出设计节目单，金星来到了纽约。他1984年毕业于解放军艺术学院舞蹈系，准备来年在纽约继续深造现代舞。"新苗"获悉后立即与他取得了联系，请他来教一个舞蹈，他欣然答应。金星那时已是蜚声国际的舞蹈家，1985年就获首届中国舞"桃李杯"少年组第一名，1986年又获第二届全国舞蹈大赛特别优秀奖，他的专业是民族舞，但其实各种舞蹈他都跳得很好。1990年左右，正是他作为一个舞蹈演员的巅峰时期，能在此时来"新苗"教舞，我们都十分期待。来了以后，他根据我们已有的录音教我们贾作光老师所编的蒙古舞。

此前我们与金星素未谋面，在排练教室第一次领教了他的风貌。他教舞极为认真，每个动作都一遍遍地示范。我们几个芭蕾专业的学生虽然学过民族舞，但动作较为生硬，所以成了他重点照看的对象。学习中，他见到不对的地方，总是会不厌其烦地纠正。节目不难，对一个专业舞蹈演员来说，记住组合是非常容易的事，但舞蹈的韵律就需要不断地练习和体会才能做好，我们排了两次就排好了。为表感谢，我们几个舞校同学在合租的房子请他吃饭，聊天，十分投机。

在排练中，我感觉金星的举止十分女性化，平时不为人注意的小动作，如甩头，捋头发，更是完全女孩子的做派。我的芭蕾舞科的同学张大为也参加排练，我私下对张大为说，他真的很像女孩子。一起吃饭时，我模仿他捋头发，在座的同学笑得前仰后合，金星只是微微一笑了之。

1995年后，在媒体看到他变性的消息，回忆起我在排练厅里所见，一点也不觉得意外。她出生的时候，大概造物主打了瞌睡，零件用错，把"她"变成了"他"，现在回归本真乃是理所当然。

陈维亚教《秦王点兵》

《秦王点兵》是编剧陈维亚参观世界十大奇观之一的西安兵马俑后，触发灵感而创作的男子舞蹈，一经推出，惊艳中国舞蹈界，中国很多优秀的舞蹈演员都演过这个节目。1995年底，陈维亚到纽约调研，"新苗"与他取得联系，请他教我们《秦皇点兵》。这位北京舞蹈学院的教授，当时已有很多头衔：中国东方歌舞团艺术总监、副团长、中国舞蹈家协会副主席、北京舞蹈家协会副主席，中国舞蹈界谁人不敬重有加？而且他也很忙，能否抽空来教，纯在他一念之间。对我们这样一个不起眼的小团的要求，他竟然爽快地答应了我们的请求。

这个节目难度不小，要求演员有比较好的舞蹈功底。当年他在编排这个舞蹈的时候，完全是根据那些年轻的舞蹈演员来设计动作的，但我们这几个演员早已青春不再，特别是我和许铜山，现在不过是异国小舞台的"票友"罢了。

许铜山是我在上海舞校的同届同学，民族舞专业，业务出色，后来当上上海歌舞团的编导。他移民美国后，一直没有离开过"新苗"。他为人仗义，热心公益，哪怕自己吃亏、贴钱也会去做。每年"新苗"除了有两次重大汇报演出外，平时还在社区、学校还有不少演出，他是每演必到，还兼任接载学生和道具的司机，太忙时随便吃一个盒饭，最忙的时候，连饭也顾不上吃，随便吃几个点心就对付过去。后来他因癌症早早地离开了我们，让我不胜怀念。

为了不使我们的缺点太过暴露，陈维亚根据我们三人的特点，技巧上降低要求，对独舞做了很多调整。在教舞的时候，他每次都是准时来到排练场。这个舞蹈是四人舞，我们只有三位，一位是原南京军

《秦皇点兵》，1990年纽约新苗艺术中心

区文工团的独舞演员沈祥生，加上原上海歌舞团的许铜山和我。沈祥生年轻，还没离开正规舞台，我和许铜山都已届五十，有些高难动作即使做得出，水平与原班演员也不可同日而语。那时，我的膝盖的老毛病不时给我干扰，有些动作根本不敢使劲，所以那些要求很高的大跳和技巧，绝难做得好看。功夫需要每天练，我们这些"堕落"成"票友"的演员，每星期只有一次训练，明显不够，从镜子里看我们自己，有些动作真的是不忍卒睹。

1996年春节，《秦皇点兵》第一次演出。大幕拉开，我们三人在练兵场上摆好造型。民间乐曲《绛州大鼓》，不同力度的鼓点，烘托出古战场的肃杀气氛。舞蹈张弛有致，随着节奏的变换，兵马俑从雕塑变成了大活人，舞步带赳赳雄风，向观众展示古时惊心动魄的厮杀场面。这个节目很受欢迎，后来又演出了几次。后来陈维亚也没有时间来看我们演出，也好，也许他看了后会后悔死了。

《丝路花雨》的"神笔张"

2000年，我离开纽约，来到西海岸的硅谷，接待我的是从前在上海住在同一排房子里的几十年的老邻居张浩。张浩是硅谷的软件工程师，与我有世谊之交，他的爸爸与我爸爸是南通纺织学院的校友，他妈妈与我妈妈是同乡。他小提琴拉得很好，他的老师是我弟弟介绍的我们芭蕾舞团乐队的小提琴手。当年他去安徽插队后被县杂技团网罗，做过一段时间的琴师。我们一直保持着良好的关系。我初来美西时，借宿在他在硅谷的家里，去六十多英里外的旧金山市区上班。每天清晨，张浩开车送我到火车站，我搭乘通勤火车往旧金山，晚上他再到车站接我回家。

纽约的朋友把我搬到湾区来的消息告诉了旧金山湾区的朋友。老同学张军锋知道后打了电话给我，问我有没有时间参加在硅谷排演的《丝路花雨》。张军锋是我的同届同学，民族舞专业毕业，曾被借调到我们芭蕾舞团一起出访法国和加拿大，与我是好朋友。导演陆芬华是我们舞校的校友，我的学妹。他们发出邀请，我当然乐意。陆老师为了专心导演此剧，把还很小的儿子送往上海，献身精神令我感动。

剧中画工"神笔张"，女儿英娘和西域年轻商人，是三个主要人物。"神笔张"一角他们找了不少人，但一直定不下来。见我毫不犹豫地应允，张老师和陆老师悬在心里的大石头总算落下。

大型民族舞剧《丝路花雨》，原创是甘肃省歌舞剧院，1979年在国内首演以来，一时风头无二，盛名未替，后来剧院带着这个剧目在许多国家演出，轰动欧美，赢得了众多的荣誉。该剧取材于举世闻名的丝绸之路，故事曲折，引人入胜。舞剧以中国传统的舞蹈语言为基础，熔汇了西亚各国的民族民间舞蹈，凸显民族特色、民间风情。服装的艳丽，民间舞蹈的美妙，充分展示了盛唐时期中国与西域各国的友好来往以及善恶之间的斗争。舞剧重现了敦煌石窟壁画"反弹琵琶伎乐天"那美妙绝伦的舞姿，风靡一时。

舞剧《丝路花雨》，我演神笔张，陆建萍演女儿

进排练场的第一天，张军锋就把该剧的其他演员一一介绍给我。饰演英娘的有两个人：上海歌剧院的主要舞蹈演员陆建萍，技术好，表演成熟；还有一个是土生土长的华裔大学生，在美国学的舞蹈，是业余学员中的佼佼者。

该业余舞蹈团是由台湾来的移民创建的，初期成员以台湾移民为主，后来陆续加入不少大陆的文艺爱好者。该剧演员众多，除了陆建萍、西域年轻商人、反派头头和我这四个演员有专业背景外，其他演员都是业余的，不少人连舞蹈都没有学过，更没有上过舞台，其中不乏硅谷的电脑工程师、房产经纪人、医生，但每一个人排练时都非常认真，极为投入。饰演英娘的大学生，其时正在洛杉矶加州大学就读。她父母来自台湾，每个排练日之前的一天，她母亲会从硅谷驾车，长驱380英里，从洛杉矶接上女儿来参加排练，排练结束后再驾车送女儿回校。母女为艺术奉献的热忱，赢得全组一致的称赞。

全剧排练了四个多月，我所有的周末都在硅谷的排练场度过。

此剧在硅谷演出了两场，十分成功，连从无舞台经验的新手也没出错。第二场演完后，大家正在收拾东西，舞台监督过来给了我一个红包，打开一看，里面有五十美元。我很奇怪，其他人好像都没有，为什么只我一个人有？去问究竟，原来这是台湾人的习俗。因为剧中的"神笔张"被打死，我演了两场，死过两次，这不吉利。春节临近，我作为扮演者需要冲冲"霉气"，红包是用来驱邪的，台湾人的人情味令我感动。回想我们上海芭蕾舞团《白毛女》演出这么多年，扮演"杨白劳"的演员董锡麟"死去"何止上千次，在春节演出更是家常便饭，从来没有享受过这一待遇。人情味是文化的一部分，我们那些年总是缺少一点什么。

任教旧金山华人歌舞团

在旧金山湾区和我结缘甚深的另一个团体，是旧金山华人舞蹈团。它成立于1959年,创团的群体,是热爱中华文化的广东台山籍移民。这个团演出传统的中国民族歌舞,演奏民族乐器。四十多年来,足迹遍及加州许多社区、学校、电视台,被誉为"大洋彼岸盛开的中华民族艺术之花"。草创时期,团里没有专业老师,他们每个星期六聚在一起讨论,研究,根据手头的图片,排出了红绸舞、腰鼓舞,虽然粗糙幼稚,但在早年的旧金山的唐人街,广受称道。

我被该团聘为教师之前,执教的是一位来自北京舞蹈学校的老师,他教了一段时间后辞职,自己去开舞蹈学校。他走了以后,我每个周末去位于唐人街的"华人同乐园"上课。学生大都是华人歌舞团创办人和老团员们的后代,个别的虽带不同肤色,但父母中总有一方具中国血统。大的十七八岁,小的才七八岁,集中练功、习舞,风雨无阻。也常见已届中年的男女团员和儿女同场排练,同台演出,可算"老中青少幼,中外相结合"。我根据学员的情况,"扶把"的课程,教的是芭蕾基本动作,到了中间部分,教中国古典舞。孩子的父母说:"把孩子送来学舞、演出,为的是培养他们对中华民族文化艺术的热爱。"

每年暑假,该团组团前去北京,广州,台山等地,既为寻根,也为了和国内同行交流。2002年8月,十三位团员去广州"广东舞蹈学校",经过短短十天,以惊人的速度学会了《卓玛,卓玛》、《欢庆》、《晨风》、《拾稻穗》、《喜悦》、《雨之趣》、《盘子舞》、《红扇》等舞蹈,回到旧金山作汇报演出,在华人社区造成轰动。

和我一起任教的,有从解放军艺术学院毕业,曾在澳门开办第一个华人舞蹈学校的朱元华老师,广东歌舞剧院独舞演员钱小玲老师等。一年年下来,孩子们一茬茬毕业,离开,新血又源源不断地补充。我们看在眼里,既恋恋不舍,又欣慰无比。有的学生早已离开,但每年的演出,都会看到她们坐在观众席里,有时她们还到后台来帮忙。有一个学生,一直与我用电子邮件联系,问一些有关舞蹈的问题,我总是认真地解答。2014年,团里给朱元华老师贺寿发奖,几乎所有在湾区的"老"学生都来了,热情地围住我们几位老师,问长问短。看着一张张久违的面孔，我从心底迸出一句话：做老师真好！

核桃溪的"孩子王"

从2001年起，我任教的团体多了一个核桃溪（Walnut Creek）镇一个社区的"康侨文化社"下的舞蹈团C4EO。该团体的创立者是一群有志于弘扬中华文化的台湾移民。它有一与众不同之处：学生中很多是老美从中国领养的孩子，都说地道的英语，但长相是纯中国的。C4EO还开设一所中文学校，学生中除了ABC（生在美国的中国人America Borne Chinese）以外，就是这些洋父母们从中国领养来的孩子，里面蕴含的是洋父母们对华裔血统的儿女的良苦用心——让他们在接受主流社会教育的同时，不忘母国的语言和以舞蹈为代表的文化。

每年六月放暑假前，舞蹈团都举行汇报演出，礼堂挤满了学生的家长和附近几个社区的居民。无论孩子们表演得怎么样，家长一律报以最热烈的掌声，使得小演员自始至终保持高度热情。平时，舞蹈团常常去社区老人中心、学校作慰问演出。2006年，团里排练了一台节目，总共十个舞蹈，其中有我和我的学妹张静演出的《白毛女》第一场喜儿与大春双人舞，其余九个中的三个是我编排的，五个是我指导排练的。看到她们演出，我十分有成就感。我会想，这些孩子长大后，一定不会忘记在这儿度过的快乐的时光。

我每个星期天教三堂课，共四个半到五个小时，多数是我一个人教。有一段时间我去纽约，介绍一位曾在四川歌舞剧院执教，后来在旧金山开舞蹈学校的老师接替。我从纽约回来后，又拿起教鞭。这一段经历，与其说是我教人，不如说是接受美国主流社会宗教精神的熏陶。作为养父母的白人对儿女毫无保留的爱心，对社区的无私奉献，我一一看在眼里，从心底里钦佩和敬仰。2017年，一个孩子随我学舞多年，同时学习武术，她舞蹈出色，在一次舞蹈比赛中获得二等奖，还在武术比赛中获一等奖，被选进美国的国家武术队。现在他是柏克莱加州大学的学生。

因为深爱这个地方，爱我们的孩子，我至今教了十多年，一批批学生结业，离开，总教我万分不舍，有一次我实在抑制不住，当着学生的面抽泣起来，老师和学生都围上来安慰我。"男子有泪不轻弹，只是未到伤心处"，我算体会了一把。

纪念杜秀林老师——《远去的歌声》

杜秀林老师是我的岳母，在洛杉矶华人社区中，名字十分响亮，她的品格、活动能量、号召力与艺术修养、表演水平，赢得大家衷心的赞赏与爱戴。她1951年考入华东师范大学音乐系，1955年毕业，从事音乐教育30多年。在国内退休后，于上世纪90年代移居洛杉矶，成为当地华人社区的文艺"大腕"。2011年底她移居湾区，住在Cupertino，更把正能量源源不绝地输入华人艺术圈，唱歌，跳舞，教孩子学钢琴，为别人的演出作钢琴伴奏，忙得不亦乐乎。可惜天有不测风云，2013年1月15日清晨，她在南湾被大货柜车撞倒，这位活力十足，永不言老的艺术家再没有醒来，得年八十。噩耗传来，她的遍布海内外的学生、朋友、同事无比震惊和悲痛。她母校的校友会在一个月内收集了大家所写的悼文和她生平的众多照片，由一个专门搞建筑设计的同学设计、出版了精致的纪念册。

校友会同仁并不以此为满足，一致认为杜老师走得太匆忙，没有留下遗言，但她留下了永恒的歌声和琴声。纪念她作为音乐教师的一生，最好的形式是音乐会。于是，由杜秀林老师的女儿张意任总策划，女高音歌唱家沃尔佳任导演，我任艺术总监的筹备组，排练一台以杜秀林音乐教育历程和贡献为主线的节目。我们率领二百多演出人

康侨文化社的感谢信

旧金山华人舞蹈团的学生们

康侨文化社2017年演出后

2014年 舞蹈《抹去吧,眼角的泪!》

六十九岁扮演孙悟空

2016年2月20日在旧金山华人春节游行现场接受第26台现场采访

员，投入极度紧张的排练。节目历时二小时二十分钟，四位主持人以朗诵揭开帷幕，配合幻灯，以杜老师的音乐课贯串，把她的一生以艺术形式呈现出来。拥有六百多座位的场地爆满，观众反应极为热烈。

在这台冠名为《远去的歌声》的音乐会上，我除了演出话剧小品以外，还表演了自己根据《生活的颤音》的主题曲编排的独舞《抹去吧，眼角的泪！》，屏幕背景是我从音乐故事片《生活的颤音》截下的片段，演出时的画面很有独创性：三十二岁的过去的我在后面大屏幕以小提琴演奏影片的主题曲"抹去吧，眼角的泪"，六十七岁的我在台上随着"自己"拉出的旋律腾跃，匍匐，转体，舞姿可能已失去昔日的矫健，但厚重的沧桑感还是揉进了我每一个坚实的舞步，激情四迸，表达了对杜老师的深深哀思。那一刻，我忘掉了自己的年龄，沉浸在音乐的每一个音符中。后来，一个记者专门为我这个独舞写了一个较为中肯的评论。他在评论中说：作为一个芭蕾舞者，史钟麒的年龄的确很大了，但在看他的舞蹈的时候，你没有感觉到由于年龄而拖慢了动作，含糊了表演。他的深沉，对音乐和舞蹈的理解，在一个高层次上运动。当音乐响起，舞者从地上慢慢抬起头的那一霎那，观众都被他的眼神和动作深深打动。

压轴节目是集体朗诵，蜚声海内外，专攻戏剧人物的大画家段兆南所作的诗篇《妈妈的眼睛》把音乐会推向高潮，不少人蓄在眼眶的泪水在这一霎流了下来。歌舞和朗诵有机地结合，是我们的一个尝试。专程从国内赶来看这场演出的朋友告诉我，如果在国内，全靠私人出资，办成这样高水准的大型音乐会是极为困难的，而奇迹，由海外中国人联手创造出来了。

六十九岁的"孙猴子"

2016年是猴年，这一年，我六十九岁。我的学妹陆芬华老师开办的"新世纪舞蹈学校"已度过了十个春秋,正筹备演出《胡桃夹子在中国》。这是陆芬华的创意——用经典芭蕾舞剧《胡桃夹子》嫁接"中国元素",打造一出全新的舞剧。原剧的"魔术师"被换成孙悟空。陆芬华要我来演这个主角,这可是空前的挑战。一来,戏里的齐天大圣极为敏捷,我这把老骨头是否"般配"?二来,我是学芭蕾的,年轻时虽学过功夫,舞弄过刀枪剑棍,但几十年过去,即便剩一点点功架、步法,离塑造一个生龙活虎的孙悟空,差得太远。还有一个最令我犹豫不决的是我的伤。

我的左膝盖自从1965年受伤后,几经治疗,时好时坏,一直没有断过给我找麻烦。1988年到美国后,因为一个星期只有一次练功,强度大幅度减轻,所以感觉好了不少。以后学生增多、课时增加,膝盖负担随之加大许多。我教课从来不愿意坐在那儿用手比划动作来教学生,每个动作都是先示范,然后带着学员一起做,这样等于自己又开始了训练。学生上了一堂课,我也上了一堂课。长此以往,膝盖所受的压力终于到了一个临界点。我去医院用核磁共振(MRI)检查,结果发现我的左膝关节处的滑囊有一半是碎裂的,必须手术取出,要不就离开舞蹈。权衡再三,在2015年夏天动了手术,取出了碎裂的滑囊。术后我一面教课,一面理疗,半年后基本恢复,但力量大不如前,而且已完全无法做深蹲的动作。我的一个同学就是因为膝盖开刀后,就再也没有进过教室。与她相比,我还算比较幸运。

能否拿下孙悟空一角?我权衡再三,仔细分析自己的现况,我觉得我还是可以胜任的。我很渴望挑战,从小到大已接受了无数次,无非是在"硬着头皮上"的记录上再加一项而已。我回到家里后就开始了演猴王的准备,找材料做了一根猴棍。以前没有正规练过把子功,就从网上下载一个视频,按照京剧孙悟空的基本动作,融入芭蕾的一些舞步,天天苦练。几个月下来,手腕常常感到疼痛,但猴棍的基本动作被我掌握了。我有中国古典舞的基础,所以造型就不是太大的挑战。

陆老师的学校里,学生众多,陆老师教课严谨,有些学员相当出色。舞剧中的主要演员小女孩A组和B组，随陆老师学芭蕾多年，个人技巧不错，但从来没有练过双人舞，演舞剧就会有不少困难。孩子们是普通中学的学生，还有很多其他学业需要完成，所以练习时间不够，动作不够规范，排练双人舞时我就要费更大的力气去教会她们。特别是有些托举，旋转，是她们的难点、弱点所在，每次排练我都会多练习几遍，直到达到要求为止。当然因为双人舞是我编的，所以我依据孩子的具体条件，编排了一些适合她们，也适合我的动作，让双人舞既符合角色，也不失好看。

该剧在2016年一月和三月共演了三场，孙悟空一出场就赢得满堂喝彩，取得良好的口碑。同一年春节，旧金山华文电视台（第26台）在旧金山闹市直播五十万人参加的"中国春节大游行"，主播把我请到现场作采访，让我穿上孙悟空的戏服，介绍扮演孙悟空一角的体会，给猴年新年增加了欢乐气氛。也给我们的演出做了免费的广告。我一离开外面临时搭起的播音棚，很多电视台的老外就拉着我留影，孙悟空给了他们极深的印象。

教成人芭蕾舞

随着热爱舞蹈的成年人越来越多，我在附近几个社区中心开成人班，也租借了一个芭蕾舞团的大教室开办了成人舞蹈班，以芭蕾为主，再教一些中国古典舞，在有些课堂中间的组合里还加入了一些现代舞的元素，这样的综合课程受到了很多成年人学员的喜爱。有一个特别喜爱舞蹈的学员，数年间转换了不少舞蹈学校，跟不同的老师学过，自从上了我的课后就再也没有离开过。她说："学舞蹈外面有的是机会，我之所以跟史老师学，因为我知道这个课程的价值"。

为了能教好这些零基础的妈妈们，我会用数倍数十倍的时间去备课。按照我掌握的技术和经验来讲，我可以随时根据不同的音乐编组合，但教她们就需要根据她们的特点来选择舞蹈和动作，这就需要多花点时间去研究。如果她们学了几年后依然故我，那就是我的失败了。我的理念是：学芭蕾的最初一二年，就是在打基础，犹如学音乐的掌握十二个半音和不同的节奏，基础打好了，任何新谱子很快就可以上手。音乐是不同的音高和节奏组成，芭蕾就是各种不同的动作在音乐的节奏里组合。每个动作做好了，组合也就有了。练舞蹈不是做快餐，需要有扎实的基础，"慢工出细活"用在这里也一样恰当。坊间不少舞蹈教室急于给学生很多承诺，结果很难兑现。我教过不少在外面学过数年甚至十年以上舞蹈的学员，很多基本动作都不对，手脚完全处于失控地步。在我教这个班的两年多的时间里，我不断地根据情况进行调整，逐渐增加难度。有几个上课特别认真、从不缺席的学员，体形有了明显的变化，动作掌握也比较到位。教一个新的组合，她们能很快掌握。一个学员说，她老公天天与她在一起，明显感到她的腰结实了，精神状态更好了。

2019年2月15日 学员演出《第二圆舞曲》

学员的赞扬，给了我很大的鼓励和信心。目前，我的班里注册上课的学生有六十多人，芭蕾舞团的教室很大，人数最多的一堂课有二十六个学生。学员中有练过瑜伽，学过太极拳的，但当她们接触到舞蹈后才发现自己真正热爱的是舞蹈，她们年轻的时候，因为各种原因，没有机会学习芭蕾舞，言谈中，诸多遗憾。我的特长，正好弥补了她们的不足。现在我一个星期教七堂课，加起来有十几个小时，学生也越来越多。

今年的2月15日，我们在Piedmont High School作了舞蹈班成立以来的第一次演出，轰动整个社区。社区报纸作了大幅报道，有一些华人看了后说，这是我们自己的"春晚"。我的理念在演出中获得了验证。我把她们点亮了，我自己的路也就没有了黑暗。

普及芭蕾舞的讲座

上课多了，我发现很多人对芭蕾的理解和概念都是模糊的，有的甚至是错误的，特别是初来教室的学员。如能把一些芭蕾的有关知识讲给她们听，会对她们有极大的帮助，而仅仅靠上课时那么短的时间，在讲解动作的同时说一些片言只语，用处有限，于是我计划给我的学员们做一次讲座。

六十岁学吹打已属稀罕，我这个七十岁的人也加入凑热闹的大军。跳过舞蹈，拍过影、视，演过话剧，但是做讲座对我来讲是开天辟地头一回。在网上搜集资料，对照我演过的《白毛女》和《天鹅湖》，找出他们之间的同和不同。第一次做讲座时，正好旧金山芭蕾舞团的演出季的主要节目就是《天鹅湖》，而且有几场是我的学妹、现在世界著名芭蕾演员谭元元演出，所以我拟定了讲座的题目："看懂芭蕾舞，看懂《天鹅湖》"，副题是："由《白毛女》说开去。"

我的学生大都是大陆来美留学的各领域精英，博士、硕士、医生、律师、房地产经纪人占据了学员的大部分，面对这些学有所长的学霸，底气略欠。但隔行如隔山，芭蕾与她们掌握的知识技能完全是不一样的，所以还是可以把我的所长讲给她们听的。网上资料庞杂，良莠不齐，我的专业知识可以帮我去伪存真，从中找到有用的资料，给她们做比较系统的讲座。

　　讲座还算成功，尽管有许多不足。第一、第二次讲座开过后，旧金山芭蕾舞团的演出票就多销了不少，这也算是额外的贡献吧。当然，谭元元的演出，一票难求与我的讲座没什么关系，但我希望帮助我的学员看懂她、看懂她的演出，看懂芭蕾舞，这是我的目的。她们看演出后的反馈告诉我，我所说的她们都听懂了，对她们看芭蕾极有帮助。听她们如是说，比我自己在舞台上的成功更让我感到欣喜。到目前为止，我已做了七次讲座。我会继续。

　　人不能生活在过去，过去的就让它过去。跳舞的史钟麒悄然告别，授课的史钟麒继续往前。

结　语

　　春舞一生不言休，河乐长歌孜以求，安得瑶池落凡尘，再舞人间二百秋。

　　完成这一部回忆录的初稿时，正好是2017年农历除夕，狗年的钟声即将响起。我突然发现，往昔那许许多多的瞬间，合起来就是一块"织锦"；生命中的奋斗、期许、伤痛、失落，颜色各异，是组成它的经纬。熠熠发光的点和线，是成功的"金色"，然而，恰恰是"灰色"的彷徨，"黑色"的挫折，格外使我感动。人生在世，每一步都留下脚印，都算数。也许本人忘却了，但曾与你同行的人比你记得清楚。要问最让我骄傲的是什么？我要说，大体而言，我的一生是用"舞步"贯串的。即使巨大的辉煌一直没有君临，但我没有辜负岁月。我这样断定，是基于戴尔·卡耐基对人生理想的论述——他认为，人的自我完成，在于挖掘自己的潜能，进而将之酣畅淋漓地发挥出来。

　　回顾业已消逝的七十二年光阴，舞蹈占据了我生命的绝大部分。我爱它，也恨它，它始终像忠实的仆人待在我身边，随时听从我的差遣。在我的少年时代，舞蹈上的潜能，如果不是上海舞校的诸良怡老师及时发掘，恐怕永远沉睡。同样，我在电影上的潜能，如果不是吴天明导演偶然发现，此生也不会与银幕结缘。但是，发掘一如播种，接下来的是漫长的培养，提升与坚持。专业舞蹈演员，巅峰期只有短短十来年，顶多二十年。我1988年来美国时，已是走向衰退的中年，但后半辈子没有放弃，在异国通过学习与实践，把对舞蹈的认知提升到中西融合的新境界。从进盐湖城大学现代舞专业开始，我明白，真正意义上的现代舞，不仅是形体动作，而是一种全新的个性化、时代化，以身体动作来认知世界、表达情感的方式。因此，我在美国的教学和表演，逐渐增加了"大春"时期所欠缺的人性元素。

跳一辈子舞，好不好？我曾写过一篇文章，叫做《你不会因年纪渐长而不能起舞，却会因不愿起舞而加速衰老》，这是我的切身体会："我跳舞六十年，七十二岁依然手脚灵活，后背笔直，没有大肚子，头脑灵活，没有眼病，这就是跳舞的好处在我身上的体现。"事实如此，芭蕾舞不但塑造出较为完美的体型和较为优雅的姿态，而且陶冶了我的精神，给了我吃苦耐劳的体格。跳舞是比瑜伽、太极拳更有益身心的运动，是肢体语言与音乐、美学的完美结合。一日舞蹈，那"瘾"终身戒不断。

我的旧日同学顾蓓蓓，1986年踏上美国的土地，先在一所舞蹈学校进修芭蕾舞，后来在纽约加入"新苗文艺中心"，从教师做起，到任校长，直到退休，须臾没有离开过舞蹈。她传授中国民族舞蹈三十多年，学生、学生的学生、学生的学生的学生遍布全美二十六个州，达两万余人。她在一次采访中说："只有当过专业的舞蹈演员，才能具有这种顽强、坚定、吃苦耐劳、从不走捷径的特有性格。多少俊男美女把自己一生中最美好最宝贵的青春，奉献给了舞蹈事业，他们却一生默默无闻，相比于他们，我是一个幸运者。"我还想起定居新加坡的旧日同班同学沈芷华，她在那儿，和顾蓓蓓及我一样，数十年如一日地做着"同一桩事"。

有意思的是，也是因了舞蹈，我上了话剧舞台。2006年参加了硅谷"华艺剧社"排演的《暗恋桃花源》，这出话剧是由北京电影学院的教授林洪桐导演的，他要求演袁老板的演员一定要有舞蹈底子，我又中选了。后来，他的另两个话剧也用上了我编排的舞蹈。

舞蹈是我人生的开始，也将陪伴我走向人生的尽头。让我以曾经写的一首打油诗来为这本书画上一个句号。

上芭建初四零后，而今都成七零后。往事回看半世纪，一切犹如在昨日。
生在战乱颠簸中，长在深深贫困里。不知钢琴长啥样，不明舞蹈为何物。
舞校六零初建成，遍选城乡应届生。傻女痴男幸运儿，层层苛选被招入。
芭蕾民族古典舞，代表性舞毯子功。语文数学政治课，外语化学物理学。
文化业务课业重，瘦骨嶙峋不堪负。营养缺乏铸病痛，肝炎贫血胃出血。
国家不富家益穷，餐厅亦是排练厅。六年苦熬终毕业，中途转学十有四。
十年一出样板戏，举国争睹白毛女。巡演北京广州城，部队农村翩迁舞。
芭蕾外交使东瀛，终迎日相访北京。朝鲜法国加拿大，喜闻上海舞剧团。
靓丽昙花惜瞬间，转眼已是数代人。胼手胝足垦舞荒，垒砖豪华舞蹈城。
前辈起点薄如纸，厚铺来人成功路。争金夺银诚可贺，与尔共庆荣耀时。
高堂明镜叹白发，朝如青丝暮成雪。老骥伏枥不言输，却尽余年残留热。
往昔奋斗难言累，如今顺从自然律。望能行到水穷处，坐看云净日出时。

2019年夏完成于旧金山湾区

附录一：图片记忆

兄弟俩

1966年北京颐和园

1967年长城 前左：吕璋瑛 王梅珍 沈雪雪 石钟琴　后左：史钟麟 史钟麒 张大为

1968年广州军区第四招待所

1970年上海外滩 兄姐四人

1972年日本东京上野公园

1974年10月 青岛海洋公园

1977年访问法国 摩纳哥植物园 陈乐民与俩兄弟

1977年 多伦多

1982年 与沈芷华在上海舞校大院内

1986年弟弟去澳洲前 上海老家前

2011年在澳洲墨尔本弟弟家中

2012年在澳洲墨尔本访问前中央芭蕾舞团主要演员王家洪 唐秀云

舞校

1962年上海长风公园
后排左起：胡荣妹 赵志权 史钟麟 居涛 林培兴 张庆组 秦阿青 潘永宁 张雅琴 史钟麒 陈国庭 程沛然 顾家麟
中排左起：周金兰 徐珏 舒静丽 沈慧蝶 杨晓敏 周慧芬 谭军
前排左起：吕长立 余庆云 沈芷华 唐慧芳 杨佩娥 荣安妮 胡韵琴 诸良怡

1966年 天安门
前左：赵志权 顾家麟 林培兴
后左：史钟麒 史钟麟 程沛然

1967年人民大会堂 《白毛女》演出后 第三排左11为作者

1969年南昌演出 参观八一大楼

1978年上海之春
《青松赞》演出海报

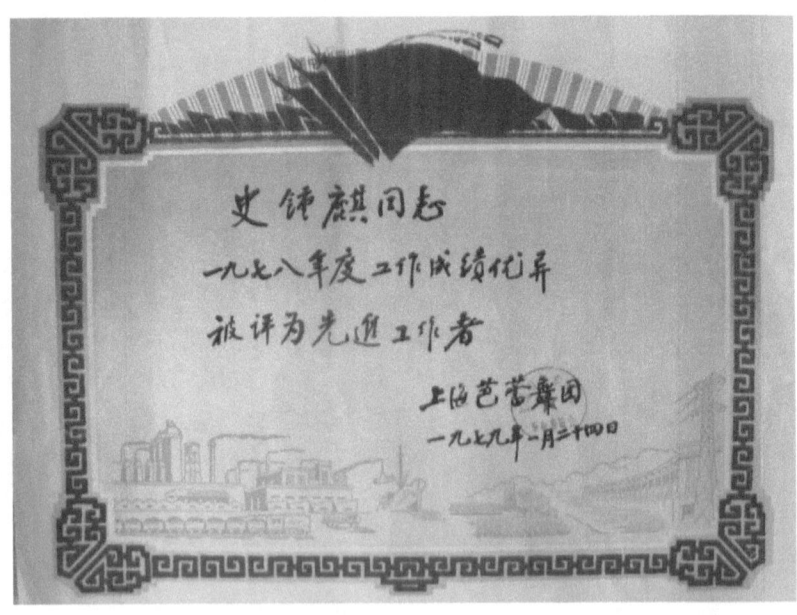

《青松赞》成功演出后

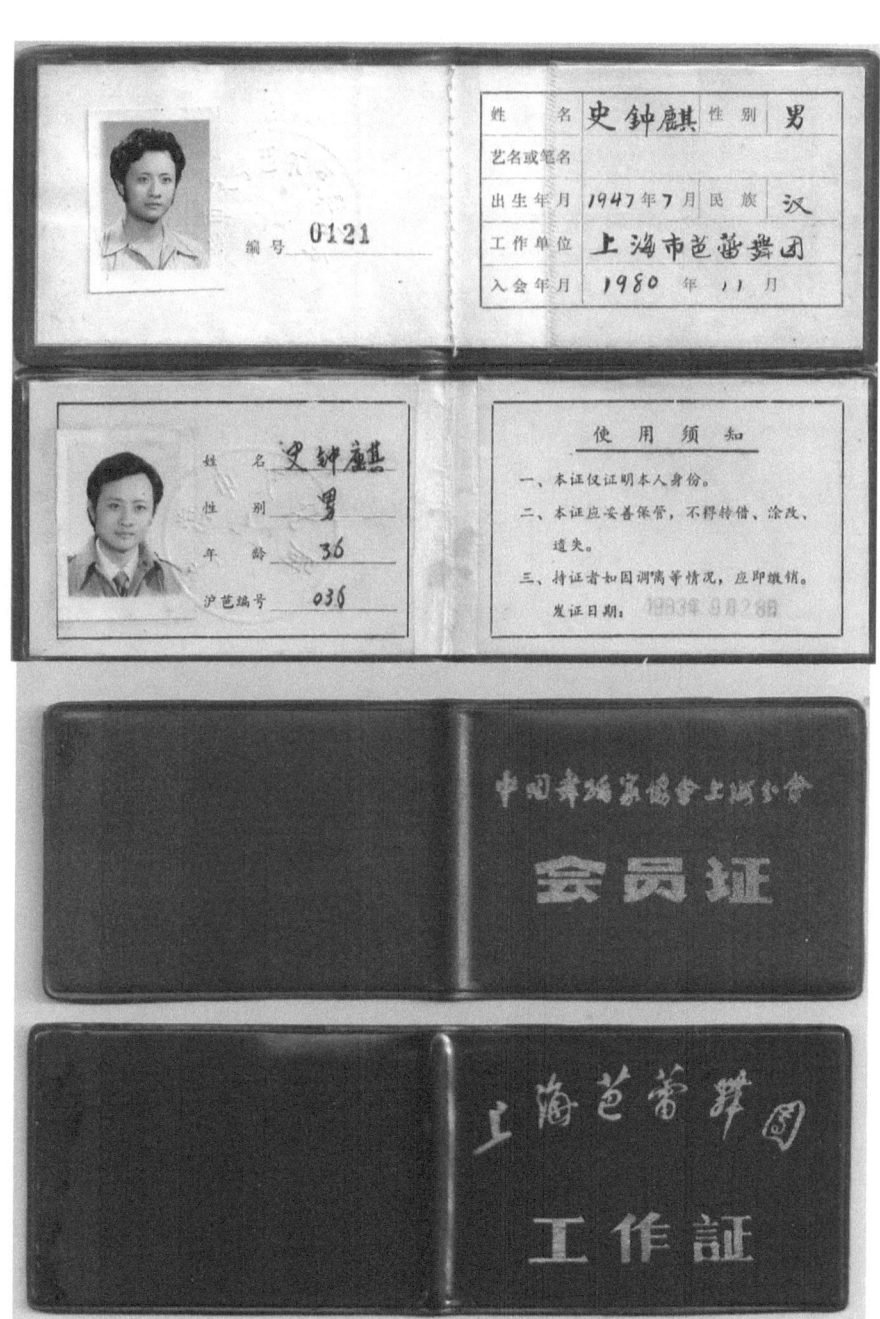

1986年 舞校芭六（一）班
前排左起：唐慧芳 余庆云 荣安妮 徐珏 吕长立老师 沈芷华 舒静丽 杨佩娥
中排左起：程沛然 史钟麟 史钟麒 周慧芬 周金兰 谭军 杨晓敏
后排左起：林培兴 居涛 潘永宁 赵志权

出访

1972年春 朝鲜大同江 左起 朝鲜陪同 余庆云 陈旭东 董锡麟 史钟麒 王国俊 周华英 高慧娟

1972年春天访问朝鲜第三排右五：徐景贤　第三排左一：作者

1972年7月5日抵达日本东京羽田机场

1972年访问日本 松山芭蕾舞团排练厅
左起：陆志浩 史钟麒 松山树子（前 王国俊）史钟麟 詹积民

1977年访问法国前在上海文艺会堂集训

1977年访问法国 参观摩纳哥植物园 石钟琴 吕璋瑛 陈乐民 史钟麒

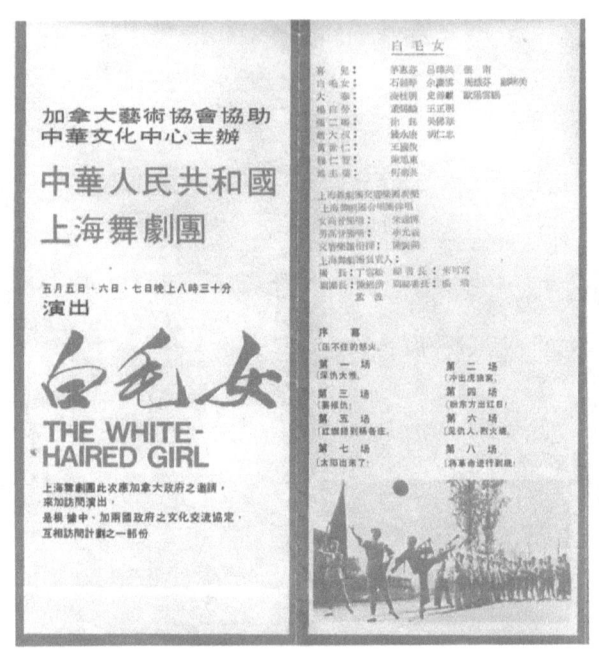

在温哥华演出的说明书

1977年访问加拿大 与当地的民间舞蹈团联欢

演出

1972年在日本日立造船厂演出《白毛女》第七场 白毛女：余庆云 大春：史钟麒

1978年 双人舞练习

2013年 硅谷 独舞《西班牙舞》

2015年美国硅谷 《白毛女》 大春、杨白劳

2016年硅谷新世纪舞蹈学校《胡桃夹子在中国》 孙悟空

2005加州星岛工展会舞蹈比赛评委
左起：周辉 陈兆鑫 董岚 游开文 史钟麒 姚勇 何晓佩

2017年3月27日在 加州EL CERRITO表妹米粉店做有关芭蕾舞的讲座

2015年7月11日参加合唱团在德国法兰克福演出叙事合唱《岁月甘泉》

2017年8月24日代表美国华人舞蹈家协会在中国驻旧金山总领事馆发布青岛歌舞团《红高粱》演出的消息

发布会后集体合影

加州Pleasant Hill 的成人舞蹈班学员

附录二：读后感三章

《革命时代的芭蕾》读后

杨晓敏

一直听说史钟麒在写回忆录，今天终于有机会先睹为快。成书在即，祝贺老同学！叙述中，他用平实、淡定的文字像素描一样把自己的一生真实地勾画出来，如他自己所说：不欺骗别人，也不违拗自己。真实、实在、踏实，写得很好，值得一读。

我和史钟麒同届同班六年同窗，又在同一舞台共事整整二十二年。虽然少年时期与青春年代我们同一轨迹，却从未交集，是两条平行线。只记得读书时，我和他两个骄傲的学生抢时间交卷子别苗头的事。

他出国后曾给我来过一封信，我回了一封蹩脚的英文信，得他称赞一番。而后便断了信息，各走各的路。

因为芭蕾，因为样板戏，我们成了时代的宠儿，人民的骄子。他又在一群不算很平凡很普通的人中多了点机遇，成了较为突出的人。出国却又把他打回本色。其实，人都是普通平凡的，也是平等的。只是机遇不同，奋斗程度不同而已……

他一直在努力，国外的压力、艰辛、孤独与国内不能同日而语。而他从不放弃，走过了极有意义而又艰难充实的人生之路：为中美文化交流，为宣传中华民族文化作出了自己最大的努力。当然，何尝不是为了谋生？这也间接证明了舞蹈演员强大的内心。他在尝试了种种我所不熟悉的生活之后，最终还是回归了艺术……

童年，我和他是那么不同。他的文中对下只角描写细致，而我却住在上海上只角的核心：徐汇区太原路，岳阳路中间的永嘉路和平邨的小洋房里。从香港回上海，妈妈用金条租下了三层楼。几年后，远在台湾的父亲抛弃了我们：我的母亲和五个儿女，我的伟大、善良、能干、美丽的母亲毅然挑起生活重担。作为人民教师的她，靠微薄的薪水和所剩的家底，出入于典当铺，含辛茹苦地养活我们五个嗷嗷待哺的孩子，把我们五个子女培养成有用之材，姐姐哥哥和我都评上了高级职称：一个大学教授，一个总工程师，一个新闻记者，一个妇产科主任医生和一个芭蕾舞演员。

我被招入舞校，走上艺术之路，减轻了母亲的负担。虽然我与他们兄弟俩生活环境不同，穷苦却是一样的。学生时期，我们去参观张家宅里弄工厂。记得史钟麒的大妈帮他们兄弟俩各做了一件新衬衫，天热，他们俩人脱下新衬衫叠好，小心捧在手上，衣服叠得那个整齐！点滴之间，不经意地流露出他们多么地爱惜生活……当时深深打动了我。我妈妈用旧皮包帮我去皮匠摊定制的一双丁字形皮鞋也成了我最体面的鞋子，我也是小心呵护。不同的生活，同样的珍惜！

少年，青春我们共同度过：他在紧张顶替"大春"一角时，我沉浸在刻苦练功、拼命读书的氛围里。文化革命中，我作为"可以教育好的子女"参加了"东方红公社"。白毛女之争，我是香花派。社会上各种观点我是偏右的：要文斗不要武斗。我们大院里比较温和。爬火车去北京，在大学里含泪看了不少文字精彩的大字报……文革后期，我和陈域妆、杨佩娥成了专门练功读书的三姐妹……

他在投入电影"生活的颤音"创作时，我正投入业余写作。后来在国家级报纸刊物上发表文章三十余篇。处女作短篇小说《美》获全国文汇征文三等奖，三次获人民出版社一等奖……

他出国一年后的1989年，我带领七个同学创办了小天鹅芭蕾舞团，后因意见不合，陆续有人退出，只有两个同事跟着我继续艰苦创业。家从小由母亲撑着，致使我对钱的概念十分模糊。1982年父亲回归，更是让我轻钱、重艺。我这个不入世俗的娇女创业不为赚钱，一心寻觅艺术。用人、选角、大事、小事坚持己见，绝不降低要求，显然造成了人为的大大小小的矛盾与困难，但我们这个业余芭蕾舞团不追求技巧，着重演员的感觉，还是赢得社会的认可，上报纸几十次，上电视近百次，我编排的节目多次参加了上海的重大活动转播或直播。

芭蕾，给了史钟麒机会证明了自己；芭蕾，也给了我机会证明了自己。殊途同归，始于芭蕾，归于芭蕾。

我和史钟麒相识近六十年，至今才可以说是真正互相了解。这是一种缘，是基于舞蹈的缘，难能可贵。读罢长文，掩卷偶得：

千姿百态人生路，
相识相知在终途。
十一万字难尽言，
愿君续写未完录。

二零一八年四月末于上海家中

杨晓敏简介

1954年-1959年 上海襄阳南路第一小学

1960年-1966年 上海舞蹈学校芭蕾舞科

1967年-1988年 上海芭蕾舞团（前身为上海《白毛女》剧组）

1989年 创办上海小天鹅芭蕾舞团，任团长

1994年 创办上海小天鹅艺术教育中心，任教育总监

为老同学喝彩

沈芷华

我和史钟麒是上海舞校，同校同科同班的老同学，后来也在上海芭蕾舞团共事工作了多年。我1978年创作的双人舞《青松赞》就得到了他很大的支持和帮助，那是我的处女作，我迫切希望各方面的支持。他的投入、努力，他的素质和双人舞的技术，给那个节目增色良多。节目演出后获得各方面的赞扬，他为此获得了他舞蹈生涯中唯一的一个奖状，我很为他高兴，他也常常谈起我在这个节目中所有的付出。我常感叹，一个好的同事是多么地珍贵。

这个节目的成功，让我们在学生时建立的友谊，有了更坚实的基础。在他还没有踏上美国国土的时候，我已经移民新加坡，与他保持着书信来往。当时是没有电脑手机的时代，我们互相交换学习生活的情况，全凭书信。中年后在各奔海外的几十年中，我们两个自然就成了联系最密切的同事，频传书信讨论在海外生活的点点滴滴。当我碰到了生活中的问题时，他给了我很多的安慰。

1990年，在他刚到纽约闯荡的时候，我和我的朋友到纽约游玩，就借住在他为我们准备的房间。我们一批在纽约拼搏的老同学就在这儿聚会。1997年第二次访问纽约的时候，他已经开了制衣厂，忙得不亦乐乎，我又住在了他刚买的小公寓里。当时他很忙，但对舞蹈一直关注，陪我去看了一场有关舞蹈的电影，又看了百老汇的音乐剧《猫》，反正总是离不开舞蹈。舞蹈让我们成了同学，成了同事，成了挚友。后来他辗转旧金山，由于我的家属也在旧金山的关系，几乎每隔几年，我们就碰面一次。那些年他在南湾教舞蹈课，见我来访，邀我去给他的学生授课。真的就是"海内存知己，天涯若比邻"。

当我2015年写《开口吧，舞鞋》这本书的时候，马上就想到他不平凡的经历，要求他出手相助，他一口答应，提供了大量的资料，亲自写了大约两万字给我。最后，由于我写的不是纪实文学报导，面临许多实际问题，结果由我一个人以纪实小说形式出版了，在这里，我还是要再次感谢他！

现在他自己写回忆录，真为他高兴！少年的他有点狂，中年的他勤奋，老年的他不断地求上进！这是我十分欣赏的品质。人不可能完美，只有在不完美中继续有追求才是可贵的！希望他的回忆录会鼓励更多的人朝着自己的梦想前进。

所有的岁月，都会带着遗憾，人只能活一次，回忆过去，是为了更好地活在当下。年岁增长，要走的路将更多，更远，更灿烂！

沈芷华 于新加坡
二零一八年四月八日

沈芷华1960年被招入上海舞蹈学校，主修芭蕾专业。1978年正式调入上海芭蕾舞团编导组，创作了《青松赞》《霸王别姬》等小节目。1984年移居新加坡，继续从事舞蹈教育。目前担任新加坡淡滨尼艺术团艺术总监，新加坡文艺协会理事。

2015年出版第一部以舞蹈为主题的小说《开口吧舞鞋》，2016年5月再版，版权被武汉华中科技大学出版社收购。

舞蹈人生

顾蓓蓓

认真读完史钟麒的回忆录，心中无数感慨和冲动。这不仅仅是一部他个人的艺术生涯回忆录，更是一部记录上海芭蕾舞团历史的纪实文学作品。我虽然是民科毕业，但与芭团在一个大院里，与芭团有着不解之缘。

史钟麒、史钟麟俩双胞胎兄弟，是我上海舞蹈学校同门不同科的同学。

他们是中国芭蕾舞历史上第一对双胞胎兄弟，他们的习舞、成长、为振兴中国芭蕾舞的倾情努力付出，见证了上海芭蕾舞从摇篮开始，至现今取得辉煌成果的历程。

他们两人，从小在只有一百多学生的学校里，就备受瞩目。

我们不同科，却常常会听到关于他们俩兄弟点点滴滴的传闻：史钟麒淘气的小恶作剧；兄弟俩饭量之大、之惊人；被阿青老师赶出教室的全校头条大新闻；外宾参观课上史钟麟出色的旋转被外宾录像；他们两兄弟的初恋女友，更是爆炸性的谈论话题，等等等等……

1977年春，四十一年前。我刚刚随"上海艺术团》"出访欧洲四国回来不久，临时匆匆忙忙地被抽调到马上要出访法国、加拿大，为期三个月演出的"中国上海舞剧团"（上海芭蕾舞团出访用的临时称号）。

在舞剧团带去的一台民族歌舞小节目中，有锺麟领舞的《弓舞》

片段，我是他的搭档。我还演出女子群舞《草原女民兵》里的小战士。在最后一次审查演出时，我的右膝盖不慎受了重伤，可是领导还是决定要我带伤出访。这是一段非常难忘的演出经历，只有亲身经历过的人，才能体会到如此严重的伤痛，会带给演员在演出时造成多少不便，也会是演员对疼痛的忍耐程度的严峻考验。

在法国，那有着15度倾斜的舞台，给我完成大幅度的跳、跪转、翻空心跟斗，设置了巨大的障碍，作为舞伴的史钟麟给了我非常多、非常重要的帮助。一个单腿下跪的动作，几乎完全依靠他的紧扶、轻放，才让我不至难看。有了他的帮助，我始能咬紧牙关，忍着剧烈疼痛，度过场地不适带来的挑战。出访演出的三个月中，我没有缺席过任何一场演出，他的帮助功不可没。我深深体会到：有着这样一位德、艺双馨同学的鼎力扶持，是一件多么多么幸运的事情。

与史钟麒在舞台上合作的机会，也完全是一个意外，与他演出大春的情况颇有雷同之处。

1970年夏天的一个下午，工宣队紧急通知我，让我晚上去芭团演出《红色娘子军》中的吴清华。因为他们团里吴清华的扮演者吕璋瑛生病卧床，无法演出；而B组的朱美丽在下午去鞋子工场拿足尖鞋时，意外地被划伤了脚，血流不止。

情况突变，我一下懵住了！

芭团所有的演员都是芭蕾舞科的本科生，唯我这个即将上场的第一主演是民族舞科毕业的第二专业生，心中难免发怵。好在饰演南霸天的史钟麒和饰演打手老四的欧阳云鹏，给我很大帮助。他们丝毫没有平日里所给予人的傲气、霸道、狂妄的感觉，以谦谦君子和绅士风度，对待我这个匆忙调来的"第二专业生"。

我最担心的是与"老四"在第一幕中的大段、大段的双人舞。演出在欧阳云鹏小声地安慰"别担心，我来凑你"中圆满完成。其实下午我们只是匆匆地走了一遍，根本没有时间仔细合练。每当提起这件往事，欧阳云鹏都不忘调侃我一下:"你把我抓得好紧、好牢哈"。可见当时我有多么地紧张!

最后一场与南霸天史钟麒的对舞,难度略小于跟老四的双人舞。我们根本没有时间哪怕合一下拍子,走一下舞台的位置,只凭着多年的演出经验、合作精神,默契地把这段舞蹈完成。很多年来,它们常常会在我的睡梦中重复出现。史钟麒、欧阳云鹏年轻、英俊、帅气的脸,被化妆师刻意夸张地画上三角眼、满脸皱纹、横肉的脸谱妆容,也会在我的恶梦中浮现。他们的敬业精神、出色的艺德,是我在自己后来的艺术生涯中的榜样。

一位舞艺再高强的舞者,如果没有这些处处为舞伴着想、诚恳配合的品德,他(她)应该不是一位全面的好演员。

我比史钟麒早两年到纽约。

星期一至星期五早上,在位处曼哈顿第六大道、第十街的"杰佛瑞芭蕾舞学校"中,我乖乖地、非常虔诚地维护着我的留学生身份;放学后,连饭都来不及吃,奔跑着赶时间去洗衣店做七个小时微薄薪水的洗衣、叠衣工,赚取自己的生活费用;周末去新苗文艺中心,给那些热爱中国文化的学生们教课。如果遇到有公立学校演出活动的机会,我得放弃杰佛瑞学校的课时,去参加那些对我来说是非常重要的示范演出活动。每一个人,在刚刚开始的留学生日子里,都有过不能为人道的、非常艰难困苦的彷徨日子。

舞蹈演员,在看似柔弱、经不起风吹雨打的外表下,却有着一颗坚强的心。人到中年的史钟麒,远在澳洲的史钟麟,都以他们的奋斗,来证明了舞蹈演员强大的心理素质,这是我们从小吃苦耐劳、对自己所追求的目标锲而不舍,所养成的好品质。

与史钟麒较密集的联络,是我二年前退休之后开始的。他依然好学,好奇,好动。让我感到大变化的是他现在的谦虚和通理。

我特别喜欢他现在努力在做的那些事情：比如，开芭蕾舞成人班，让那些一直热爱舞蹈的成人们圆梦；举办芭蕾舞讲座，让芭蕾舞能更多、更广泛地受人喜爱并欣赏到它的美妙；他常常撰写的一些舞蹈评论文章，显现了专业舞蹈评论水平，是一般记者所无法写出来的。最最让我惊讶的是：那个狂妄、老爱批评别人、说话嘴边不站岗的史钟麒，不见了！一位彬彬有礼、乐于听取别人建议、勇于承认自己过错，珍惜、在意手足情亲的双胞胎阿杜（上海话：老大），以全新的形象出现在我的面前。直让我深感岁月对人的磨练！

从1960年至2018年，一晃，五十八年过去。

2004年圣诞节前，我携带着父母，去纽约市政厅，接受联邦政府颁发的"纽约社区移民贡献奖"。九十一岁的老爸和八十四岁的老妈，在那里，受到了接待人员最尊敬和无微不至的热情照顾，让老妈一直难以忘怀。

我手捧着奖状，一反以往舞台上的潇洒，拘拘束束地和同时得到褒奖的、来自世界各个不同国度的医生、社工、护理人员、教师、律师们拍照。我的眼光，越过贺奖的亲人、观众，直直看着前方，似乎穿透了大厅厚重的柚木墙壁，和无垠的星空：我多么想有超能力，把我的舞蹈启蒙老师杨鲁欣老师、班主任李曼华老师一起带到这个场景中来！不为我得到的这小小荣誉，只为我循着她们一直的谆谆教诲，把承诺化为现实。

青春，会逝去，奉献仍在。名气，会过气，精神犹存。

他们兄弟俩与许许多多的同学们一样，为建立上海芭蕾舞团，无私、无怨、无悔地奉献了他们人生中最美好的时光和青春。他们的名字，在网上找不到，在现今芭团的纪念活动上，也没有可能被提起。但是他们，却是一群真正为之付出努力和汗水的，上海第一代芭蕾舞者！

心潮澎拜地读完这篇有着历史意义的回忆录后，我只想对那些曾经如此单纯、专一、挥尽青春年华的同学们说一声：谢谢你们为如今享誉世界的上海芭蕾舞团，所立下的汗马功劳！

历史的长河，会渐渐埋没这些记忆，但是，你们尽可以骄傲地说：我们努力过了，我们尽了力。

如若有来世，我将还是会选择舞蹈作为我的终身专业。今生今世，虽然因为舞蹈而历尽磨难和艰辛，我仍非常感恩舞蹈所带给我的一切的一切！

谢谢史钟麒的回忆录！唤醒了我埋在心中的许多回忆，那是一段极为美好的过去。更谢谢我的舞蹈生命中曾经有过史钟麟和你的出现、陪伴！

那是我最宝贵的财富之一。

4/24/2018 于纽约家中

顾蓓蓓简介

1966年毕业于上海舞蹈学校民族舞科，常年任上海歌舞团主要演员。

1967年在歌舞团演出的芭蕾舞剧《红色娘子军》，《沂蒙颂》等剧中担任主演。

1976年随上海歌舞团出访比利时、希腊、瑞士和卢森堡。

1977年随上海芭蕾舞团出访法国和加拿大。

1986年　获得美国纽约杰佛瑞芭蕾舞学校的二年奖学金，赴美进修芭蕾，同时在新苗文艺中心、新苗艺术学校开始传播中华文化的教学活动。

1993年起，任新苗文艺中心、新苗艺术学校校长，带领着来自大陆不同地区的艺术家团队，致力于把中国文化推广进全美国各州、特别是纽约地区的公立学校课程中去。与此同时，扩大、弘扬中国文化对社区的影响，引起主流社会对中华文化和艺术的高度重视。

  2015年夏末退休。

"壹嘉个人史"系列丛书征稿启事

个人记录的丰富性是不可限量的，除了留存个体、家族记忆，探寻历史真相，众多浸透人生悲欢、讲述成功失败的人生故事，亦有益于后人从中汲取教益，获得前行的动力和帮助。

胡适先生曾说："任何人都应该写自传，写下在世上走一趟的记录。"他鼓励每个人拿起笔来，记录自己的一生。我们出版从业经历中，也收到过非常多的个人传述稿件，不论文笔如何，这类稿件所记录的人生与历史，大多有其独特之处，非亲历者难以想象。而"历史"这幅巨画，就是通过众多这样的个人记录，才越来越细致、丰满、充实起来。

有感于此，我们推出"壹嘉个人史"系列丛书，以我们专业的编辑技能和出版水准，帮助众多的个人记录者将作品变为正式出版物。本丛书既可以是以个体经历为主的自叙传，也可以是由个人记录的其他人物与事件。"壹嘉个人史"面向全球华人征稿，不管您是谁，只要言之有物，文从字顺，真诚对待历史，均可向我们投稿。详情请咨询：

电话：（510）998-7456
info@1plusbooks.com.
投稿邮箱：1plus@1plusbooks.com

"壹嘉个人史" 第一期书目

革命时期的芭蕾：《白毛女》主演史钟麒回忆录 （已出）
　　史钟麒 著 定价：$23.99
崎岖不平人生路——一个残疾人的口述实录 （已出）
　　张复升 著 定价：$22.99